GROWING UP SOCIAL

스마트폰에 빠진 아이들, 어떻게 가르칠 것인가?

윤종석 옮김

게리 채프먼 · 알린 펠리케인 지음

생명의말씀사

GROWING UP SOCIAL
by Gary Chapman and Arlene Pellicane

This book was first published in the United States by Northfield Publishing
820 N. LaSalle Blvd., Chicago, IL 60610, with the title *Growing Up Social*
Copyright © 2014 by Gary Chapman and Arlene Pellicane.
All rights reserved.

Korean Edition published by Word of Life Press, Seoul 2015
Translated and published by permission.
Printed in Korea.

스마트폰에 빠진 아이들, 어떻게 가르칠 것인가?

ⓒ 생명의말씀사 2015

2015년 5월 15일 1판 1쇄 발행
2022년 5월 23일   3쇄 발행

펴낸이 | 김창영
펴낸곳 | 생명의말씀사

등록 | 1962. 1. 10. No.300-1962-1
주소 | 서울시 종로구 경희궁1길 6 (03176)
전화 | 02)738-6555(본사) · 02)3159-7979(영업)
팩스 | 02)739-3824(본사) · 080-022-8585(영업)

기획편집 | 정설아
디자인 | 조현진, 김혜진
인쇄 | 영진문원
제본 | 보경문화사

ISBN 978-89-04-14140-1 (03230)

저작권자의 허락 없이 이 책의 일부 또는 전체를
무단 복제, 전재, 발췌하면 저작권법에 의해 처벌을 받습니다.

스마트폰에 빠진 아이들, 어떻게 가르칠 것인가?

추천의 글

부모든 조부모든, 이웃이든 친구이든 이 책은 꼭 읽어야 한다! 전자 시대는 텔레비전과 컴퓨터 기술에 엄청난 기적을 가져왔지만, 우리 아이들의 사회적, 지적 발달에는 위험 요소들을 가져왔다. 이 책은 유용한 정보를 줄 뿐 아니라 우리 마음에 경종을 울리기까지 한다. 자녀들이 중독되지 않고 스크린을 즐길 수 있는 방법도 담겨 있다.

— 멜 치트햄, 신경외과 임상학 교수

여섯 자녀를 둔 엄마로서 지금은 그 어느 때보다 현실 속에서 사람들과 어울려 사는 것이 중요한 시대임을 느낀다. 유선 전화와 편지로 친구를 사귀며 자라 온 우리 세대로서는 스크린이 주도하고 있는 세상이 우리 아이들에게 어떤 영향을 끼칠지 쉽사리 걱정하게 된다. 감사하게도 알린 펠리케인과 게리 채프먼 박사님이 부모들을 위해 전자 오락물들에 대한 실현 가능한 지침을 만들어 주시면서, 사람들과 관계 맺는 기술을 어떻게 훈련하는지에 대해 조언해 주셨다. 자녀에게 다른 사람들과의 의사소통, 돌봄, 그리고 공감에 대해 가르치는 데 도움이 필요한가? 이 책이 바로 당신이 찾던 그 책이다! 이 책에는 엄청난 연구와 건강한 조언, 그리고 성공으로 가는 방법들이 담겨 있다. 이 이상 더 바랄 것이 있겠는가?

— 트리샤 고예, USA Today 베스트셀러 『예수님처럼 가정 이끌기』의 저자

디지털 세상의 출현으로 부모들에게 엄청난 도전이 생겼다. 우리 아이들은 사회적으로 건강한 접촉을 하기보다는 컴퓨터 스크린이나 스마트폰 앞에서 더 많은 시간을 보내게 되었다. 이는 아이들의 정서적 건강에 끔찍한 영향을 미칠 수 있다. 이 책에 제시된 연구 자료는 매우 분명하게 말한다. 디지털 시대는 인간의 두뇌 구조를

바꾸고 있으며, 장시간에 걸쳐 해로운 영향을 끼칠 거라고 말이다. 이 책은 아이들이 현재 직면한 위험을 살피고 그에 대한 우리의 인식을 고쳐 준다. 더불어 디지털 기기의 해악에서 아이들을 보호하기 위한 실제적인 지침과 과학적으로 입증된 방법들을 알려 준다. 이 책을 강력히 추천한다.

- 아치볼드 D. 하트, 『디지털 침투』의 저자

스크린 중심의 세상에서 아이들을 어떻게 키울 것인가? 이것은 지금 시대에 반드시 짚고 넘어가야 할 가장 시급한 질문 중 하나라고 할 수 있다. 이 책에는 이 질문에 대한 똑 부러지고 실제적인 답이 가득하다. 지금같이 신앙이나 철학에 관계없이 어디에서든 디지털 기기에 접속할 수 있는 시대에, 가족의 영적인 삶을 이끌어 나가려 하는 부모들은 이 책을 통해 많은 유익을 얻게 될 것이다.

- 윌리엄 파워스, 『속도에서 깊이로』의 저자

지금도 늦지 않았다! 스크린에 빠진 자녀를 구하고, 사회성을 기르도록 도울 수 있다. 사회성이 없으면 자녀들은 외롭고, 혼란스럽고, 화를 잘 내고, 잘못된 방향으로 가고, 우울하고, 성취감을 느끼지 못하게 된다. 이런 현상은 오늘날 큰 문제가 되고 있다. 나는 당신이 이 문제에 대해 염려한다는 것이 기쁘다. 이 책은 부모로 하여금 자녀와 유익한 대화를 나누고, 현실적이고 뚜렷한 변화가 일어나도록 준비할 수 있게 한다. 그러면서 자녀가 스스로 스크린 타임을 줄이고 친구들과 어울리는 시간을 늘려 가도록 할 것이다.

- 캐시 코크, CelebrateKids, Inc.의 대표, 『진정한 희망과 정수성 찾기』, 『다중지능 교육 : 내게는 어떤 재능이 있을까?』의 저자, 『완벽한 아이는 없다』의 공동 저자

만약 자녀가 스크린에 지나치게 의존하는 일과는 상관없다고 생각한다면, 다시 생각하길 바란다. 내가 신뢰하는 친구 게리 채프먼과 알린 펠리케인이 이 책에 쓴 내용은 현대의 많은 부모가 삼켜야 할, 현실을 직시하게 하는 약이라고 할 수 있다.

- 케빈 레만 박사, 뉴욕타임스 베스트셀러 『금요일까지 행복한 가족 되기』의 저자

스크린 타임이 우리 아이들과 가정생활에 실제로 미치는 영향에 관한 책이 드디어 나왔다. 이 책에는 실제적인 지혜와 뛰어난 제안들이 가득하며, 고립된 가족들을 스크린으로부터 끌어내어 하나님이 의도하신 가족 간의 시간을 다시 가질 수 있도록 돕는다. 게리와 알린, 저도 이 책의 열광적인 팬입니다!

- 트레이시 이스터, FamilyLife's MomLifeToday.com의 설립자,
『엄마 되기』, 『아름다운 혼란』의 저자

이 책은 아주 시기적절하고 실제적인 책이다. 디지털 시대라는 이 새로운 세상에서 자녀를 어떻게 가르쳐야 하는지 솔직하게 이야기해 주기 때문이다. 이 책을 통해 부모들은 자신감 있게 경계선을 정하고 건강한 방법으로 과학 기술을 사용하는 방법을 알게 될 것이다.

- 테드 커닝햄 목사, 『자랑스러운 자녀』의 저자

그 어느 때보다 과학 기술에 쉽게 접근할 수 있는 이 전례 없는 시대에, 이 책만큼 중요한 자료가 또 있을지는 잘 모르겠다. 이 책은 과학 기술의 긍정적인 공헌을 인정하기는 하나, 무엇보다 스크린 타임이 우리 삶에 끼치는 영향에 초점을 맞추어 어떤 교육이 꼭 필요한지를 알려 준다. 또한, 디지털 시대, 잃어버린 우리의 가정을 되찾을 수 있도록 창의적인 대안들을 제시한다. 이 책을 강력히 추천한다!

- 크리스틴 웰치, 『라인스톤 예수』의 저자, 'We are THAT Family' 블로거

나는 우리 집에서 나와 남편이 전자기기에 수적으로 밀린다고 느낀다(노트북, 아이팟, 스마트폰, 엑스박스, 태블릿 PC 대 엄마, 아빠 = 5 대 2). 이 책은 이러한 상황에서 가정을 되찾을 수 있도록 도움을 준다. 그리고 일반적인 상식을 실생활에 적용하며 스크린에 익숙한 아이들을 사회성 높은 아이로 키워 나갈 수 있도록 안내한다.

— 카시 립, 『도움이 필요합니다』, 『자녀와 이어지게 해주는 21가지 방법』의 저자

이 책에는 변화무쌍한 디지털 세상에서 삶과 사랑의 긍정적인 면을 최대화하기 위한 지혜가 담겨 있다. 반드시 읽어야 할 책이다.

— 팸 & 빌 파렐, Love-Wise의 공동 대표, 『와플 같은 남자 스파게티 같은 여자』, 『부모가 할 수 있는 최고의 10가지 결정』의 저자

다음의 장면을 한번 상상해 보라. 두 살배기 아이가 엄마의 스마트폰을 들고 손가락으로 화면을 쓱쓱 문지른다. 아마 상상하기 어려운 일이 아닐 것이다. 그런데 여기서 짚고 넘어가야 할 것이 있다. 이 장면의 문제점은 과연 무엇인가? 알린 펠리케인과 게리 채프먼은 이 질문에 답할 수 있도록 도울 것이다. 이 책은 오늘날의 부모들뿐 아니라 조부모들도 꼭 읽어야 할 책이다!

— 켄드라 스마일리, 『고집 센 자녀 다루기』, 『부모가 되는 것』의 저자

차례

추천의 글	04
시작하는 글_ 가족을 되찾아야 한다	11
01. 스크린 타임 : 너무 많고, 너무 이르지 않은가?	19
02. 사회성 있는 아이로 키우기	37
03. 사회성 기술 #1 사랑	53
04. 사회성 기술 #2 감사	71
05. 사회성 기술 #3 분노 조절	89
06. 사회성 기술 #4 사과	107
07. 사회성 기술 #5 주의 집중	125
08. 스크린 타임과 수줍음	143

09. 스크린 타임과 두뇌 발달   159

10. 스크린 타임과 사랑의 언어   175

11. 스크린 타임과 안전   189

12. 스크린 타임과 부모의 권위   209

13. 스크린 타임과 한부모 가정   225

14. 스크린 타임과 당신   241

맺는 글_ 두 가정 이야기   257

부록_ 연령별 사회성 발달   262
     스크린 타임 점검 질문   264
     그룹 토의 질문   266

주   280

"우리는 외로운 어둠을 비추는 언덕 위의 집이 되어야 한다."
– 데이비드 제레마이어, 『하나님이 주신 선물』(Gifts from God)

시작하는 글

가족을 되찾아야 한다

과학 기술이 당신의 가족을 더 가깝게 만드는가, 아니면 멀어지게 하는가?

조셉과 아만다는 두 살, 여섯 살, 열 살 난 세 자녀를 두고 있다. 이 아이들은 학교에 있는 시간을 제외하고는 종일 비디오 게임(컴퓨터나 비디오 게임용 기기와 게임용 소프트웨어를 이용하여 텔레비전이나 모니터의 화면에서 벌이는 게임-편집자 주)을 하거나 영화, 텔레비전을 본다. 조셉과 아만다는 아이들이 스크린 앞에 오래 앉아 있는 것이 염려되지만, 딱히 어떤 변화를 주기에는 자신들이 역부족이라고 느낀다.

조셉은 말한다. "지침이 없습니다. 지침이 있었지만 그대로 지킬 수가 없었습니다."

이런 부모들의 처지에 공감이 되는가? 아마도 당신은 스크린 타임 (screen time, 이 책에서는 TV를 비롯해 컴퓨터, 스마트폰 등 각종 전자기기 화면에 노출되는 시간을 일컫는다-역자 주)을 제한해 보려고 했지만, 아이들의 짜증을 참아 내기가 어려웠을 것이다. 많은 부모가 미디어 사용 지침을 따르는 것이 너무 힘들다고 말한다.

"정해진 규칙이 없습니다. 저희 아이들은 텔레비전을 보거나 비디오 게임을 하는 데 엄청난 시간을 보냅니다."

"스크린 타임에 대한 정해진 규칙이 없습니다. 제시는 되어 있지만 실제로 적용하기는 어렵습니다."

"저는 규칙을 정해 놓지 않았던 것이 너무 후회돼요. 저희 아들은 사람들과 대면하며 어울리는 것을 못해 봤어요. 지금 20대인데 컴퓨터에만 몰두하고 있어요."

당신은 자녀가 성공적인 대인 관계를 맺는 데 필요한 기술들을 다 갖고 있기를 원할 것이다. 사회성 성장에 필요한 훈련은 스마트폰이나 태블릿PC가 해주지 않는다. 다른 사람과 어울리며 배우는 것을 대신할 앱이나 비디오 게임은 없다. 사회성 기술은 반드시 실제 생활에서 연습되어야 하고, 어릴 때 가정에서부터 시작되어야 한다.

사회성을 가진 아이가 된다는 것은 당신의 아들이나 딸이 다른 사람과 대화할 수 있고 다른 사람을 좋아할 수 있다는 뜻이다. 사회성이 있으면 다른 사람들과 사귈 줄 알고 친구나 가족들과 함께 시간을 보낼 줄 안다. 사회성을 가진다는 것은 단순히 카페에서 잠시 대화거리를 만들 줄 아는 것이 아니다. 그것은 다른 사람이 당신의 시선이나 당신과의 대화, 그리고 당신이 그 사람과 공감해 주는 것들을 통해 돌봄을 받고 있다고 느끼게 하는 것이다. 아이들이 사회성을 배울 수 있는 최적의 장소는 바로 가정이다. 가정은 사랑하는 엄마나 아빠가 건강한 관계가 어떤 모습인지 본을 보여 주는 곳이기 때문이다.

불행하게도 많은 가정에서 부모와 자녀의 관계를 악화시키는 미묘한 변화가 일어나고 있다. 일반적인 미국의 어린이와 십대들은 일주일에 53시간 동안 전자기기를 사용한다. 부모나 다른 사람들과 교제하는 시간보다 스크린 앞에 있는 시간이 훨씬 많은 것이다.[1] 자라나는 자녀가 이렇게 엄청난 시간을 스크린 앞에서 보내는데, 다른 사람들과 어울리는 법을 배우길 기대할 수 있겠는가?

웬만해서는 바뀌지 않는다

십대들만 또래 집단의 압력을 받는 것이 아니다. 부모들 또한 앞집 가족과 속도를 맞추기 위해 자녀들에게 최신 기기를 안겨 준다. 다른 4학년 아이들이 휴대 전화를 가지고 다니면 당신도 자녀에게 휴대 전화를 사준다. 그런데 다른 아이들이 폭력성이 강한 비디오 게임을 한다면, 그것이 당신의 자녀에게 어떤 악영향을 끼칠지 생각해 봤는가? 당신은 자녀가 아이들 사이에서 소외당하는 것을 원치 않을 것이다. 하지만 자녀가 매일 몇 시간씩 스크린 앞에 앉아 있는 것이 마음에 걸리기도 할 것이다.

디지털 무리에 속해서 아이들을 기쁘게 해주는 (그리고 조용하게 만드는) 일에는 그다지 큰 노력이 필요하지 않다. 수많은 부모를 대상으로 가족과 스크린에 대해 조사해 본 결과, 대부분의 부모들이 스크린이 아이들의 삶을 주도하고 있지만 아직 그것을 개의치 않는다는 것을 알 수 있었다. 한 부모는 이렇게 말한다. "저희 아이들은 텔레비전을 보고 싶은 만큼 볼 수 있어요. 보통 하루에 네다섯 시간 정도 되지요. 하지만 저는 별로 크게 신경 쓰지 않아요. 그렇게 하는 것이 우리 가족 관계에 영향을 미친다고는 생각하지 않기 때문이에요."

　스크린은 이미 가정에서 널리 받아들여지고 있기 때문에 많은 부모가 그것이 가족의 강한 결속력을 크게 해칠 수 있다는 것을 생각하지 못하고 있다. 한 가지 확실히 해두고 싶은 것은, 이 책은 과학 기술을 반대하는 책이 아니라는 것이다. 과학 기술은 앞으로도 우리와 함께할 것이다. 그 가운데 우리는 가족 관계를 위해 과학 기술을 활용하는 바람직한 방법을 찾을 수 있다. 우리의 자녀들은 이메일을 사용하고, 문자를 주고받고, 스마트폰을 사용하며 어른으로 성장할 것이다. 요즘은 정말 기가 막힌 시대다. 실시간으로 다른 나라에 사는 할머니와 영상 통화를 할 수 있기까지 하다. 하지만 아이들의 스크린 타임을 줄이거나 살피지 않으면, 아이들은 할머니를 직접 만났을 때 어떻게 앉는 게 바른 것인지도 모를 수 있다.

　스크린 자체는 문제가 아니다. 문제는 우리가 그것을 쉬지 않고 사용한다는 데 있다. 당신의 자녀는 자유 시간이 되면 무엇을 자연스럽게 하는가? 보통의 가정에서는 자유 시간을 스크린 타임으로 보낸다. 가족들이 함께 모여 앉아 텔레비전을 보는 것은 가족들의 사이를 가깝게 만드는 의도적인 스크린 타임이라고 할 수 있다. 그러나 매일 아무 생각 없이 채널을 돌리는 것은 전혀 다른 일이다. 목적 없는 스크린 타임은 시간 낭비이자 부정적인 영향을 주기 때문이다.

　만약 어느 가정이나 스크린을 보면서 시간을 보내고, 대화 대신 문자를 보내고, 식당에서 함께 식사를 하면서도 휴대 전화를 사용한다면 어떨 것 같은가? 디지털 규범은 아이들로 하여금 건강하고 풍성한 관계를 맺게 하는 것은 아닌 듯하다. 스크린은 새로운 것이 아니다. 부모들도 자라면서 텔레비전을 많이 보았을 것이다. 그 당시 텔레비전은 크기가 컸고, 가구의 한 부분으로 붙박이로 되어 있었다. 전화기도 벽에 붙어 있었고, 무선 전화기가 있어도 창고에서는 수신이 어려웠기 때문에 전화 통화를 하는 것도 그리 쉬운 일은 아니었다.

하지만 오늘날은 다르다. 요즘은 어디를 가든지 스크린을 호주머니 속에 넣고 다닌다. 주변에 자리하던 스크린이 우리의 삶에서 중요한 위치를 차지하게 된 것이다. 이것은 어른들이나 아이들 모두가 마찬가지다. 이제는 사람보다 스크린이 가정에서 중심을 차지한다. 아이들은 굳지 않은 시멘트와 같다. 그런데 오늘날의 아이들은 부모가 아닌 스크린에 더 많은 영향을 받고 있다. 더 이상 이래서는 안 된다.

좋은 의도만으로는 안 된다

많은 부모가 선한 의도로 이렇게 말한다.

"삶이 너무 바빠요. 스크린 타임에 대한 규칙을 요구할 시간이 없어요."
"저는 하는데 제 남편도 동참하게 하기가 너무 힘들어요."
"제 아이들은 제가 고치려고만 하면 거의 알레르기 반응을 일으켜요."
"꾸준히 해나가는 것이 너무 어려워요."

니나는 두 살, 네 살, 여섯 살 난 딸을 두고 있다. 딸들은 매일 5시간씩 만화 영화를 보고, 텔레비전 앞에서 저녁을 먹는다. 니나는 가족 간의 시간이 부족하다는 것을 인식하고 있다. 그녀는 식사 시간과 이른 저녁 시간에는 텔레비전을 끄려고 시도도 해보았다. 하지만 며칠 정도는 가능한

데 이상하게도 갑자기 바빠져서 저녁 식사 후 딸들이 텔레비전을 켜도 못 본 척하게 된다. 그러면 머지않아 딸들은 소파에 앉아서 저녁 시간 대부분을 텔레비전을 시청하며 보낸다.

  이처럼 아무리 좋은 의도를 가지고 있어도 행동하지 않으면 부모로서 할 수 있는 게 아무것도 없다. 앤디 앤드루는 이렇게 말한다.

많은 사람이 믿는 것과는 달리 의도 안에는 아무 능력이 없다. 어떤 갈매기가 멀리 날아갈 의도가 있고, 그렇게 하기로 결정도 하고, 나는 것이 얼마나 멋진 일인지 다른 갈매기들과 함께 이야기도 나누고 있다고 상상해 보자. 그런데 그 갈매기는 날개를 움직여 공중 위로 올라가기 전까지는 다른 갈매기들과 별다를 바가 없다고 할 수 있다. 다른 갈매기들과 마찬가지로 여전히 부두에 머물러 있기 때문이다. 이처럼 아무리 뭔가 다르게 해보려는 의도를 가졌다 하더라도 행동이 따르지 않으면, 애당초 그런 생각조차 없던 사람과 별다를 바가 없게 된다. 그런데 다른 사람은 그 사람의 행동으로 판단하면서 나 자신은 내가 가진 의도로만 판단할 때가 얼마나 많은가? 아무리 좋은 의도를 가지고 있어도 행동이 따르지 않으면, 당신에게 최선의 것을 기대하는 사람들을 모욕하는 거라 할 수 있다.[2]

  좋은 의도와 행동의 차이에 대한 이 강력하고도 설득력 있는 글을 소개하는 이유는, 이 책을 통해 당신이 사용할 아이디어를 얻길 바래서다. 물론 이 책에서 제시하는 모든 아이디어에 다 동의할 것이라고는 기대하지 않는다. 다만 공감이 되는 아이디어들은 꼭 실행에 옮기길 바란다.

  스크린을 통해 얼마나 좋은 것들을 얻는지는 중요하지 않다. 아이가 자신의 세계를 스스로 이해하도록 돕고자 하는 당신이 바로 그 아이의 자연스러운 호기심을 채울 수 있는 최고의 방법이 될 것이다. 처음 질문으로 돌아가 보자. 과학 기술이 당신의 가족을 더 가깝게 만드는가, 아니면 멀어지게 하는가? 당신이 믿든 안 믿든, 당신은 아이의 평생에 영향을 끼칠 긍정적인 변화를 줄 수 있다. 이제 스크린으로부터 당신의 가정을 되찾는 여행을 시작해 보자.

"아이가 스크린 앞에서 보내는 시간이 많아질수록
부모와 형제, 친구들과 어울리는 시간은 적어진다."

― 게리 채프먼

01.

스크린 타임 :
너무 많고, 너무 이르지 않은가?

15개월 된 릴리는 아이패드 스크린에 시선을 고정한 채 쇼핑 카트에 앉아 있다. 덕분에 릴리의 엄마는 아이의 방해를 받지 않고 식료품 진열 통로를 걸으며 쇼핑하고 있다. 릴리에게는 그토록 좋아하는 치리오스(Cheerios) 시리얼이 멋지게 진열된 모습도, 먹음직스러운 빨간 사과도 눈에 들어오지 않는다.

초등학교 3학년인 제이슨은 매일 학교 수업을 마치고 집에 돌아오면 텔레비전 채널을 이리저리 돌린다. 그리고 잠자리에 들기 전까지 5시간 동안 텔레비전을 계속 켜둔다.

고등학교 1학년인 멜리사는 지난 한 달 동안 3,500개의 문자 메시지를 보냈다(하루에 110개 정도의 문자를 보낸 셈이다).

위의 내용은 특별히 구성된 시나리오가 아니다. 이런 일들은 스크린이 주도해 가는 이 세상에서 일어나고 있는 평범한 사례에 불과하다. 부모들이 일상생활에서 어떻게 하면 전자기기를 균형 있게 사용할 수 있을지 고민하는 것은 당연한 일이다. 부모들과 조부모들은 종종 이렇게 도움을 요청하곤 한다.

"채프먼 박사님, 저희 아이들은 스마트폰과 비디오 게임기를 손에 달고 살아요. 이제 저희에게는 가족 시간이란 것이 없어졌어요. 가족 모임으로 뭔가 함께하자고 하면 아이들은 짜증을 내거나 다시 스크린으로 고개를 돌려 버려요."

스마트폰이나 태블릿 PC 같은 스크린이 세상에 나오기 전에는 우리의 일상이 어땠는지 기억하는가? 디지털 시대가 오기 전의 아이들은 마당에 나가 놀거나 자기들 스스로 게임을 만들기도 하고, '얼음 땡 놀이'나 '술래잡기'를 하며 쉬지 않고 놀았다. 그리고 놀이를 통해 서로 소통하는 법을 배웠다. 즉, 이겼을 때와 졌을 때, 이웃 아이가 자기를 때렸을 때 어떻게 대응해야 하는지를 배워 나갔고, 다친 친구를 어떻게 이해하고 위로해야 하는지를 알아 갔다. 친구들과 놀면서 실제 세상이 어떻게 돌아가는지를 배웠던 것이다.

하지만 요즘 아이들은 대부분 자유 시간을 집 안에서 보낸다. 어린이 유괴와 같은 위험한 일이 일어날까 두려워 전처럼 밖으로 돌아다니지 못하는 것이다. 그러다 보니 집 안에 머무르면서 친구보다는 스크린을 접하는 시간이 많아졌다. 안타깝게도 아이가 스크린 앞에서 보내는 시간이 많아질수록 부모와 형제, 친구들과 어울리는 시간은 적어진다.

너무 이르지 않은가?_ 2세 이하 아이들의 스크린 타임

영유아 자녀를 둔 부모들은 아이의 흥미를 끌기 위해 스크린을 보여 주고 싶은 유혹을 그 어느 때보다 강하게 받을 것이다. 우리는 집에서도, 차로 이동할 때도 스크린에 파묻혀 산다. 그냥 스크린을 보는 정도가 아니라 부모들은 가장 인기 있고 최고로 뽑히는 프로그램을 아이들에게 보여 주어야 한다는 의무감까지 느끼고 있다.

하지만 많은 연구 결과와 우리의 개인적 경험에서 보면, 어린아이들은 스크린에 적게 노출될수록 더 많은 유익을 얻는다. 미국소아과학회(American Academy of Pediatrics)는 2세 이하의 아이들에게 텔레비전이나 그 밖의 스크린을 보여 주지 말라고 권한다.[1] 이 또래의 아이들은 미디어를 사용하면 긍정적인 영향보다는 부정적인 영향을 훨씬 많이 받게 된다고 한다. 교육용 미디어에서 힘주어 주장하는 것과 달리, 미디어 사용이 2세 이하 아이들의 발달에 도움이 된다는 것을 뒷받침할 증거 자료는 거의 없다. 이러한 사실에도 불구하고 영유아들을 영재로 만든다는 목적으로 전자 교육 상품들이 과잉 공급되고 있다.

어린아이들은 세상을 발견해 나가면서 성장한다. 그들은 사람들이 사는 3차원 세계에서 보고, 듣고, 냄새 맡고, 만지고, 맛보며 세상을 경험해야 한다. 만약 영유아기에 전자기기를 사용하는 데 많은 시간을 보내면, 이런 가장 기본적인 모험조차도 할 수 없게 되는 것이다. 아이들은 돌이 지나면 걷기 시작하는데 이때부터 많이 다치기도 한다. 이는 정상적이고 건강한 일이다. 아이들은 그렇게 스스로 경험하면서 해도 되는 것과 하면 안 되는 것을 배우게 되고, 계단을 직접 오르내리면서 이동하는 방법도 터득하게 된다. 이런 중요한 시기에 스크린 타임은 어린아이의 발달을 돕기보다는 오히려 발달을 방해한다.

미국소아과학회는 부모의 미디어 사용과 마찬가지로 아이들의 직접적인 미디어 사용이 건강에 어떠한 해로운 영향을 끼치는지 보고했다. 2세 이하의 아이들은 인식의 발달이 이루어지는 초기이기 때문에 좀 더 나이가 많은 아이들과는 다른 방법으로 정보를 습득하고 이해한다. 연구 결과에 따르면, '세사미 스트리트'(Sesame Street)와 같은 프로그램을 시청하는 것은 2세 이하 아이들의 언어 발달에 긍정적인 영향보다는 부정적인 영향을 준다고 한다.[2] 텔레비전 프로그램이나 스마트폰 앱을 통해 아이가 글자를 배울 거라고 기대하지만, 미디어 사용이 어린아이들의 언어 발달에 도움이 된다는 사실은 지금까지 밝혀진 바 없다. 스크린이 아닌 살아 있는 사람에게서 언어를 배우는 것이 최고의 방법이다.

2007년의 한 연구에 의하면, 2세 이하의 자녀를 둔 부모의 90%가 자녀가 전자 매체를 보게 그냥 놔둔다고 한다.[3] 영유아가 있는 가정의 39%는 하루에 적어도 6시간 동안 부정적인 영향을 주는 텔레비전을 켜 놓는다고 한다.[4] 그렇게 틀어 놓은 텔레비전은 아이들에게는 옆에서 들리는 주변 소리에 불과하지만, 부모에게는 주의를 집중하게 하는 것이 된다고 한다. 아이의 언어 습득 능력은 부모와의 대화의 양과 직접적인 관계가 있다. 텔레비전이 켜진 상태에서는 엄마, 아빠와 대화를 나누기가 쉽지 않기 때문에 결국 아이는 적은 양의 단어만 배울 수 있게 된다.

연구자들은 12, 24, 36개월 된 아이들을 관찰하면서, 텔레비전이 켜져 있으면 단지 아이의 놀이 시간만 줄어드는 것이 아니라, 놀이 시간 동안 아이의 집중력도 감소한다는 것을 발견했다.[5] 다른 연구에서는 주변에 존재하는 미디어가 인지 과정, 기억력, 독해력에 방해가 될 수 있다고 말한다. 이런 부정적인 영향에도 불구하고 아이들의 3분의 1이 세 살도 되기 전에 자기 방에 텔레비전을 두게 된다.[6] 아이 방에 텔레비전을 둔다는 것은 나이를 불문하고 현명한 일이 아니다(이 내용에 대해서는 11장에서 더 자세히 다룰 것이다). 잠들기 직전에 텔레비전을 시청하면 수면 시간이 불규칙해져 좋지 않은 수면 습관을 갖게 되고, 이는 아이들의 기분과 행동, 학습 능력에 영향을 끼치게 된다. 그런데도 많은 아이가 텔레비전을 잠을 청하는 도구로 사용하고 있다.

비디오 시청 대신에 할 수 있는 가장 좋은 대안은 자녀를 품에 안고 책을 읽어 주는 것이다. 아이들이 책과 접하게 되면 어휘력이 늘어날 것이다. 위대한 독서가는 듣는 것에서 시작된다. 지금부터라도 당신의 자녀에게 자주 큰 소리로 책을 읽어 주라.

자녀에게 텔레비전 시청을 허락해 왔던 것을 지금이라도 못하게 하고 싶다면 어떻게 해야 할까? 멜리사는 두 살, 네 살 난 자녀를 두고 있다. 그녀는 아이들을 잘 키우고 바르게 지도하고 싶지만, 아이들이 텔레비전 없이 식탁에서 저녁 식사를 할 수 있을지 걱정이다. 스크린 타임을 대체할 만한 몇 가지 활동 아이디어들을 제시하면 다음과 같다.

낙서하기 : 커다란 종이를 바닥에 깔고 크레용 한 상자를 준다. 18개월이 되면 크레용을 쥐고 낙서를 할 수 있다. 낙서를 하면서 영아는 무언가를 쥐고 그리기와 쓰기를 할 수 있는 기술을 익히게 된다. 이것은 스크린을 손가락 하나로 쓱쓱 그어 대는 것으로는 배울 수 없는 기술이다.

판지 상자 : 아이가 들어갔다 나왔다 할 수 있는 커다란 판지 상자를 이용한다. 아이가 장식을 하고 싶어하면 크레용을 준다.

특별한 선반 : 아이의 손이 닿을 만한 높이의 선반에 플라스틱 컵과 접시, 계량컵, 그리고 수저와 그릇을 가득 올려놓는다. 당신이 사용하는 선반 위에 그것들을 올려놓을 수도 있다. 아이에게 당신이 식사 준비를 할 때만 이 선반을 사용할 수 있다고 말해 주라. 이 놀이는 당신이 부엌에 있을 때만 할 수 있는 특별한 활동으로 정한다.

> **물놀이** : 만약 물이 묻어도 되는 타일로 된 바닥이 있다면, 거기에서 물놀이를 할 수 있도록 그릇에 3–5cm 정도의 물을 채워 준비한다. 아이에게 물에 뜨거나 가라앉는 몇 가지 장난감과 계량컵, 계량스푼을 준다.

> **마술 장난감 상자** : 플라스틱 통을 가져다가 아이가 한동안 가지고 놀지 않던 장난감으로 채운 다음 팡파르를 크게 울리며 그 통을 아이에게 준다. 매주 놀라게 해줄 수 있도록 내용물을 바꾼다. 그러면 아이는 버리려고 했던 장난감을 다시 가지고 놀게 될 것이다.

> **뛰어다니는 콩** : 이 방법은 집 안을 조금 어지럽힐 수 있다. 아이에게 마른 콩을 가득 담은 커다란 프라이팬과 계량컵, 깔때기를 준다. 그런 다음 쿠키용 종이를 놓아서 아이가 콩으로 모양을 만들 수 있게 한다.

스크린 타임이 주는 편리함을 뒤로하고 상호적이고 감각을 이용할 수 있는 활동을 하려면 그만큼의 노력이 필요하다. 이 노력은 자녀들의 성장에 유익을 가져다주므로 충분한 가치를 지닌다. 당신은 자녀들이 여러 가지 활동을 하는 동안 스크린 없는 일상에 빨리 익숙해지는 모습을 보면서 놀라움을 금치 못할 것이다.

너무 많이 보는가?

여덟 살 트레버는 엄마에게 계속해서 묻는다. "엄마, 제 친구들 모두가 비디오 게임기를 가지고 있어요. 왜 저는 안 되죠?"

엄마는 대답한다. "친구들이 다 가졌다고 해서 너도 가져야 하는 것은 아니란다."

트레버의 엄마 도나는 지난 2년간 아들의 부탁을 피할 수 있었지만, 한편으로는 혹시 지금이 비디오 사용을 허락하기에 적당한 시기는 아닐지

의문이 들기 시작했다. 트레버는 착한 학생이다. 도나는 이번 크리스마스 깜짝 선물로 비디오 게임기를 사주기로 했다.

트레버의 손끝이 비디오 게임기에 적응되는 데는 그다지 오랜 시간이 걸리지 않았다. 그는 자유 시간에는 대부분 비디오 게임을 한다. 학교에서 집으로 돌아가는 차 안에서 엄마가 하루 동안 어떻게 지냈는지 물어봐도 아주 짧게만 대답하고는 집에 오는 시간 내내 비디오 게임을 한다. 이제 도나는 자신이 올바른 결정을 한 것인지 염려가 된다.

도나는 말한다. "비디오 게임기가 이렇게 많은 시간을 빼앗을 줄은 몰랐어요. 지금은 제가 아이에게 게임을 그만하라고 하면 꼭 말다툼으로 이어져요. 저녁 식사 시간과 피아노 연습 때는 게임을 멈추게 하고 싶지만 너무 어렵네요. 처음 사줄 때 지침을 정하지 않은 게 너무 후회돼요."

전자기기에 붙어사는 아이가 트레버뿐만은 아니다. 일반적인 미국의 8-18세 아이들은 비디오 게임을 하거나 컴퓨터, 휴대 전화, 텔레비전을 보는 데 하루에 7시간 이상을 보낸다.[7] 지금 태어나는 아이들이 7세가 될 때쯤이면 일 년 열두 달, 하루 24시간을 스크린을 보게 될 것이다.[8]

아이들이 비디오 게임을 자주 하면 중독 가능성이 있기 때문에 특히나 염려되는 일이다. 비디오 게임은 두뇌에 즐거움을 주기 위해 만들어진다. 게임을 하는 사람들은 점수를 높여 가고, 계속해서 상을 받으면서 다음 단계로 올라간다. 비디오 게임은 시각적으로 다양하게 바뀌기 때문에 아이들은 계속해서 게임을 하게 된다. 게임을 하는 동안 두뇌는 도파민(dopamine, 신경 전달 물질 등의 기능을 하는 체내 유기 화합물-역자 주)을 분비해서 아이에게 행복한 느낌이 들게 한다(이 내용에 대해서는 9장에서 더 자세히 다룰 것이다). 그래서 게임을 하면 할수록 더 하고 싶어지는 것이다.

비디오 게임 중독 증상은 알코올, 마약 또는 노름 중독 증상과 비슷하다. 비디오 게임은 우선 일상생활을 방해한다. 비디오 게임에 빠지면 건강 관리에 소홀하게 되고, 과제, 심부름, 책임진 일들을 하지 않게 된다. 또한, 가족 관계가 멍들게 되고, 비디오 게임만큼 자극적이고 보상을 해 주는 것은 이 세상에 없는 것 같다고 느끼게 된다.

고3인 마이클은 비디오 게임이 그의 인생 전부라고 해도 과언이 아닐 만큼 비디오 게임에 푹 빠져 있다. 그의 부모는 그동안의 학교생활을 칭찬해 주고 싶어서 마이클에게 졸업 파티를 열어 주었다. 하지만 마이클은 10분 정도 파티에 있다가 다시 자기 방으로 들어가 문을 닫고 혼자 비디오 게임을 하기 시작했다. 아무도 그를 방 밖으로 나오게 할 수 없었다. 한 시간이 채 되지 않아 파티에 온 사람들은 모두 자리를 떠났다.

마이클의 이야기는 조금 극단적일 수 있지만, 이 이야기는 남자아이들이 비디오 게임과 인터넷을 하면서 자라면 어떤 일이 일어날 수 있는지를 말해 준다. 이런 아이들은 20대가 되어서도 여전히 청소년기에 머물 수 있다. 그러면 사회에 나가 직업을 찾고, 사람들과 어울려 사회생활을 하며 독립적인 개체가 되는 것이 힘들어진다.

과도한 스크린 타임은 남자아이들에게만 문제가 되는 것이 아니다. 여자아이들도 남자아이들만큼이나 텔레비전을 많이 본다. 사회 경제적 요소에서 세 번째로 낮은 위치에 있는 여학생들은 스크린 타임을 가질 확률이 5배나 많다.[9] 남학생들은 한 달에 평균 2,600개 정도의 문자를 보내지만, 고등학교 여학생들은 한 달에 평균 4,300개의 문자를 보낸다.[10]

당신의 가족에게는 어느 정도의 스크린 타임이 적당하다고 생각하는가? 미국소아과학회는 2세 이상의 아이들은 스크린 타임이 하루에 2시간을 넘으면 안 된다고 권고한다.11 이 말은 만약 당신의 아이가 학교에서 1시간 동안 컴퓨터를 사용했다면, 집에서는 1시간밖에 스크린 타임을 가질 수 없다는 뜻이다. 점점 더 많은 초등학교에서 아이패드 사용을 늘리고 있으며, 그에 따라 집에서 스크린 타임을 제한하는 일이 더욱 중요해지고 (더불어 더 힘겨워지고) 있다. 아이들에게는 스크린에서 떨어져 긴장도 풀고, 책도 읽고, 밖에 나가서 놀기도 하고, 부모, 형제들과 이야기하는 시간도 필요하다.

아이들에게 어느 정도의 스크린 타임을 허락할지는 오직 당신만이 정할 수 있다. 하루 2시간이 일반적으로 적당한 양이다. 많은 부모가 이것은 실현 가능성이 없어 보인다고 생각할지 모른다. 하지만 어떤 부모들은 2시간도 너무 많다고 생각할 수 있다. 스크린 타임의 양은 각 가정의 판단에 따라 정할 수 있지만, 그 선을 분명히 그어 주는 것은 모든 가정에서 필수적으로 해야 할 일이다. 아이들은 분명한 한계를 정해 주면 더 잘 따라 한다. 스크린 타임에는 시간제한이 필요하다. 그렇지 않으면 스크린 타임이 자녀들의 자유 시간을 장악할 것이다.

나의 첫 번째 스마트폰과 루시

믿기지 않을지 모르지만, 나(알린)는 이 책을 쓰기 시작하기 직전에 처음으로 스마트폰을 갖게 되었다. 내가 그동안 스마트폰을 쓰지 않은 이유는, 집에서 오랜 시간 컴퓨터를 해서 이메일이나 소셜 네트워킹 사이트(social networking site, 이하 SNS)를 항상 확인할 필요를 느끼지 못했기 때문이다. 하지만 이동이 많아지게 되면서 마지못해 스마트폰으로 바꾸게 되었다.

나는 스마트폰에 홀딱 반해 버렸다. 한 시간 동안 몇 번씩 수시로 스마트폰을 확인했다. '새 이메일이 왔나?', '페이스북(Facebook)에 사진을 올려야지.', '방금 누가 문자를 보낸 거지?' 정말 기가 막힐 노릇이었다. 나는 즉시 깨달았다. 이것을 내려놓지 않으면 계속되는 방해로 고통당할 것이다. 나는 하루에 몇 번만 스마트폰을 확인하기로 마음먹었다.

다음은 나의 네 살 난 딸 루시에게 문제가 생겼다. 루시가 친구들과 놀고 난 후 그 작은 스마트폰이 무슨 일을 할 수 있는지 알게 된 것이다. 루시는 스마트폰에 매달려 작은 손가락으로 색색의 앱을 누르기 시작했다. 나는 순간적으로 기가 막힌 아이디어가 떠올라 루시에게 말했다. "루시, 그건 엄마 전화기야. 네 것이 아니니 '만지면 안 되는 것'이야. 비행기를 타게 되면, 거기에서는 만질 수 있게 해줄게." 만약 루시가 스마트폰을 사용할 수 있게 된다면, 루시는 계속해서 전화기를 달라고 떼쓸 것이다. 매일같이 그렇게 힘든 시간을 보내고 싶지는 않았다.

루시는 잠시 생각하더니 말했다. "지난달에 할머니 뵈려고 비행기 탔었잖아요." 나는 웃으며 대답했다. "알아. 하지만 그때는 이 전화기가 없었잖니." 루시는 카메라를 사용하고 싶어 몸이 근질거려 보였지만, 스마트폰을 절대 만지지 않았다. 스마트폰이 내 책상 위에 있지만 나의 네 살 난 딸의 마음을 훔치는 데는 힘을 쓰지 못했다. 루시를 스마트폰에 접근하지 못하게 한 것은 이제까지 내린 결정 중 가장 잘한 일 같았다. 지금은 응급 상황에만 스마트폰을 사용하도록 정했다. 네 살 난 아이에게 몇백 달러가 넘는 물건을 '장난감'으로 주는 것은 현명한 행동이 아니다. 물론 루시는 다음번 비행기 타는 날을 손꼽아 기다리고 있다.

무엇에 접속되어 있는가?

나(게리)의 아이들이 어렸을 때, 우리 집에는 컴퓨터는 없지만 텔레비전은 있었다. 나와 아내는 아이들이 보기에 적당한 프로그램 5가지를 정했다. 그리고 아이들에게 말했다. "너희는 하루에 30분 동안 이 5가지 프로그램 중 어떤 것이라도 볼 수 있단다." 이것으로 우리 아이들은 부모가 정한 건전한 테두리 안에서 결정하는 능력을 키워 갔다. 아이들이 스스로 결정할 수 있도록 가르치는 것과 정해진 테두리 안에서 살도록 가르치는 것은 모두 중요하다.

과거의 텔레비전은 커다란 가구 같아서 거실 한가운데 떡하니 자리 잡고 있었다. 부모들은 어떤 프로그램이 아이들에게 좋고 어떤 프로그램이 아이들에게 나쁜지 알았으며, 가정에서 보게 되는 모든 프로그램에 대해 완전한 통제권을 가지고 있었다. 그런데 텔레비전이 점점 더 작아지고 저렴해졌다. 가정에 텔레비전을 한 대 이상씩 놓기 시작하면서 부모들은 자녀들이 무엇을 보는지 관찰하는 것이 점점 더 어려워졌다.

오늘날로 다시 돌아와 보자. 과학 기술은 정보와 예능을 텔레비전, 컴퓨터, 태블릿 PC 그리고 스마트폰을 통해 우리에게 즉각적으로 보내 주고 있다. 우리는 더 이상 가족과 함께 한 텔레비전 앞에 모여 앉을 필요가 없어졌다. 과거의 가족용 텔레비전은 이제 가족 구성원 각자의 호주머니나 가방 속에서도 찾아볼 수 있다. 텔레비전은 과거에도 그다지 건전한 것은 아니었지만, 지금은 더 저속하고 성적이며 폭력적인 프로그램을 보여 주는 매체가 되었다.

자녀가 텔레비전이나 인터넷을 쉽게 접할 수 있다면, 그것은 부적절한 내용물을 언제든 볼 수 있다는 것이다. 나(알린)는 남편과 슈퍼맨 영화 「맨 오브 스틸」(Man of Steel)을 보러 간 적이 있다. 이 영화는 '강도 높은 공상 과학적 폭력, 액션과 파괴 그리고 몇 가지 언어들을 포함한 장면들'로 인해 12세 관람가(12세 미만의 관람객은 관람할 수 없는 영화-역자 주)로 등급이 정해졌다. 하지만 나는 부모들 옆에 앉아 있는 많은 아이를 보고 놀라움을 금치 못했다. 일고여덟 살 정도밖에 안 되어 보이는 남자아이들이 너무나 많았고, 다섯 살밖에 안 되어 보이는 아이들도 몇몇 있었기 때문이다. 심지어는 유모차에 앉아 있는 아이들도 있었다.

영화는 저녁 8시 15분에 시작했는데, 어린아이들에게는 너무 늦은 시간인 데다가 영화 음향이 매우 시끄럽고 내용의 강도도 높았다. 영화 상영 등급이 정해지는 데는 부모들에게 경고하는 이유가 있기 때문이다. 슈퍼 영웅들은 매력적이고 대단해 보이기 때문에 아이들에게 큰 영향을 끼친다. 그런데 대부분의 영화는 아이들을 배려하지 않는다. 2012년에 가장 흥행한 영화인 「어벤져스」(The Avengers)는 영화 속에서 964명을 죽여 '부모의 특별한 주의가 필요한' 12세 관람가 판정을 받았다.[12]

자녀가 보기에 적절한 내용이 무엇인지를 정하는 일반적인 기준이 있다. 다음은 자녀들에게 특정한 프로그램이나 비디오 게임을 보여 주는 것이 현명한 것인지 아닌지를 결정하는 데 도움을 주는 질문들이다.

1. 나의 아이가 이 프로그램을 통해 배우는 것이 있다는 사실적 자료는 무엇인가? 만약 사실에 입각한 자료가 있다면, 그것은 정확한 것인가? 당신은 자녀의 마음이 진리로 가득 차기를 원할 것이다. 만약 프로그램이 실제 세상이 어떻게 돌아가는지를 알려 주지 않고 실생활을 왜곡된 모습으로

보여 준다면, 그 프로그램을 자녀에게 보여 주고 싶지 않을 것이다. 당신은 자녀가 왜곡된 실상이 아닌 실체를 알아 가길 원할 것이다.

2. 이 프로그램을 통해 내 아이 안에 어떤 인격이 형성될 것인가? 이 프로그램의 주인공이 내 자녀가 닮아 가길 원하는 캐릭터인가? 만약 재미를 끌기 위해 다른 사람을 얕잡아 보고, 예의 없고, 권위자를 존중하지 않는 내용이 나온다면 그것은 경고의 불빛이다. 긍정적인 프로그램은 다른 사람을 배려하고, 최선을 다하며, 갈등을 해소하고, 문제를 해결해 나가는 것을 가르칠 것이다.

3. 이 프로그램은 가족 구성원을 어떻게 다루는가? 텔레비전 시트콤은 종종 남자와 아버지를 게으르거나, 뚱뚱하거나, 혹은 멍청해 보이도록 깎아내린다. 이 프로그램에서 당신의 자녀가 남성과 여성, 결혼 그리고 부모에 관해 듣게 되는 메시지는 무엇인가? 가족을 어떻게 표현하는가?

4. 이 프로그램은 우리 가족의 가치관과 일치하는가? 아이들은 어린 시기에 모든 종류의 가치관과 충돌하게 된다. 아이들이 학교를 비롯한 외부에서 무엇을 보는지는 통제할 수 없지만, 집 안에서 보는 것들은 통제할 수 있다. 스크린에서 보이는 것들은 가족의 가치관과 일치해야 한다. 그렇지 않다면 그것을 보여 주어서는 안 된다.

아이들에게 적절한 내용과 부적절한 내용의 차이점을 가르치는 것은 부모가 해야 할 일이다. 이 일을 선생님이나 목사님, 또는 상담가에게 떠넘기지 말라. 아이가 매일 저녁 식사로 사탕을 먹는다고 하면 허락할 수 없듯이, 아이가 스크린 타임이라는 불량 식품을 자꾸 먹으려 하면 그냥 내버려 둘 수 없다. 당신은 아이가 지적으로 어떤 것을 섭취하는지 관리하는 사람이 되어야 한다.

아, 얼마나 놓치고 있는지…

우리(알린) 가족은 친한 친구의 가족과 함께 해변으로 향했다. 우리 가족과 친구 가족은 각자 다른 미니밴을 타고 있었다. 우리는 서로 멀리 떨어지지 않고 고속도로를 함께 달렸다. 그런데 갑자기 세 대의 오토바이가 속력을 내며 옆을 지나가더니 그중 하나가 앞바퀴를 들어 올리고 타기 시작했고, 다른 두 오토바이도 똑같이 따라 했다. 그야말로 미니밴에서 편하게 앉아 오토바이 묘기 쇼를 보는 것이었다. 805번 고속도로가 이렇게까지 흥미진진했던 적은 없다. 우리는 뭔가 더 흥미진진한 장면이 나오지 않을까 싶어 그 오토바이들을 한참 뒤따라갔다. 그들은 우리를 실망시키지 않았다. 오토바이들은 앞바퀴를 더 들어 올리며 웅장한 경적 소리와 함께 고속도로 출구를 빠져나갔다.

해변에 도착하자 나는 흥분하며 친구에게 말했다. "와, 정말 대단했어! 그 오토바이들이 한 일들이 믿어지니?" 그런데 아이들은 우리를 그저 멍한 눈빛으로 쳐다볼 뿐이었다. DVD에 집중하느라 아무것도 보지 못했던 것이다.

한번은 우리 가족이 돌고래 관람 크루즈를 한 적이 있다. 돌고래의 지느러미가 마침내 물 밖으로 나왔을 때, 우리는 그것을 볼 수 있었다. 하지만 대부분의 아이들은 객실 안에서 전자기기를 가지고 노느라 그것을 보지 못했다.

스크린에 시선이 고정되면 많은 것을 놓치게 된다. 단지 돌고래의 지느러미를 본다거나 오토바이가 앞바퀴를 들고 달리는 것을 구경하게 되는 특별한 경우만을 말하는 것이 아니다. 삶의 매 순간, 그리고 자녀의 눈과 미소를 볼 수 있는 기회들을 말하는 것이다. 감정은 관계와 관련이 깊다. 감정은 기쁘거나 슬프거나, 우리 삶 가운데 일어나는 일들에 대한 반응이다. 아이들은 감정을 처리하는 법을 스크린을 통해서가 아니라 부모, 형제들 그리고 실제로 함께하는 다른 사람들과 어울리면서 배워야 한다.

스크린이 주도하는 세계는 거짓되고 통제된 세계로, 당신의 자녀를 흥미 위주로 이끈다. 만약 보고 있는 프로그램이 싫으면 아이들은 그저 흥미를 끄는 것을 찾을 때까지 계속 다른 것으로 바꾸면 된다. 즉각적으로 만족감을 채워 주는 것들이 있기에 아이들은 기다림을 배울 필요가 없다. 이는 당신의 자녀에게 무엇을 가르치는가? 현실의 삶에는 선택할 수 있는 여러 가지 메뉴도, 끊임없이 즐겁게 해주는 것도 없다.

부모들 역시 많은 것을 놓치고 있다. 스크린을 향해 있는 많은 시간 동안 자녀를 가르칠 기회와 가족 간의 추억을 만들 시간, 자녀와 친밀해질 수 있는 시간을 빼앗기고 있는 것이다. 몇 시간이고 아이들에게 스크린 타임을 허용하는 것이 더 쉬울 수 있다. 하지만 부모로서 아이의 개인적인 성장을 도울 기회를 놓치고 있다는 것을 생각해 본 적이 있는가?

네 살, 여섯 살 난 딸을 둔 맨디는 그녀의 딸들이 텔레비전에 너무 의존해서 염려가 되었다. 맨디가 텔레비전을 그만 보라고 5분간 경고를 할 때면 아이들은 난리가 났다. 텔레비전이 꺼지면 아이들은 서로 다투거나 맨디에게 텔레비전을 다시 켜달라고 쉬지 않고 보챘다. 그러면 맨디는 짜증이 나서 텔레비전을 언제까지 볼지 제한한 시간이 이미 지났어도 딸들의 요구대로 텔레비전을 다시 틀어 주었다.

만약 맨디가 정해진 규칙을 꾸준히 지켰다면 어떠했을까? 딸들은 아마도 정해진 규칙에 순종하는 것에 대해 값진 가르침을 배웠을 것이고, 맨디는 갈등 해소, 인내, 그리고 문제를 해결하는 부분에서 더 많은 것을 배웠을 것이다. 쉬운 방법을 택하면 결과적으로 우리는 부모로서 자신을 속이고 성장하지 못하게 되는 것이다.

바꾸기에는 너무 늦은 것일까?

건강한 일을 시작하는 것은 언제든 절대 늦지 않다. 개인적인 일에도 그렇지만 자녀 양육에서도 마찬가지다. 그 어떤 인생도 바뀔 수 있다. 자녀들이 당신의 집에서 사는 한, 그들이 건강하게 성장하도록 훈련하는 일에 적극적으로 관여하는 것은 지금도 늦지 않다.

콘퍼런스가 끝난 후, 스티브와 트리시아는 그들의 열 살 난 아들에 대해 질문할 것이 있어 나를 찾아왔다. "채프먼 박사님, 저희 아들은 착해요. 전 과목에서 A를 받지는 않지만 과제를 꼭 하고 항상 최선을 다하지요. 그 아이가 초등학교 2학년이 되는 해부터 저희는 비디오 게임을 해도 된다고 허락했어요. 그런데 아이가 방과 후에 30분씩만 하던 게임을 최근 들어서는 훨씬 많은 시간 동안 하고 있다는 것을 알게 되었어요. 자기 방에서 불을 끈 후에도 게임을 한다는 것을 저희에게 들켰지요. 저희는 맞벌이 부부여서 그냥 그렇게 하도록 두었어요. 그런데 지난주에 아이가 하는 게임을 보게 되었는데, 폭력성이 얼마나 강한지 알고는 너무 놀라 충격에 빠졌어요. 저희는 게임을 그만하게 하고 싶은데 무엇을 어떻게 해야 할지 모르겠어요."

일반적으로 우리는 아이들이 해서는 안 될 것을 하고 있을 때 강하고 호되게 대한다. 그것을 우리의 책임으로 받아들이기보다는 아이들을 나무라는 것이다. 나는 스티브와 트리시아에게 다음과 같은 방법으로 이야기를 나눠 보라고 제안했다. "우리가 스크린 타임에 관해서 부모 역할을 잘하지 못했구나. 네가 어떤 게임을 하고 있는지 주의 깊게 보지 않았어. 이 점에 대해서 우리는 깊이 반성하고 있단다. 우리가 너를 실망하게 했구나. 하지만 이제 이것을 바꾸려고 한단다. 이제부터 네가 성장하는 데 어떤 비디오가 좋고 어떤 비디오가 해로운지 판단할 수 있도록 우리가 도와줄 거야. 네가 우리의 도움이 필요할 때 도와주지 못했던 것을 용서해 주겠니?"

대부분의 아이들은 이럴 경우 부모를 용서해 준다. 부모가 자신들의 책임에 대해 잘못을 인정하는 것은 자녀가 잘못된 결정을 한 일을 꾸짖는 것보다 훨씬 효과적이다. 부모와 자녀 사이에는 건강한 의사소통이 필요하다. 물론 그것이 현실적으로 쉽지는 않다. 대화라는 것은 잠자리에 들도록 강요하거나 학교에서 데려오는 시간을 정하는 것만이 아니다. 어떤 주제가 나오든 자녀와 나누라. 그러면 분명 스크린 타임이 거듭 제기되는 주요 주제가 될 것이다.

아이들과 이런 열린 소통을 해오지 않았다면 지금이라도 시작하라. 결코 늦지 않았다. 무엇이 당신의 가족을 건강하게 할지 결정하고, 앞으로 미디어 게임에 대해 어떤 계획을 시행할지 분명히 한다면, 당신의 가족은 정해진 그 테두리 안에서 잘 성장할 것이다.

"우리가 깨어 있지 않으면, 정보화 시대는 우리의 성장을 방해하고
영구적인 사춘기 정신을 창조할 것이다."

– 셰인 힙스

02.

사회성 있는 아이로 키우기

홀든 박사는 지난 20년 동안 치과 의사로 일해 왔다. 과학 기술의 발달로 그는 아이들을 치료하는 데 많은 변화가 일어난 것을 보아 왔다. 그가 말한다. "진료실에 들어가면 아이들의 4분의 1이 휴대 전화나 아이패드를 가지고 진료 의자에 앉아 있습니다. 아이들과 대화하려면 기기들을 떼어 내야 합니다. 제가 방에 들어가도 아이들은 스크린에서 눈을 떼지 않습니다. 아이들의 주의를 끌려면 스크린과 경쟁해야 하는 것이죠."

홀든 박사는 소아 치과 대기실과 진료실에 텔레비전을 설치하지 않았다. 그 대신 잡지와 다양한 책 그리고 블록 쌓기 장난감이나 인형 놀이 집 등을 놓았다. 하지만 다른 치과에서는 모든 방에 스크린 오락물을 설치해 놓았기 때문에, 그들과 경쟁하려면 자신의 치과에도 스크린을 설치해야 하는 것은 아닌지 부담을 느끼고 있다.

썩은 이를 치료하거나 오랜 시간 여행을 할 때 보면, 아이들의 관심을 돌리는 데 아이패드만큼 유용한 것도 없는 것 같다. 하지만 아이들에게 계속해서 오락을 하게 하는 것이 정말 꼭 필요한 일일까? 응급 상황이나 특별한 경우가 아닌데도 그저 아이들을 진정시키거나 조용히 시키기 위해 스크린을 보게 하는 경우가 너무 많다. 아이들이 사람들과 의사소통을 하고 경우에 따라 지루함이 존재하는 현실 세계에 대해 배우게 하는 대신, 늘 재미만을 주는 스크린을 제공하는 것이다. 점점 더 많은 연구를 통해 스크린 타임이 자녀의 사회성과 정서 발달을 돕는 뇌에 악영향을 끼친다는 사실이 입증되고 있다.

휴대 전화와 컴퓨터 앱이 대중화되기 전인 2000년도에는 일반적인 사람의 집중 지속 시간이 12초였다. 그 이후로 우리의 집중도는 40%나 떨어졌다.[1] 상대방에게 귀 기울일 줄 아는 기본적인 기술도 익히지 않은 채 어떻게 성공적인 삶을 위한 관계 기술들을 배울 수 있겠는가? 스크린은 계속해서 바뀌고, 재미를 주며, 눈을 떼지 못하게 하고, 보상을 해준다. 이런 스크린에 아이가 몰두하게 하는 것은 현실 세계에서의 성공을 준비시키는 일이라고 볼 수 없다.

현실은 그렇지 않다

다음과 같은 의문을 품어 본 적이 있는가?

"어떻게 아이들과 십대들이 그렇게 할 수 있게 된 걸까?"
"왜 아이들과 청소년들은 맞춤법을 제대로 알지 못하는 걸까?"
"왜 우리 아이들은 불만이 많고 늘 티격태격하는 걸까?"
"왜 나는 아이들에게 존댓말과 감사하다는 말을 하게 하는 걸까?"

이전 세대의 아이들은 부모와 어른들을 더 공경했고, 더 정중했으며, 학구열도 더 강했다. 그런데 지금은 왜 이렇게 바뀐 것일까? 과학 기술에 모든 잘못이 있는 것은 아니지만, 그것이 자라나는 아이들의 생각과 마음에 영향을 끼치는 것은 부정할 수 없다. 오늘날의 아이들은 현실 세계의 교실이나 가족 관계가 아닌, 스크린을 통해서 살아가는 방법을 더 많이 배우고 있다.

오늘날의 아이들은 개인적인 어려움을 별로 경험하지 않는다. 과학 기술의 발달로 거의 모든 것을 더 쉽게 할 수 있기 때문이다. 만약 단어 뜻을 모르면 사전을 찾는 대신 컴퓨터로 찾아 보면 된다. 곱셈 문제를 푸는 방법을 모르면 계산기를 쓰면 된다. 심심해지면 좋아하는 게임을 하거나 재미있는 웹사이트를 찾으면 된다.

나(알린)의 아이들은 가지고 싶은 것이 있으면 그것에 대해 정말 쉽게 말한다. "그냥 아마존 사이트에서 사면 되잖아요." 과학 기술은 모든 것을 쉽게 얻을 수 있다고 생각하게 한다. 마우스 클릭 한 번이면 그 어떤 것이라도 살 수 있다. 과학 기술에 익숙한 아이들은 힘든 일을 잘 참아 내지 못한다. 과학 기술은 아이들이 원하는 것을 빛의 속도로 찾도록 훈련한다. 그 가운데 인내라는 미덕은 사라졌다.

스크린에 끌려다니는 아이

일곱 살인 소피아가 학교 도서관에서 빌려 온 책을 어떻게 읽는지 몰라서 숙제를 할 수 없게 되자, 그녀의 엄마는 담임 선생님에게 전화를 걸었다. "소피아가 수업을 위해 학교에서 빌려 온 책을 제가 봤는데요, 2학년 학생에게는 너무 이른 숙제가 아닌가요? 소피아의 독서 숙제를 꼭 좀 바꿔 주시겠어요?"

엄마의 의도는 좋을지 몰라도 이 일로 소피아는 한 개인으로 성장하는 데 필요한 경험을 놓쳐 버렸다. 스크린에 끌려다니는 오늘날의 아이들은 고통을 잘 참지 못한다. 숙제나 축구 연습이 너무 어려우면 아이들은 쉽게 포기하려 한다. 안타깝게도 많은 부모가 아이들이 장애를 극복하도록 돕는 대신 그만두는 쪽을 선택하게 한다. 새로운 것을 익히기 위해 스트레스를 경험하는 것은 해로운 일이 아니다. 오히려 스트레스를 경험해야 한다. 자녀가 당신에게 사랑받는다고 확신하는 한, 아이는 어려움이 생겼을 때 더 많이 성장할 것이다.

스크린에 끌려다니는 아이는 칭찬을 빨리 받지 못하거나 그 횟수가 많지 않으면, 게임을 통해 계속해서 받을 수 있는 보상을 즐기게 된다. 비디오 게임에서는 점수, 별 혹은 몇 개의 추가되는 생명체를 얻고 다음 단계로 빨리 올라갈 수 있다. 노력에 따라 보상이 즉시 주어지는 것이다. 그러나 이것은 자녀의 성장을 막는 일이다.

강사이자 부모 교육자인 캐시 코크는 휴대 전화의 농구 경기 앱을 사용하던 네 살 소년에 대해 말한다. 소년이 농구 골대에 골을 넣을 때마다 휴대 전화에 불빛이 들어오고 진동이 울렸다. 소년이 그 게임을 좋아하니 할머니, 할아버지는 진짜 농구 골대를 사주면 아이가 더 좋아할 거라고 생각했다. 소년은 처음으로 실제 농구 골대에 공을 넣었을 때, 어떤 일이 바로 일어날 거라고 기대했다. 하지만 아무 일도 일어나지 않았다. 번쩍이는 불빛도 나오지 않았고, 진동도 없었다. 소년은 한 번 더 공을 던졌다. 그런데 여전히 아무 일도 일어나지 않았다. 환상이 깨지자 소년은 휴대 전화를 다시 집어 들어 스크린 속의 농구 경기를 계속했다. 그동안 소년은 뭔가 잘하면 즉시 상을 받을 수 있었는데, 현실 속의 농구 경기에서는 아무 일도 일어나지 않자 바로 그만두어 버린 것이다.

오늘날의 아이들은 잘하지 못했을 때도 상을 받는다. 스포츠팀에서 아이들 모두에게 트로피를 주는 것은 이제 흔한 일이 되었다. 팀이 이기든 지든 트로피를 받을 수 있으니 아이들은 그저 경기장에 가기만 하면 된다. 이것은 성취에 대해 아이들에게 동기를 부여하는 데 어떤 작용을 할까? 아마도 아이들은 훌륭하든 형편없든 뭔가 보여 주기만 하면 상을 받게 될 거라고 거짓 기대를 하며 성장할 것이다.

나(알린)의 아들 이선은 초등학교 3학년이었을 때, 처음으로 농구 경기에 출전하게 되었다. 그가 속한 팀은 그 시즌을 통틀어 단 한 번도 이기지 못했다. 몇몇 경기 때는 점수가 너무 한쪽으로 기울어져 점수판을 꺼버리기도 했다. 하지만 선수들은 점수를 알았다.

이선은 경기를 통해 많은 것을 배웠다. 살아가면서 우리는 실패하기도 한다. 항상 이기는 것이 아니다. 부모들은 자녀들이 현실의 삶에 실질적으로 다가가는 능력을 키우도록 돕고 싶을 것이다. 스포츠 경기에서는 누군가가 이기면 다른 누군가는 진다. 패자가 되었다고 나쁜 사람이란 뜻은 아니다. 스포츠 세계의 모든 영웅은 승리한 횟수보다 진 횟수가 훨씬 많다. 실패는 배움의 과정이다.

실패의 경험은 중요한 질문을 할 기회를 준다. '이 일로 무엇을 배울 수 있는가? 그 부분을 더 잘하기 위해서 우리는 무엇을 바꿀 수 있는가?' 오로지 실패를 통해서만 아이에게 가르칠 수 있는 귀한 교훈들이 있다. 스크린 타임을 통해서는 실패할 기회를 별로 경험할 수 없지만, 현실에서는 가정에서 그것을 연습할 수 있다.

A+ 아이

당신의 아이가 학교에서 받는 최고 점수는 무엇인가? 성적표가 A+로 가득한가? 학업 성취도는 가치 있는 목표이긴 하나, 아이의 성적표보다 더 중요한 것이 있다. 바로 아이가 어떠한 사람이 될 것인가이다.

전 과목에서 A+를 받는 아이보다는 강한 도덕적 인성을 갖춘 아이가 성인이 되었을 때 성공할 가능성이 높다. 나(알린)는 아들 이선의 학급에서 책을 읽어 줄 기회가 있었다. 윌리엄 베넷의 『미덕의 책』(The book of Virtues)을 들고 자리에 앉아 초등학교 3학년 학생들에게 물었다. "미덕이 뭐라고 생각하니?" 아이들은 눈을 깜빡거리다가 내가 들고 있는 커다란 책을 보고는 미덕이란 이야기 모음이라고 결론을 내렸다. 이선을 제외한 그 어떤 아이도 '미덕'이 무엇인지 그 뜻을 말할 수 없었다.

아이들은 온갖 종류의 비디오 게임이나 만화, 그리고 최신 앱에 대해서는 잘 안다. 하지만 인성에 대한 지도는 부족하다. 미덕이란 높은 도덕적 기준을 보여 주는 행동으로 책임감, 동정심, 끈기, 믿음 등을 말한다. 자녀의 마음과 머리에 다운받을 수 있는 미덕의 앱은 없다. 아이들은 그들의 부모가 무엇이 옳고 그른지에 대해 말하는 것을 듣고 배우며 미덕을 익혀 나간다.

앞으로 나올 5개의 장에서는 아이들이 진정으로 성공적인 삶을 살기 위해 배워야 할 5가지 사회성 기술을 소개할 것이다. 성적에서만 A+를 받기 위해 노력을 허비하지 말고, 가정에서 자녀의 전인 교육을 할 수 있는 A+

사회성 기술을 실천해 보라.

사랑의 기술

직장에서 쉽지 않은 하루를 보낸 후 레이첼이 집으로 들어간다. 그리고 그녀의 뒤를 아홉 살 레아와 일곱 살 찰리가 따라 들어간다. 레이첼은 가방을 내려놓고 저녁 식사를 준비하기 위해 냉동실에서 재료를 꺼내 데우기 시작한다. 찰리는 텔레비전 앞에 앉고, 레아는 아이패드를 가져와 자기가 좋아하는 게임을 하기 시작한다. 레이첼의 남편이 집에 도착하고, 모두가 함께 저녁 식사를 빨리 마친다. 어느 한 사람도 무례하지는 않지만 정중하게 부탁하거나 고맙다고 인사하지도 않는다. 식사 후 찰리는 다시 텔레비전을 보기 시작하고, 레아는 아까 멈추었던 부분에서 다시 게임을 시작한다. 레이첼의 남편은 그녀가 문자를 확인하는 동안 노트북으로 일을 한다.

레이첼이 잠자리에 들어 눈을 감으면 저녁 시간이 마무리된다. 그녀는 슬슬 염려가 된다. 최근 들어 자신이 가족의 그 누구와도 가깝다고 느껴지지 않기 때문이다. 아이들은 자신과 함께하는 시간보다 텔레비전을 보거나 비디오 게임을 하는 데 더 관심이 있는 듯하고, 남편은 더 이상 대화를 하기 위해 가까이 다가와 앉지 않는다. 한때는 더없이 가까웠던 그녀의 가족에게 무슨 일이 일어나고 있는 것인가?

그녀의 가족은 사랑을 표현하는 요소인 눈 맞춤, 포옹, 적당한 스킨십, 그리고 칭찬의 말들을 서로 더 나누어야 할 필요가 있다. 가족 간의 관계는 몇 마디 말과 문자 메시지만으로는 충분하지 않다.

감사의 기술

나(알린)의 아들 이선은 '친구들과 가족들이 함께하는 크루즈 여행'을 하면서 해군 군함에 오르게 되었다. 이는 평생 한 번 올까 말까 한 기회였다. 나는 남편과 이선, 그리고 이선의 친구인 노아가 부두를 향해 갈 때 손을 흔들어 인사했다. 크루즈 여행에서 하루를 보내고 돌아온 이선은 군함의 이름이 새겨진 멋진 야구 모자를 쓰고 있었다. 노아는 자기를 데려가 준 것에 감사를 전하려고 배 안의 선물 가게에서 이선에게 줄 선물을 샀다.

나중에 나는 노아의 엄마에게 노아한테 선물을 사라고 귀띔해 줬는지 물었다. "아뇨, 이선을 위해 선물을 사라는 말은 하지 않았어요. 노아가 스스로 결정하고 자기 돈으로 산 거예요." 노아의 엄마는 노아가 스스로 친구에게 감사를 표현했다는 것을 알고 기뻐했다.

어린 나이에 노아는 감사를 표현하는 것이 얼마나 영향력 있는 일인지를 잘 알았다. 누군가 당신에게 좋은 일을 하면 그에 대한 올바른 반응은 감사의 마음을 표현하는 것이다. 그런데 아이들은 때때로 '뭐, 당연한 거지.'라고 생각하곤 한다. 하지만 우리는 부모로서 자녀가 감사하는 마음을 가진 어른으로 자라길 원하지, 받는 것을 당연하게 여기는 사람이 되길 원하지는 않는다.

분노 조절의 기술

일곱 살인 조이와 아홉 살인 킴벌리는 잠에서 깬 순간부터 서로의 신경을 건드리고 있었다. 둘은 욕실의 세면대를 누가 먼저 쓸 것인지를 놓고 싸웠다. "그만해!" 킴벌리가 울자 조이는 더 세게 킴벌리를 흔들었다.

아침을 먹으면서도 킴벌리는 계속해서 조이에게 잔소리를 해댔다. "시리얼을 흘렸잖아. 너는 할 줄 아는 게 없어. 네가 입고 있는 티셔츠랑 바지는 서로 어울리지도 않아."

엄마가 학교에 데려다주길 기다리는 동안 조이는 비디오 게임을 하면서 소파에 앉아 있었다. 그때 킴벌리가 몸을 구부려 조이의 얼굴과 스크린 사이로 얼굴을 들이밀었다. "비켜!" 조이가 킴벌리를 밀치며 소리쳤다. "엄마, 조이가 날 때렸어요!" 킴벌리가 악을 쓴다.

형제자매들은 순간적으로 서로 화나게 하는 특별한 재주가 있는 것 같다. 그런데 그대로 방치하면 모든 짜증이 분노로 잘못 자리 잡게 된다. 분노는 가정에서만 일어나는 감정이 아니다. 놀이터에서도 교실에서도 일어날 수 있는 일상적인 감정이다. 이때 부모는 자녀에게 '나쁜' 분노와 '좋은' 분노의 차이점과 긍정적인 매너로 분노의 감정을 다스리는 법을 가르칠 수 있다. 이 가르침은 자녀에게 엄청난 유익이 될 것이다.

사과의 기술

나(게리)는 내 아들이 여섯 살이었을 때 테이블 유리를 깨뜨린 후 바닥에 흩어진 유리 조각들을 보며 "저절로 이렇게 됐어요."라고 말했던 일을 기억한다. 아이는 벽에 유성펜으로 낙서를 한 후에도 "저절로 이렇게 됐어요."라고 말했다.

아들이 "제가 실수로 테이블 유리를 깼어요.", "제가 벽에 낙서를 했어요."라고 말하기까지는 정말 오랜 시간이 걸렸다.

지금도 나와 내 아내는 무책임했던 행동에 관해 이야기할 때면 서로에게 농담처럼 이렇게 말하곤 한다. "저절로 이렇게 됐어요." 우리는 이것이 농담이란 것을 알면서도 '나' 보다는 '그것' 을 비난받는 자리에 놓는 것이 조금은 마음이 편하다는 것을 느꼈다. 그러나 만약 자녀가 성숙한 어른으로 자라길 원한다면, 우리는 자녀에게 자신의 행동에 대해 책임질 줄 알도록 가르쳐야 한다. 성숙하지 못한 어른은 어린아이와 같은 행동을 계속하고, 자신의 실수를 인정하기보다는 남에게 잘못을 전가하려는 경향이 있다.

자신의 말과 행동에 책임을 진다는 것은 사과를 배우는 첫 번째 단계라고 할 수 있다. 아이들은 잘한 행동에 대해서는 쉽게 책임을 받아들인다. "저는 콩을 세 번이나 먹었어요. 이제 간식 먹어도 되죠?", "이번 과제에 스마일 도장을 받았어요.", "제가 제일 빨리 달렸어요." 이것은 모두 잘한 일에 대해 책임을 느끼는 상황이다.

그러나 아이들은 잘하지 못한 일들에 대해서는 책임을 잘 받아들이지 못한다. 아마도 아이들이 스스로 이렇게 자신의 잘못을 인정하는 모습은 별로 본 적이 없을 것이다. "죄송해요. 제가 먹지 말라고 한 과자를 먹었어요.", "수학 숙제를 할 때 문제를 어떻게 푸는지 몰라서 정직하게 하지 못했어요." 사과하는 것을 배우는 데는 부모의 지도와 노력이 굉장히 많이 필요하다. 하지만 좋은 소식은, 사과의 기술은 어린 나이에도 배울 수 있고, 성인이 되어서도 적용할 수 있다는 것이다. 사과하는 습관은 아이에게 감정적으로도 엄청난 이점을 가져다준다.

주의 집중의 기술

네 살인 에이든은 '엄마와 함께하는 음악 교실'이라는 주중 프로그램에 참석한다. 프로그램이 시작되면 12명의 취학 전 아동들이 선생님이 악기를 나눠 주는 동안 원을 그리고 앉는다. 그런데 다른 아이들은 다 방석에 앉아 악기를 가지고 노래를 따라 하는데, 에이든은 혼자 자리에서 일어나 자기 악기를 통에 넣어 버리고는 탬버린을 흔들며 시끄럽게 한다. 에이든의 엄마는 자리에 돌아와 앉으라고 신호를 보낸다. "에이든, 앉아!" 하지만 에이든은 엄마의 애원을 무시한 채 다른 악기를 집어 들고 교실 안 다른 쪽으로 뛰어간다. 음악 교실은 점차 에이든의 엄마와 선생님에게 좌절감을 느끼게 하는 시간이 되었다. 몇 주 후, 에이든의 엄마는 더 이상 음악 교실에 나가지 않았다.

에이든처럼 아이들이 주의를 잘 집중하지 못하는 것은 흔한 일이다. 오랜 기간 목회를 하신 로즈 목사님은 교회 안에서 아이들이 주의를 집중할 수 있는 시간이 얼마나 짧아졌는지를 보아 오셨다. 목사님은 이런 말씀을 하셨다.

"요즘 아이들은 이룰 수 없는 기대 이상의 것들을 찾고 있어요! 아이들은 자극적인 게임이나 영화에 익숙해져 있어요. 아이들은 다음 장면이 자신들의 마음을 사로잡을 정도로 자극적이길 원해요. 그런 장면이 나오지 않으면 그냥 돌아서 버리지요. 대부분의 아이들이 교회에서 주의를 집중하는 것을 힘들어해요. 아이들을 원 안에 들어가게 하는 데만도 시간이 꽤 걸려요. 너무 산만해져서 순순히 원 안에 들어가지 않고 방 안 이곳저곳을 돌아다니지요. 저는 어떤 아이들이 스크린 타임을 많이 갖는지 알 수 있어요. 그 아이들은 주의를 집중해서 다른 사람들의 말을 경청하는 데 서툴기 때문에 특별히 강한 시도가 필요해요."

이제 시작이다

지금까지 살펴본 기술들을 사회성 기술이라고 부른다. 사회성 기술은 타고나는 성품이 아니다. 사회성 기술은 저절로 습득되는 것이 아니라 직접 배워야만 익힐 수 있다. 이는 좋은 소식이다. 이러한 기술을 익히는 것은 복권 당첨처럼 우연히 될까 말까 한 일이 아니라는 말이기 때문이다. 앞서 살펴본 것처럼 다음의 기술들을 어떻게 익혀야 하는지 가르치는 일은 자녀에게 영향을 준다.

사랑의 표현하기
감사의 표현하기
분노 조절하기
사과하는 것 배우기
주의 집중하기

전에는 이 5가지 기술을 가르치는 데 주력하지 않았을 수 있다. 과거를 바꿀 수는 없지만 오늘과 내일은 바꿀 수 있다. 에이브러햄 링컨은 이렇게 말했다. "미래를 예측하는 가장 좋은 방법은 원하는 미래를 만들어 가는 것이다." 자녀가 밝은 미래를 맞이하길 바라는가? 자녀의 미래는 당신이 무엇을 하는지에 의해 정해질 수 있다. 그런데 그것은 보통 자녀가 좋아하지 않는 일들일 것이다. 자녀들은 아마도 이렇게 말할지 모른다. "제가 동생에게 사과해야 한다는 게 무슨 뜻이에요?", "숙제하기 싫어요.", "진짜로 할머니께 스웨터를 사주셔서 감사하다고 카드를 써드려야 하는 거예요?"

당신은 부모다. 그런데 자녀가 당신의 말을 듣지 않는다면 기분이 어떨 것 같은가? 집 안에 있을 때 전자기기를 어떻게 사용해야 하는지 아무리 지침을 세워 줘도 지키지 않는다면 어떨 것 같은가? 자녀가 당신이 생각하는 건강한 방법으로 가족과 소통하고 있지 않다면, 자녀의 모습을 바꿔 줘야 하는 사람은 바로 당신이다. 자녀에게 책임감을 보여 주면 자녀는 반응할 것이다. 부모는 아이들에게 거꾸로 가는 것이 아닌, 마땅히 가야 할 길을 가르쳐야 한다. 그리고 자녀에게서 무엇을 원하고 무엇을 기대하는지 분명한 기준을 가지고 있어야 한다.

제니퍼는 열한 살 난 딸을 위해 이메일 계정을 만들어 주었다. 그녀는 비밀번호를 알고 있어서 딸의 이메일들을 확인할 수 있었다. 이것은 부적절한 일이 아니다. 그녀의 딸과 딸의 친구들이 이메일을 주고받는 일에도 어떤 문제가 있지는 않았다. 그런데 문제는 딸이 이메일에 대해 알게 되었다는 데 있었다.

"딸아이는 계속해서 이메일을 확인하고 싶어했어요. 학교에서 돌아오면 가족용 컴퓨터를 몇 번씩이나 사용하게 해달라고 졸랐지요. 그런데 열한 살짜리 아이가 긴급한 이메일을 받을 일이 얼마나 되겠어요? 이메일 계정이 생긴 후로 딸아이는 책이나 장난감에 전처럼 흥미를 갖지 않게 되었어요."

제니퍼는 딸아이가 컴퓨터를 사용하는 것에 대해 새로운 규칙을 세워야 했다. 그녀는 딸에게 이메일을 어떻게 사용해야 하는지 다음과 같은 기본 규칙들을 말해 주었다. 숙제나 해야 할 일들을 끝내기 전에는 이메일을 확인하지 않기, 매일 10분만 확인하기, 엄마(제니퍼)가 안전한 사이트인 것을 확인하지 않은 링크(link, 인터넷 홈페이지에서 지정하는 파일이나 문자열로 이동할 수 있도록 걸어 놓은 홈페이지 간의 관련-역자 주)는 클릭하지 않기. 그리고 딸아이가 한 번 이상 이메일을 확인하게 해달라고 부탁하면 그날은 이메일을 사용할 수 없었다.

제니퍼는 딸에게 스팸(spam, 인터넷상에서 다수의 수신인에게 무작위로 송신된 이메일 메시지-역자 주)과 온라인상에서 낯선 사람과 연락하는 것에 대해 주의를 주었다. 규칙을 어기면 어떤 결과가 생기는지에 대해서도 설명해 주었다. 그리고 과학 기술은 삶에서 도구로 사용될 때 최상으로 활용할 수 있다고도 설명해 주었다. 만약 아이가 삶에서 경험해야 하는 것들이 대부분 과학 기술과 연관되어 있다면, 이는 결국 삶을 파괴하는 일이 될 것이다.

우리도 제니퍼의 딸처럼 모든 것을 등한시한 채 계속해서 문자와 이메일을 확인하게 될지 모른다. 또 실제로 만나는 사람들과는 별로 대면하지 않으면서 컴퓨터는 종일 마주할 수도 있다. 십대들이 차의 뒷좌석에 앉아 서로 대화를 나누는 대신 서로에게 문자를 보내는 모습을 본 적이 있는가? 어른들 역시 그럴 것이다. 오늘날의 디지털 세대는 대화가 얼마나 아름다운 것인지 경험해 보지도 못할 커다란 위험 앞에 놓여 있다. 하지만 그 가운데 의도적으로라도 자녀들에게 다른 사람과 어울리며 사는 것이 어떠한 가치를 지니는지 가르칠 수 있다.

가족과의 식사 시간은 자녀에게 앞서 말한 사회성 기술을 연습하게 할 완벽한 기회가 될 수 있다. 자녀에게 다음과 같은 질문들을 해보라.

- 오늘 학교에서 누구와 함께 시간을 보내는 것이 즐거웠니? 그 친구/사람의 어떤 점이 좋았니?
- 오늘 일어난 일 중에 감사했던 일은 무엇이니?
- 화가 나거나 속상한 일이 있었니?
- 가장 최근에 네가 다른 사람에게 사과했던 일이나, 다른 사람이 너에게 사과했던 일이 있니? 그렇다면 무슨 일이었니?
- 어떤 과목이 가장 집중하기 쉽니? 집중하기 가장 어려운 과목은 뭐고?

 가족과의 식사 시간을 재미있고 의미 있게 만들어야 한다는 것을 기억하라. 식사 시간에는 휴대 전화를 무음으로 해 놓고 텔레비전을 끄도록 하라. 그리고 식탁에 둘러앉아 가족 간의 특별한 대화 시간을 만들라.
 가정은 사랑, 감사, 분노 조절, 사과, 주의 집중, 이 5가지 사회성 기술을 익힐 수 있는 훈련의 장소다. 지금이 바로 자녀들의 밝은 미래를 만들어 갈 시간이다. 다음에 이어질 장들은 이 5가지 사회성 기술을 가르치는 데 실제적인 도움을 주기 위해 구성되었다.

"애정은 우리 인생에서 매우 견고하고 지속성 있는 행복에 90% 책임이 있다."

- C. S. 루이스

03.

사회성 기술 #1 사랑

초등학교 2학년 여자아이들과 남자아이들이 수업이 시작되기를 기다리고 있었다. 앤드루와 클레이는 다른 여자아이들이 미술 재료 주위에 모여 있는 동안 함께 놀고 있었다. 한 남자아이가 교실 안으로 들어와 태블릿 PC를 올려 들고 사진을 찍었다. 남자아이들은 놀던 것을 멈추었고 여자아이들도 어떤 펜이 가장 좋은 것인지에 대한 논쟁을 멈추었다. 모두가 태블릿 PC를 가진 그 아이 주변으로 모여들었다. 아이가 비디오 게임을 하기 시작하자 모든 아이의 시선이 스크린 위에 고정되었다. 시끄럽던 교실은 한순간에 조용해졌다. 비디오 게임에서 나오는 삑삑거리는 소리만 들릴 뿐이었다.

그때 반장이 앞에 나가 말했다. "교실에서는 전자기기 사용 금지야!" 반장은 한참 게임을 하고 있는 아이의 태블릿 PC를 잡고 이렇게 말했다. "집에 갈 때 돌려줄게."

태블릿 PC가 눈앞에서 사라지자 아이들은 자기들이 놀던 자리로 돌아갔다. 교실은 다시 아이들의 목소리로 가득 찼다.

전자기기를 사용하고 싶은 유혹은 아이나 어른이나 모두 거부하기 힘들다. 버튼 하나만 누르면 비디오 게임과 가상 세계가 우리 마음을 사로잡아 버린다. 다른 선택을 할 수 없는 한, 아이들은 친구나 선생님, 이모나 고모, 할머니, 할아버지보다 자신들이 가진 전자기기를 더 가까이하며 자랄 것이다.

역설적이지만 전자기기는 세계 곳곳의 사람들과도 연락할 수 있게 하면서 정작 가까이 있는 사람과는 멀어지게 한다. 다른 나라에 아이의 할머니가 살고 있다고 가정해 보자. 아이는 스카이프(skype, 인터넷에서 음성 무료 통화를 할 수 있는 프로그램-역자 주)를 통해 할머니와 얼굴을 마주 보며 얘기할 수 있다. 하지만 아이는 할머니와 대화를 하기보다 자신이 좋아하는 만화를 보거나 새로운 게임을 하면서, 아니면 좋아하는 웹사이트를 둘러보면서 시간을 보낸다. 스크린 타임은 이처럼 서로 얼굴을 마주 대하는 시간을 빠르게 점령하고 있다.

텔레비전 스크린은 가정이라는 공간 안에서 전혀 낯선 것이 아니다. 1948년까지 미국의 백만 가정에 텔레비전이 있었다.[1] 자녀와 함께 텔레비전을 볼 때는 자신의 개인적인 성향이 어떤지 생각해 봐야 한다. 자녀들이 좋아하는 프로그램을 보고 있을 때 그 옆에 다정하게 다가가 앉는다면, 그 아이는 분명 당신에게 사랑받는다고 느낄 것이다. 하지만 현실은 어떤가? 가족이 함께 영화를 보는 특별한 날을 제외하고는 부모와 자녀가 따로따로 서로 다른 프로그램을 시청한다. 게다가 부모들은 자녀들이 스크린 타임을 가질 때가 그동안 자녀 때문에 하지 못했던 일들을 마칠 기회라고 말하기까지 한다.[2]

광고에서는 최신 모델인 60인치 평면 화면 텔레비전으로 영화를 보면 가족 간의 사랑이 돈독해진다는 달콤한 생각을 우리에게 심어 준다. 최신형 스마트폰으로는 세계 어느 곳에 있는 사람과도 선명하고 깨끗한 화질로 만날 수 있다고 말한다. 하지만 현실은 그렇지 않은 것 같다. 같은 집에 살면서도 가족들은 이제 각자 자신의 전자 세계 속에서 따로 살아가고 있다.

함께 있는 것이 중요하다

벤은 무엇보다도 좋은 아빠가 되고 싶어한다. 그는 항상 저녁 6시 전에 귀가하여 저녁을 먹은 후에는 그의 자녀들인 여덟 살 메건, 아홉 살 라이언과 함께 소파에 앉는다. 그런 다음 휴대 전화로 뉴스와 자신의 주식 상황을 확인하고 미국 최고의 스키장에 관한 기사를 읽기 시작한다. 그는 크리스마스 방학 동안 자녀들에게 스키를 가르칠 생각이다. 벤은 자녀들이 텔레비전을 보는 동안 몸은 분명 아이들과 함께 소파에 있다. 하지만 휴대 전화를 보는 동안은 정신적으로 다른 장소에 있다. 결국, 그의 사랑의 대상은 휴대 전화인 것이다.

벤의 자녀들은 아빠가 휴대 전화에 빠진 모습을 지켜보다가 자신들도 바빠 보이고 싶다. 메건은 이어폰을 꽂고 자기의 아이팟(IPOD, 애플사에서 개발한 디지털 오디오 플레이어-역자 주)에서 노래를 찾아본다. 라이언은 텔레비전 채널을 이리저리 돌린다. 이제 저녁 시간이 끝나고 다음 날 저녁에도 같은 상황이 반복된다.

오늘날의 가정들은 이처럼 미묘한 변화를 경험하고 있다. 부모와 아이

모두 전자기기에 쏟는 시간이 늘어 가고 있고, 이런 상황에 점점 더 익숙해지고 있다. 가족들은 점차 서로를 향해 사랑을 표현하는 일이 드물어지고 있다. 한 장소에서 함께 생활하고 있지만 감정이 교류되지 못하고 있는 것이다. 『깜박이는 화소』의 저자인 셰인 힙스는 "디지털 공간은 표면적으로 광대한 소셜 네트워크를 만들어 내는 비범한 능력을 갖추고 있지만, 친밀하고 의미 있는 인간의 만남을 만들어 낼 수는 없다."라고 했다.[3]

내(알린)가 임신 26주차에 유산했을 때, 많은 친구가 나를 위로해 주려고 우리 집에 찾아왔다. "네 생각하고 있어."라고 온라인에 메시지를 써서 위로해 주는 것도 고마웠지만, 집에 직접 찾아와 나를 안아 주며 위로해 주는 것과는 비교할 수 없었다. 이처럼 함께 있는 것이 정말 중요하다. 친밀한 감정을 문자나 이메일, 트위터(twitter, 140자 이내 단문으로 개인의 의견이나 생각을 공유하고 소통하는 사이트-역자 주) 메시지만으로는 충분히 전할 수 없다. 사랑을 표현하는 깊은 감정은 현실에서 서로 얼굴을 마주 대할 때 전해진다.

우리는 자녀들과 대화하거나 설거지를 같이하면서, 함께 아이스크림을 사러 잠깐 나가면서 얼굴을 서로 마주 보고 사랑을 표현할 수 있다. 당신이라는 존재는 자녀에게 물리적으로뿐만 아니라 정서적, 감정적으로도 엄청난 역할을 한다. 자녀와 같이 있는 동안은 모든 것을 함께하라. 당신의 모습을 보며 자녀는 많은 것을 배울 것이다. 그리고 직접 함께 있어 주는 사람이 디지털로 연결된 사람보다 더 소중하다는 것을 깨달을 것이다.

친구 만들기

"엄마, 친구는 어떻게 만드는 거예요?" 일곱 살인 노엘이 이 질문을 할 때 나(알린)는 컴퓨터 앞에 앉아 있었다. SNS에 접속해 있던 나는 노엘이 온라인 친구를 말하는 건가 했는데, 노엘은 "온라인 친구 말고 진짜 실제 친구요."라고 대답했다. 아이가 진짜 친구를 만들고 싶어한다는 걸 알고는 마음이 놓였다.

나는 컴퓨터를 그만하고 아이의 눈을 쳐다보았다. 그러고는 나의 어머니가 들려주셨던 친구 만드는 법에 관해 얘기해 주었다. "좋은 친구가 되어 주면 친구를 만들 수 있어. 누군가에게 친절하게 대하면서 그 사람이 매우 특별한 사람이라고 느끼게 만들어 주는 거지. 궁금한 점이 있으면 질문도 하면서 순수하게 그 사람에게 관심을 가지면 된단다."

노엘이 물었다. "'너의 친구가 되고 싶어.' 라고 말하기도 해요? 학교 친구 마리아는 이틀 동안 아는 시간을 가져야 친구가 될 수 있대요."

나는 미소를 지으며 말했다. "글쎄다. 엄마는 그렇게 하는 것이 초등학교 2학년 친구들에게도 통하는 건지는 잘 모르겠네. 어른들은 '너의 친구가 되고 싶어.' 라고 직접 말하지는 않지만 친절하게 행동한단다. 그러고 나면 서서히 친구가 되는 거지. 친구가 되려면 먼저 이틀 동안 아는 시간을 가져야 한다는 그런 규칙은 없지만, 오랜 시간 누군가를 알게 되면 친구처럼 가까워지는 건 사실이야."

노엘이 또 다른 질문을 했다. "만약에 제가 오래전에 어떤 사람을 만났다가 다시 만나게 되었는데, 그 사람의 이름이 기억나지 않으면 어떡해야 해요?"

"우리 역할극 해볼까?" 나는 노엘 쪽으로 향해 걷다가 멈춰 서며 이렇게 말했다. "아, 나는 당신을 기억해요. 오래전에 만난 적이 있어요. 나는 '엄마'예요. 당신 이름은 뭐죠?"

이때 큰아들 이선이 대화에 끼어들었다. "오늘 방과 후에 두 아이를 만났어요. 제프는 4학년이고, 션은 6학년이에요. 그런데 제가 먼저 말을 걸었어요!" 이선이 자랑스럽게 말했다.

아이들이 건강한 친구 관계를 형성해 나가는 시기에는 지도가 필요하다. 가정은 아이들이 성공적인 관계를 맺도록 훈련할 수 있는 최적의 장소다. 그러니 시간을 내서 아이들에게 친구 관계에 관해 설명해 주라. 나의 남편 제임스는 아이들에게 학교에서 대화를 해나가고 친구들의 이름을 알아 가도록 가르치고 있었다. (그래서 이선이 두 남자아이를 만난 일을 자랑스러워했던 것이다.) 이처럼 자녀에게 좋은 친구가 되는 것에 관해 가르치는 일을 과소평가하지 말라.

오늘날의 아이들은 친구들과 있어도 스크린 타임으로 시간을 보낸다. 친구와 함께 자기가 제일 좋아하는 텔레비전 쇼를 보거나 비디오 게임을 하는 것이다. 함께 이야기하고 상상하며 놀기보다는 옆에 나란히 앉아 스크린에 집중하는 모습이 이제는 흔한 일이 되었다.

"그래, 함께 놀 친구가 있을 거야." 트리시아는 옆집에서 하는 파티에 가는 여섯 살 난 딸 제인에게 확신을 주었다. 제인은 그 집에 도착했을 때, 자기와 비슷한 나이 또래로 보이는 여자아이 두 명을 발견했다. 그 아이들은 소파에 앉아 휴대 전화를 손에 쥐고 고개를 푹 숙인 채 게임을 하고 있었다. 제인은 "안녕?" 하고 인사를 한 뒤 한 아이 곁에 앉았다. 그들은 제인에게 고개인사를 하고는 한마디도 하지 않은 채 하던 게임을 계속했다. 5분 후에 제인은 자리에서 일어나 엄마를 찾았다.

"애들이 저랑 놀지 않아요. 집에 갈래요." 제인이 속삭였다. 트리시아는 어찌할 바를 몰랐다. 제인을 나무랄 수가 없었다. 처음부터 상황을 다 지켜보았는데 아무래도 그 아이들은 제인과 놀아 줄 것 같지 않았다. "조금만 더 있어 보자. 아마 다른 아이들이 올 거야." 트리시아가 말했다.

30분 정도를 더 머물렀지만 다른 아이들은 오지 않았다. 한참 게임을 하던 여자아이들은 게임을 그만하고 이번에는 텔레비전을 보았다. 제인도 그들과 함께 텔레비전을 볼 수밖에 없었다. 집으로 돌아가면서 제인의 엄마는 파티에 대해 생각해 보았다. 제인은 그 아이들과 알아 가는 시간을 가질 수 없었다. 그 아이들은 함께 이야기하거나 서로 어울리지 않았다. 게임을 하고 텔레비전을 보는 동안 그저 함께 앉아 있었을 뿐이다.

집으로 돌아온 후, 트리시아는 제인에게 파티에 관해 이야기했다. "그 아이들이 밖에 나가서 함께 놀거나 커다란 인형의 집을 가지고 놀았다면 더 재미있지 않았을까? 다른 아이들과 함께 있을 기회가 생기면 게임기를 치우고 아이들과 노는 게 제일 좋은 거란다."

오늘날은 전자기기를 사용할 기회는 얼마든지 있지만, 친구들과 함께 놀 수 있는 시간은 점점 줄어들고 있다. 그러니 친구들과 함께하는 시간을 특별하게 여겨야 한다. 자녀들이 스크린 때문에 그 귀한 시간을 허비하지 않도록 지도하라. 친구들과 함께하는 날에는 스크린 타임이 없을 거라고 미리 알리는 것도 좋은 방법이다. 어쨌거나 얼굴을 맞대야 좋은 친구를 만들 수 있는 것이다.

저를 좋아해 주세요

사람들은 대개 다른 사람들이 하는 긍정적인 말을 통해 자신의 가치를 확인하곤 한다. 하지만 아이들은 다르다. 아이들은 모두가 자신을 좋아해 주길 바란다. 초등학생들은 이제 소셜 미디어(social media, SNS에 가입한 이용자들이 서로 정보와 의견을 공유하면서 대인 관계망을 넓힐 수 있는 플랫폼을 가리킨다-역자주)에서 서로 자신을 소개하고 있다. 놀이터에서 다른 아이들이 자신을 좋아해 주는 것뿐 아니라, 이제 얼마나 많은 사람이 자기가 방금 인터넷에 올린 사진에 '좋아요'를 누르는지, 얼마나 많은 '온라인 친구'가 생겼는지도 중요하다.

초등학교 선생님들은 수업 시간에 블로그(blog, 웹상에 기록하는 일지-역자주)를 어떻게 이용할 수 있는지를 학생들에게 알려 준다. 온라인상에 자신의 의견을 남기고 디지털 방식으로 수업에 참여하도록 부추기는 것이다. 아이들은 다른 사람들에게서 피드백을 주고받는 것을 배운다. 하지만 소셜 미디어를 통해서는 '좋아요'의 숫자와 댓글, 온라인 친구 숫자로 폭발적인 인기를 누리는 방법만을 배울 수 있다.

자신을 깎아내리는 댓글, 적은 수의 댓글을 보면 아이들은 '아무도 나한테 관심을 갖지 않아.'라고 생각할 수 있다. 이런 댓글을 받아들이는 것은 어른들에게도 매우 힘든 일이다. 하물며 아직 감정적으로 성숙하지 않은 아이들에게는 얼마나 더 힘든 일이겠는가? 연구자들은 '페이스북 우울증'이라는 새로운 현상을 "십대들이 SNS에서 엄청난 시간을 보내다가 전형적인 우울증 증세를 보이기 시작하는 것"으로 정의했다.[4]

자녀가 십대로 들어서면 자신을 아는 현실 세계의 사람이 자신의 모습을 있는 그대로 좋아한다는 사실을 인지하도록 이끌어 주어야 한다. 온라인상의 '좋아요'는 겉으로 드러나는 행위나 엉터리 가치에 기준을 두기도 한다. 이것은 조건적인 사랑이라고 할 수 있다. 자녀에게는 하나님과 당신의 무조건적인 사랑이 필요하다. 무조건적인 사랑만이 분노와 다른 사람들이 나를 좋아하지 않는다는 느낌, 죄책감과 두려움, 그리고 불안정 같은 문제를 이겨 내게 한다. 이러한 사랑은 온라인에는 존재하지 않는다.

모든 아이가 이렇게 묻는다. "나를 좋아해?" 우리는 소셜 미디어의 사용을 제한하여 아이들이 이 물음에 대해 실제 삶에서 그 대답을 찾도록 도와야 한다. 변덕스럽고 잔인한 온라인 사회가 아닌, 사랑을 듬뿍 부어 줄 현실 속의 사람에게서 답을 찾도록 말이다.

둔감함

나(알린)의 딸 루시가 세 살이었을 때 있었던 일이다. 루시는 갑자기 내 앞에서 뛰어오르더니 모형 광검을 휘두르며 외쳤다. "너를 죽이겠다!" 루시의 눈이 반짝거렸다. 그러고는 크게 웃었다. 장난을 하는 것이었지만 루시가 사용한 단어들은 어린아이의 입에서 나올 말들이 아니었다. 나는 아이가 그 표현을 어디서 배웠는지 궁금했다. 아마도 오빠인 이선이 스타워즈 모형을 가지고 전쟁놀이를 하는 것을 흉내 낸 듯했다. 아이들의 나이가 아직 어려서 「스타워즈」 영화나 텔레비전 쇼를 보지 않는데도 루시는 "너를 죽이겠다!"라는 말을 한 것이다.

나는 루시를 꾸짖지 않았다. 루시가 잘 몰라서 그랬다는 걸 알았기 때문이다. 하지만 그 일을 그냥 넘기지는 않았다. 나는 "너를 죽이겠다!"라고 말하는 것은 옳지 않다고 루시에게 말해 주었다. 그리고 그 말 대신 "너를 잡을 것이다!" 아니면 "조심해, 내가 간다!"라고 말해 보라고 했다. 그 시간 이후로 루시는 "죽이겠다!"라는 말을 사용하지 않는다. 우리는 아이들이 사용하는 언어를 바로잡아 줄 때 어떤 것이 적당하고 어떤 것이 적당하지 않은 말인지 가르쳐 주어야 한다. 그러면 아이들은 가르쳐 준 대로 말한다.

아이들은 시각적인 것에 엄청난 영향을 받는다. 그들은 텔레비전 쇼나 유튜브 영상, 그리고 가상 세계에서 나오는 단어, 구절 그리고 가치까지도 익힌다. 우리가 함께 있지 않은 상태에서 아이들에게 스크린을 보게 한다는 것은, 그에 대한 결과를 받아들여야 한다는 뜻이기도 하다. 스크린을 접하는 아이들은 지나치게 어른스럽거나 거친 언어를 사용할 수 있다. 또 사람들보다 자신들의 전자기기에 더 강한 애정을 가질 수 있다. 그러다 보면 어느새 전자기기가 사람의 기분을 맞춰 주는 역할까지 할지도 모른다.

연구자들은 스크린 타임이 많아지면 공감 능력이 떨어질 수 있다고 우려한다. 아이들은 비디오 게임 속 폭력성에 노출되어 있는데, 그로 인해 다른 사람들에게 고통을 주고, 따돌리고, 폭력적인 행동을 하는 데 둔감해질 수 있다. 온라인상의 친구 관계는 참 편리하고 쉽다. 누군가가 마음에 들지 않으면 새로운 친구를 만들면 되기 때문이다. 그러다 보면 현실 세계에서의 친구 관계는 너무 힘들게 느껴진다. 미시간대학 연구팀은 대학생들이 예전처럼 다른 사람의 감정에 공감하지 않는다는 것을 알아냈다. 지금의 대학생들은 20, 30년 전의 대학생들에 비해 감정을 이입하는

능력이 40% 낮다고 한다.[5]

당신은 자녀에게 다른 사람을 귀하게 여기도록 가르치고 싶을 것이다. 하지만 디지털 세상은 자녀에게 다른 사람보다 자신이 중심이 되어야 한다고 가르친다. 디지털 세상은 게임, 트위터, 포스팅(posting, 인터넷상 특히 유즈넷의 각각의 뉴스 그룹에 '글을 게시' 하는 것-역자 주), 그리고 가상 세계로 이루어져 있다. 이것은 모두 자녀로 하여금 자신이 우주의 중심이 된 느낌이 들게 한다.

제이슨은 비디오 게임을 하면서 성장한 스물두 살 청년이다. 그가 십대였을 때는 오늘날처럼 엄청난 규모의 온라인 게임이 존재하지 않았다. 요즘 아이들은 세계 여러 곳에서 모인 사람들이 온라인상에서 동시에 하는 게임에 푹 빠져 있다. 제이슨의 열네 살짜리 동생 데니는 하루에 몇 시간씩 이런 게임을 한다.

제이슨이 말했다. "제 동생은 어렸을 때 친절하고 예의 바른 아이였어요. 하지만 지금은 너무나도 달라졌어요. 몇 달 동안 게임을 계속하더니 예의도 없고 같이 있기 어려운 아이가 되었어요. 자기 방에 게임기를 설치한 후에는 욕설을 하는 경우가 더 많아졌고요. 제 생각에 동생이 그렇게 행동하는 이유는, 많은 낯선 사람들과 폭력적인 게임을 해서 그런 게 아닌가 싶어요."

아이들이 폭력에만 둔감해지는 위험에 놓인 것이 아니다. 어린 나이 때부터 선정적인 내용에 노출될 위험에도 둘러싸여 있다. 주요 시간대 75% 이상의 텔레비전 프로그램이 선정적인 내용을 포함하고 있지만, 겨우 14%의 성적인 행동에만 위험성과 영향성을 참고하라고 되어 있다.[6] 청소년들이 텔레비전에 나오는 성적 내용물에 노출되는 일이 청소년 임신 문

제를 예견한다는 것은 놀라운 일이 아니다.[7]

휴대 전화로 아이들은 성적인 정보나 포르노그래피를 어디서든지 볼 수 있다. 한 연구에 따르면, 십대 중 20%가 섹스팅(성적인 내용의 문자나 노골적인 이미지를 보내는 것)을 했다고 한다.[8] 십대 초반의 청소년들이 호기심으로, 또 사람들의 관심을 끌기 위해서 자신들의 나체 사진을 인터넷에 올리는 행동을 하고 있는 것이다. 부적절한 곳에서 사랑을 찾는 일이 그 어느 때보다 쉬워졌다. 따라서 부모는 반드시 극진한 보살핌 가운데 아이들이 접하는 것들을 지도해야 한다.

그럼에도 눈은 마음의 창

사람의 눈을 보면 그 사람의 영혼을 보고 있는 듯한 느낌이 든다. 시력은 소중한 선물이다. 한때는 볼 수 있었는데 지금은 볼 수 없는 사람들은 볼 수 있다는 것이 가치를 따질 수 없는 선물이라고 말한다. 다음번에는 자녀와 함께 있게 되면 대화하는 동안 아이의 팔과 발을 보라. 그리고 얼굴에 집중해서 아이의 눈을 쳐다보라. 무언가 특별한 느낌이 드는가? 그렇다면 당신은 이것을 아이에게 눈 맞춤이 어떤 가치를 지니는지 예화로 들려줄 수 있다

『5가지 사랑의 언어-군대 편』(The 5 Love Languages Military Edition)의 공동저자인 조셀린 그린은 두 어린 자녀를 두고 있다. 그녀는 이렇게 말했다.

젊은이들을 보며 알게 된 사실은 그들이 눈 맞춤을 별로 하지 않는다는 거예요. 심지어 상점에서 무엇을 살 때조차도 계산대 직원은 나를 쳐다보지

도 않고 일을 다 처리하지요. 나는 이것이 스크린 중심의 관계에서 나온 현상이라고 생각해요. 그래서 나와 내 남편은 의도적으로 아이들에게 다른 사람들과 눈 맞춤을 하라고 가르쳐요. 그리고 그들이 몸짓과 표정으로는 무엇을 말하는지 관찰하고, 누가 무언가 물어보면 반드시 대답을 하라고 가르쳐요.[9]

눈 맞춤을 하는 것은 일반적으로 갖추어야 할 예의였다. 서로의 눈을 쳐다보면 두 사람 사이에 무언가가 생기게 된다. 서로 눈을 맞추는 부모와 아이는 가장 깊이 있는 의사소통을 경험한다. 우리는 집에서 방을 왔다 갔다 하면서도, 강당을 가로지르면서도 이야기할 수 있다. 큰 목소리로 다른 방에 있는 사람과도 말할 수 있다. 하지만 얼굴을 마주하고 서로의 눈을 쳐다보면 훨씬 더 깊이 있는 관계가 형성된다.

사랑에 빠져 몇 시간이고 사랑하는 사람의 눈을 쳐다보는 사람들을 생각해 보라. 남편과 아내는 결혼식 이후에도 계속해서 서로의 눈을 쳐다봐야 한다. 그리고 아이들 앞에서도 그래야 한다. 아이들이 부모가 서로 눈 맞춤을 하고, 안아 주고, 키스하고, 손잡는 것을 보는 것은 건강한 일이다. 엄마와 아빠가 서로에게 애정을 표현하면 아이는 안정감을 느끼게 된다.

휴대 전화로 문자 메시지나 통화를 하며 아이와 소통하는 것이 효과적일 때도 있다. "중앙 현관 옆에 주차했다.", "지금 가는 중이야."와 같은 소통은 부모와 아이가 서로 시간을 맞추는 데 도움을 줄 수 있다. 하지만 무엇보다 직접적인 눈 맞춤이 중요하다는 것을 알아야 한다. 문자를 통해 아이의 눈을 볼 수는 없다. 휴대 전화를 통해 아이를 안아 줄 수는 없다.

140자로 제한된 트위터 메시지로 아이를 훈육할 수는 없다. 눈은 아이의 영혼을 보게 하는 창문인 만큼 아이의 눈을 자주 들여다보라. 그리고 스케줄에 쫓겨 서두르지 말고 눈 맞춤을 몇 초 더 지속하라. 그러면 아이는 당신에게 더욱 사랑받는다고 느낄 것이다.

얘기해 주세요

다이앤은 십대인 딸과 딸의 친구들을 위해 크리스마스 파티를 계획 중이었다. 그녀는 교회에 나오시는 70세 할머니들도 함께 초대하기로 했다. 다이앤은 부엌에서 식사 준비를 마칠 때쯤, 할머니들께 첫 번째로 받은 크리스마스 선물에 대해 기억나는 이야기가 있다면 말씀해 달라고 부탁했다. 이야기가 시작되자 십대 소녀들은 곧 할머니들의 품 안에 안겨 오래전에 있었던 그 멋진 이야기에 빠져들었다. 그러면서 모두가 함께 웃고 함께 울며 금세 친구가 되었다.

파티가 끝나 갈 무렵, 소녀들은 다이앤에게 파티에서 가장 좋았던 시간은 식사나 게임, 혹은 선물을 나누었던 시간이 아니라 할머니들께 이야기를 들었던 시간이었다고 말했다. 이야기를 나누면 관계가 돈독해진다. 이것은 과학 기술로는 절대 할 수 없는 일이다. 이야기를 나누는 것은 가족들을 함께 묶어 준다. "할아버지는 방에 있는 그 메달을 왜 갖고 계시는 거예요? 아빠는 엄마를 어떻게 만나셨어요? 처음으로 캠프에 갔을 때 무서우셨어요?" 이런 대화들이 바로 가족을 연합하게 하는 풀과 같은 역할을 한다!

나(알린)의 남편 제임스는 자기의 어린 시절 이야기를 끊임없이 말할 수 있다. 그는 기억력이 굉장히 좋다. 말썽꾸러기 소년이었던 그는 흥미진진한 이야깃거리를 많이 가지고 있다. 아이들은 아빠에게 계속해서 몇 번이고 애원한다. "아빠, 제발요. 어렸을 때 이야기 하나만 더 해주세요."

제임스가 초등학교 2학년이었을 때, 그의 가족은 캐나다 토론토에서 휴가를 보내고 있었다. 제임스는 4남매 중 막내다. 그는 멋지게 진열된 장난감들을 보느라 정신이 팔려서 엄마 손을 그만 놓치고 말았다. 주위를 둘러보니 가족들이 보이지 않았다. 큰 도시에서 길을 잃고 만 것이다. 제임스는 한참을 걸어 다니다가 가족이 타고 왔던 차를 찾아보기로 했다. 자동차 번호판을 찾아다니던 그는 마침내 '뉴욕'이라고 쓰인 가족의 차를 발견했다. 차 앞에 앉아 3시간을 기다리니 그의 가족들이 차로 돌아왔다. 제임스의 엄마가 그에게 말했다. "규칙이 바뀌었어. 지금부터는 네가 나의 손을 잡아야 해. 나를 따라오는 것이 네가 해야 할 일이야." 제임스는 그때 이후로 더 이상 길을 잃지 않았다고 한다.

오늘 식사 시간에 아이들과 나눌 이야기는 무엇인가? 당신의 첫 번째 직업, 초등학교 때 제일 친했던 친구, 혹은 지금까지 가장 재미있게 보았던 영화 등 그 어떤 주제도 좋다. 당신은 아이들에게 무엇이든 이야기해줄 수 있다. 이야기를 나누는 것은 가족 간의 관계를 더 깊게 해준다. 더 이상 전자기기를 사용하느라 가족과 함께 이야기를 나누는 시간을 놓치지 말라. 그 모든 이야기는 분명 당신의 사랑과 더불어 자녀들의 마음속에 깊이 기억될 것이다.

사랑의 탱크 채우기

모든 아이의 내면에는 정서 탱크(emotional tank)가 있다. 이 탱크에는 어린 시절이나 청소년기에 힘든 일을 겪을 때마다 그것을 이겨 내게 하는 힘이 담겨 있다. 자동차가 기름통에 있는 기름으로 동력(힘)을 얻는 것처럼 아이들은 정서 탱크에서 기름을 받아 낸다. 자녀들이 건강하고 강하게 자라는 데 필요한 사랑으로 아이들의 정서 탱크를 채우는 것은 부모의 몫이다. 비디오 게임을 하면서 몇 시간을 보낸다고 하여 아이의 정서 탱크에 기름이 채워지는 것은 아니다.

모든 사람이 감정적인 사랑을 말하고 이해하는 5가지 방법(저자는 이것을 '5가지 사랑의 언어'라고 표현한다-편집자 주)이 있다. 스킨십, 인정하는 말, 함께 하는 시간, 선물, 봉사가 바로 그것이다. 당신이 여러 명의 자녀를 두고 있다면, 그들이 서로 다른 성격을 가진 것처럼 각자 다른 사랑의 언어로 말하고, 다른 사랑의 언어로 듣는 것을 볼 수도 있다. 사랑의 언어와 스크린 타임에 대해서는 10장에서 좀 더 자세히 다룰 것이다.

어린아이들은 우리의 사랑을 요구할 정도로 치밀하지 않다. 내(알린)가 알기로 나의 딸 루시가 가장 좋아하는 말은 아마 "안아 줘!"일 것이다. 어린아이들은 단지 당신의 사랑을 받고 싶어서 당신의 무릎 위에 올라가려고 애쓰기도 하고, 시끄럽게 하기도 하고, 때로는 이상한 행동을 하기도 한다. 아이들이 예의를 갖추고 자기들과 함께 시간을 보내 달라고, 안아 달라고, 우리의 사랑 전부를 그들에게 달라고 애원한다면, 우리에게 아이들의 사랑의 탱크를 채워 줘야 할 소중한 책임이 있다는 것을 기억해야 한다.

좀 더 큰 아이들은 어린아이들처럼 소리 내지 않을 수 있다. 하지만 사랑의 필요는 아이들 모두에게 똑같이 중요하다. 특히 늘 주변에 존재하는 전자 스크린을 대하며 사는 아이들은 현실 세계에서 우리의 사랑과 애정을 느껴야 한다. 그렇지 않으면 그들은 옳지 않은 장소에서 사랑을 찾으려는 유혹에 빠질 수 있다. 당신의 지도로 아이는 건강한 인간관계를 맺고, 하나님이 의도하신 대로 사랑을 주고받는 것을 배울 수 있다.

"감사를 느낄 줄 아는 것은 타고나는 능력이 아니다.
그것은 우리 자신이 배워 자녀에게 가르쳐야 하는 것이다."

- 조이스 브라더스

04.

사회성 기술 #2 감사

　이새는 소란스러운 한 무리의 초등학생 3학년 아이들과 점심을 받기 위해 줄을 섰다. 식당 아주머니가 우유, 치킨 너깃, 사과 한 조각, 그리고 과자 한 개를 그의 식판에 놓아 주었다. 이새는 식당 아주머니에게 고맙다는 말 한마디 없이 눈길도 한 번 마주치지 않은 채 식판을 들고 기다란 식탁 쪽으로 걸어갔다.

　크리스마스 날, 사라는 선물 상자를 열어 보고 싶어서 참을 수가 없었다. 그녀는 선물 상자의 포장지를 뜯었다. "네가 좋아했으면 좋겠다." 사라의 엄마가 크게 미소 지으며 말했다. 상자를 열어 보니 그 안에는 반짝반짝 빛나는 노란색 아이팟 셔플이 들어 있었다.

　"아, 이거 아닌데!" 사라는 실망하며 한숨을 내쉬었다. "저는 청록색이 갖고 싶었어요!"

　가브리엘은 저녁 식사 후 설거지거리가 쌓여 있는 부엌 싱크대를 바라보며 서 있다. 그녀는 종일 가게에서 일했더니 발이 아픈 상황이다. 그런데 그녀의 아이들은 엄마를 도울 생각을 전혀 하지 않는다. 식탁을 치울 마음조차도 없어 보인다. 그녀의 아이들은 저녁을 잘 먹었다며 고맙다는 말도 하지 않는다.

어떤 상태의 마음도 부드럽게 해주고, 서로를 깊이 이어 주면서, 지친 사람들에게 희망을 주는 말이 있다. 이 말을 모르는 사람은 없겠지만, 아마도 당신은 최근 들어 가정에서 이 말을 많이 들어 보지는 못했을 것이다. 그것은 바로 "감사합니다."이다.

만약 이새와 이새의 친구들이 식당 아주머니의 눈을 쳐다보며 감사하다고 말했다면, 그 아주머니의 기분이 어땠을지 상상해 보라. 사라가 크리스마스 선물을 보고 "와, 너무 감사해요! 정말 맘에 들어요!"라고 말한 다음 나중에 부모에게 그것을 다른 색으로 바꿔도 되는지 물어보았다면 어땠을지 상상해 보라. 그리고 가브리엘의 자녀들이 식탁을 치우며 저녁 식사에 대해 감사의 표현을 했다면 어땠을지 상상해 보라.

감사의 마음은 나빴던 날도 좋은 날로 바꿀 수 있고, 기분이 좋지 않았던 아이도 기쁘게 할 수 있다. 하지만 감사는 아이들에게서 저절로 나오는 표현이 아니므로 아이들은 감사하다고 말하는 것을 배워야 한다.

감사의 적 : 못마땅함

돈의 아들 맥스웰은 다섯 살이다. 맥스웰은 상점에 진열된 장난감 기차 세트를 갖고 싶어 안달이 나 있었다. 쇼핑몰에 갈 때면 맥스웰은 그의 부모를 끌고 장난감 가게로 가서 기차 세트를 사달라고 애원했다. 그 장난감은 비쌌지만, 맥스웰의 생일이 다가오고 있으니 그의 부모는 생일 선물로 그것을 사기로 했다. 맥스웰이 얼마나 갖고 싶어하는지 잘 알기에 두 부부는 기분이 좋았다.

맥스웰은 기차를 보자 매우 기뻐서 어쩔 줄을 몰라 했다. 그는 새로운 기차 세트를 갖게 되어 정말 행복하고 황홀했다. 맥스웰은 거실에 기차 세트를 설치하고 두 주 동안 매일같이 그것을 가지고 놀았다. 그런데 한 달 정도 지나자 기차에 거의 손을 대지 않았다. 이번에 맥스웰의 눈을 사로잡은 것은 헬리콥터였다. 그는 엄마, 아빠에게 헬리콥터를 사달라고 졸랐다. 그리고 그다음에는 로봇, 그다음에는 장난감 기타, 그다음에는 스쿠터를 놓고 졸랐다.

맥스웰의 부모는 그가 조르는 것에 지쳐 갔고, 원하는 것을 사주는 것만이 맥스웰을 기쁘게 하는 것임을 알았다. 하지만 맥스웰은 고마워하기는커녕 점점 더 원하기만 했다. 장난감을 가지면 가질수록 더 많은 장난감을 원하는 것 같았다. "우리가 더 많이 줄수록 감사하는 마음은 더 작아지는 것 같아요." 돈이 말했다.

자기의 입맛과 희망대로 한없이 만족감이 채워지면, 아이는 버릇이 없어지고 이기적이 될 수 있다. 아이의 기분을 맞춰 주는 것으로 아이를 기쁘게 하거나 도와주려 하지 말라. 아무리 능력이 된다고 해도 아이에게 모든 게임과 도구들을 사줄 필요는 없다. 무언가를 얻은 것에서 오는 행복은 일시적일 뿐이다. 아이가 원하는 모든 것을 해주는 것은 아이에게 매우 해로운 일이 된다. 실제 세상은 그렇지 않기 때문이다.

아이들은 몇 번이고 이렇게 말할 것이다. "하지만 다른 아이들은 다 그것을 가졌어요!" 절대 그렇지 않다. 아이가 무언가를 원한다는 것은 당신이 그것을 사주기 위해 재빨리 움직여야 한다는 신호가 아니다. 부모들은 묻는다. "제 아이의 사랑의 언어가 선물이면 어떡하죠? 원하는 걸 사주지 않으면 아이가 상처를 받거나 사랑받지 않는다고 느끼지는 않을까요?" 아이의 사랑의 언어가 선물일지라도 원하는 것을 모두 줄 필요는 없다. 하나님이 어떻게 우리를 기르시는지 생각해 보라. 하나님은 우리가 원하는 것을 모두 주시지는 않는다. 때때로 하나님은 우리가 원하는 것에 대해 안 된다고 말씀하시기도 하고, 어떤 때는 기다리라고 말씀하시기도 하며, 또 어떤 때는 주시겠다고 하시기도 한다.

하나님은 부모가 어떤 역할을 해야 하는지 본보기가 되신다. 우리는 가끔 아이들에게 안 된다고 말한다. 아이들이 원하는 것이 도움이 되지 않는 것일 수도 있기 때문이다. 아이들에게 기다리라고 할 때도 있다. 그것을 갖기에는 아직 아이들이 어리기 때문에, 혹은 우리의 예산에 맞지 않기 때문이기도 하다.

아이들이 원하는 것을 주지 않았다고 하여 부모로 하여금 미안한 마음이 들게 하거나 나쁜 부모라는 생각이 들게 한다면, 반드시 초반에 바로잡아 주어야 한다. 우리는 대부분 어린 세대가 권리 의식(마땅히 가져야 한다는 생각)이 강하다는 것을 인식하고 있다. "나는 그것을 가질 자격이 있어.", "너 나한테 그거 빚졌어."와 같은 태도를 아이들이 쉽사리 터득하고 있는 것이다.

하지만 아이들에게 주어진 유일한 권리는 부모의 사랑을 받을 수 있다는 것뿐이다. 다른 사람이 한다고 다 따라 하지 말라. 아이들에게 정말 필요한 것은 최신형 자전거나 아이패드가 아니다. 오직 사랑이다. 아이들은 모두 부모에게서 사랑받아야 한다. 만약 아이가 당신의 무조건적인 사랑을 받는다면, 그 아이는 세상 그 무엇보다도 큰 재산을 가진 것이다. 우리는 부모로서 자녀에게 가장 필요한 것은 물질이 아니라 사랑이라는 사실을 깨닫고, 아이들의 행복을 위해 선물을 사주려고 애쓰던 행동을 멈추어야 한다.

우리는 아이로 하여금 원하는 것의 범위를 더 다양하게 해주고 가진 것에 감사하도록 도울 수 있다. 자녀에게 원하는 것을 얻으려면 기다려야 한다는 것을 가르치라. 때때로 그들은 자신들이 원하는 장난감이나 전자기기를 사려면 돈을 벌거나 적당한 나이가 될 때까지 기다려야 한다. 원하는 것을 위해 기다리고 열심히 일해서 그것을 얻게 되면, 그들은 더 큰 기쁨을 맛보게 될 것이다.

부모에게서 원하는 것은 무엇이든 받을 수 있는 십대들은 세상에서 가장 지루한 삶을 보내는 아이들이라고 할 수 있다. 그들은 원하는 것이 더 이상 없을 때가 올 것이다. 그러면 그 아이들 대부분은 금단의 열매(선악과)에 손을 뻗기 시작할 것이다. 일상생활에 지루해진 나머지 마약이나 섹스, 혹은 다른 파괴적인 것들을 경험하며 가족들에게 고통을 안길 수 있는 것이다.

살아가면서 원하는 것을 얻으려면 기다려야 한다. 이 사실을 아이들에게 가르치는 일은 엄청나게 중요한 가치를 지닌다. 당신이 미래의 어른을 양육하고 있다는 것을 기억하라. 아이들의 기저귀를 들고 다니며 이 사실을 기억하기란 쉽지 않을 수 있다. 하지만 그때라고 이 말이 맞지 않는 것은 아니다. 만약 당신의 자녀가 원하는 모든 것을 가지면서 자란다면 어떤 모습의 어른이 될까? 경제적 능력이 되지 않는데도 신혼 첫해에 모든 것을 다 사버리고 몇 년 후에는 파산 선고를 하는 신혼부부들에 대해 들어 본 적이 있는가? 그들은 원하는 것을 얻으려면 기다려야 한다거나 가진 것에 감사해야 한다는 것을 한 번도 배워 보지 못했다.

세대에 걸친 감사

하나님과 인간은 선한 관계를 맺어야 한다. 이러한 관계를 이루어 가는 방법에 대해 아는 것보다 더 중요한 일은 없다. 하나님과 선한 관계를 맺도록 자녀를 준비시키는 것은 아이가 미래에 경험하게 될 직업과 결혼, 육아, 그리고 정서적, 영적 건강 등에도 영향을 끼칠 것이다. 감사의 마음은 하나님과 선한 관계를 맺는 데 토대가 된다. 그런데 어린아이들이 고래고래 고함을 지르며 다니는 것을 보면 저 폭군 같은 아이 안에 어떻게 감사하는 마음이 있을 수 있을지 궁금해질 것이다. 어린아이들이 감사하다는 표현을 할 수 있을까? 할 수 있다면 몇 살 때부터일까?

아이들에게 갑자기 번뜩이며 이해력이 생겨서 감사를 표현하게 되는 특정한 나이가 있는 것은 아니다. 두세 살이 되면 가진 것을 나누고 감사하다고 말하는 것에 대해 가르칠 수는 있다. 아이들이 어려도 익힐 수 있는 좋은 습관들이 있다. 식사 시간 때나 선물을 받았을 때, 엄마, 아빠에게 감사하다고 말하는 것이다. 감사 표현을 일찍 시작할수록 당신의 자녀는 사람들과 관계를 맺는 데 필요한 예의 바른 태도들을 자연스럽게 갖춰 갈 것이다.

감사하는 마음을 가진 아이들은 그들이 원하는 대로 세상이 돌아가지는 않는다는 것을 깨닫는다. 깨끗하게 빨아진 옷들이나 따뜻한 식사, 말끔히 청소된 방 등은 저절로 생겨난 것이 아니다. 엄마나 아빠가 열심히 일해야만 생기는 것들이다. 다른 사람들이 그 일들을 도우려면 하지 않아도 되는 노력을 해야 한다. 이것은 저절로 깨달을 수 있는 사실이 아니다. 누군가에게서 배워야만 알 수 있다.

두세 살이 되는 즈음 아이들은 특별한 대상이나 사람, 애완동물 그리고 일어난 일들에 대해 고마움을 표현할 수 있다. 유아도 "인형을 주셔서 감사해요."라거나 "너무 재미있었어요. 감사해요!"라고 말할 수 있다.

네 살이 되면 장난감과 같은 물질적인 것뿐 아니라 포옹이나 칭찬, 자신을 돌봐 주는 행동들에 대해서도 감사의 표현을 할 수 있다.

대여섯 살이 되면 아이들은 엄마나 아빠가 조금만 도와주면 직접 감사 카드를 쓸 수 있다. 그리고 자기가 사랑하는 사람들을 안고 그들의 눈을 쳐다보면서 감사하다고 말할 수 있다. 멀리 사는 친척에게 생일 선물을 보내 줘서 고맙다고 전화할 수도 있다.

일고여덟 살이 되면 아이들은 매일 하루 동안 있었던 일 중에 감사한 일들을 적어 나갈 수 있다.

아홉 살이 되면 많은 아이가 자신들보다 어려운 상황에 있는 사람들을 돕는 봉사에 참여할 수 있을 정도로 성숙해진다. 푸드뱅크(food bank, 식품 제조 업체나 개인에게서 남은 먹거리들을 기부받아 이를 필요로 하는 사람들에게 무상으로 제공하는 식품 지원 복지 서비스 단체-역자 주)나 요양원 등에서의 자원봉사는 아이들에게 현실에 눈을 뜨게 하는 일이 될 것이다.

십대에 접어들면 자녀들은 감사의 마음을 전하는 것을 어른들처럼 할 수 있게 된다. 쿠키를 만들고, 선생님이나 교회 리더들에게 감사 편지를 쓰기도 하고, 단기 선교 여행에 참여할 수도 있다. 열네 살 된 나(게리)의 손녀는 최근에 자신을 위해 매일 일하는 엄마, 아빠에게 감사함을 전하기 위해 음식을 만들었다.

나(알린)는 나의 딸 루시가 세 살이었을 때, 루시와 함께 나무로 된 상자와 못을 가지고 게임을 한 적이 있다. 루시는 게임 규칙을 따르지 않고 자기가 놓고 싶은 곳에 마음대로 못을 옮겨 놓았다. 하지만 나는 그 게임이 아이에게는 너무 어려운 것이라 크게 신경 쓰지 않았다. 딸아이는 게임을 그만하기로 하고는 나를 가리키며 "패배자! 패배자!"라고 소리쳤다. 그러고는 기쁨에 차서 씩 웃었다. "루시야, 그렇게 말하는 건 무례한 행동이야. 사람을 가리키며 패배자라고 불러서는 안 되는 거란다." 나는 아이를 훈계했다.

우리는 세 번 더 그 게임을 한 다음 자리를 정리했다. 그런데 정말 기쁘고 놀라운 일이 일어났다. 루시가 내 얼굴을 올려다보며 "저랑 놀아 주셔서 정말 감사해요. 그 게임을 함께해 주셔서 감사해요."라고 말하는 것이었다.

"패배자! 패배자!"라고 말한 것 때문에 조금은 속상했었는데, 루시가 결국에는 "고마워요."라고 말해서 최상의 결과를 얻은 기분이었다. 아이들은 아무리 어리다고 해도 우리가 생각하는 것 이상을 할 수 있다. 감사하는 것을 가르치려면 아이가 특정한 나이가 될 때까지 기다려야 하는 것은 아니다. 어린 시절 전부의 시간 동안 당신은 감사의 마음을 가지게 하는 표본이 될 수도 있고, 나이에 맞게 감사를 표현하도록 가르칠 수도 있다. 다음에 제시한 활동들은 자녀들이 감사를 표현할 줄 아는 데 큰 도움이 될 것이다.

스크린 없이 아이에게 감사의 마음을 심어 주는 10가지 방법

족보 그리기 : 아이에게 엄마, 아빠, 할아버지, 할머니, 언니, 오빠, 동생, 이모, 고모, 외삼촌, 삼촌, 사촌을 다 넣은 족보를 그리게 한다. 각 사람만의 긍정적인 부분에 관해 얘기한다. 하나님께 가족에 대한 감사의 기도를 드린다.

보물찾기 : 종이와 펜을 가지고 방을 다니면서 갖게 되어서 감사한 물건들을 적는다.

목적을 위해 저축하기 : 구호 단체를 통해 어린이 후원하기, 신흥 국가의 어려운 가정에 우물 만들어 주기, 또는 크리스마스 때 가난한 가정에 장난감 보내기 등의 목표를 세운다. 그런 다음 집 안 잘 보이는 곳에 저금통을 두고 모든 가족이 남은 동전이나 지폐를 넣을 수 있도록 한다. 이때 창의력을 발휘해 보라. 예를 들면, 한 주는 후식을 먹지 않고 모은 돈을 저금통에 넣는 방법을 써볼 수도 있다.

감자 건네기 놀이 : 가족들이 원을 그리고 앉는다. 이 게임은 감사하다고 느끼고 있는 것을 말한 다음 감자(공, 돌돌 말은 양말, 털 인형 등 어떤 것이든 괜찮다)를 다른 사람에게 건네는 놀이다. 감자를 건네받고 5초 안에 새로운 감사 제목을 말하지 못하면 아웃이다.

보물 노트 쓰기 : 자녀에게 가장 중요한 사람이 누구인지 생각해 보라고 한다. 선생님, 코치, 목사님, 또는 친척 중 한 사람이 될 수도 있다. 노트에 다음 문장의 밑줄을 채워 완전한 문장을 만들게 한다. "당신은 내 인생에 영향을 주었습니다. 왜냐하면, _____ 때문입니다."

감사 일기 쓰기 : 자녀가 매일 감사함을 느꼈던 일을 5가지 정도 적어 보게 한다. 한 주의 마지막 날에는 가족들 앞에서 크게 읽게 한다.

생필품 꾸러미 만들기 작전 : 아이들이 자라서 입지 않는 옷이나 갖고 놀지 않는 장난감이 있는가? 그런 것들이 있다면 교회나 학교에서 정말 도움이 될 아이가 있는 가정을 찾는다. 커다란 꾸러미 상자를 만들어 그 가족에게 가져다준다.

> **또 밥이요?** : 한 날을 정해 자녀에게 밥만 주어서 그들이 먹던 다양한 종류의 음식에 대해 감사할 수 있게 한다. 걱정하지 말라. 하루 정도 그렇게 한다고 하여 아이의 건강이 상하지는 않는다. 이것은 모든 어린이가 식사를 매일 할 수 있는 것은 아님을 깨닫게 할 잊지 못할 수업이 될 것이다.

> **좋은 이웃 되기** : 이웃을 위해 쿠키나 브라우니를 만들고 거기에 감사의 쪽지('멋진 이웃이 되어 주셔서 감사해요!')를 붙인다. 그리고 자녀에게 쪽지에 사인하게 한다. 아이와 함께 쿠키를 가지고 이웃에게 가서 그들이 어떤 반응을 보이는지 아이가 보게 한다.

> **배고픔과 싸우기** : 푸드뱅크에 자원봉사를 신청하여 음식을 창고에 쌓거나 음식 꾸러미를 모으는 일, 혹은 음식을 나눠 주는 일을 돕는다. 봉사를 통해 경험한 것을 가족들과 저녁 식사 시간에 나눈다.

주어지는 것에서 얻어 내야 하는 것으로

나(알린)는 무남독녀로 자랐다. 4남매의 막내였던 남편은 내가 '형편없고 버르장머리 없는 아이' 까지는 아니더라도 분명히 응석받이였을 거라고 짚어 냈다. 나는 대학교 신입생이었을 때 처음으로 내 옷을 빨아 보게 되었다. 남편은 초등학교 2학년 때부터 자신의 옷을 빨아 입었다고 한다.

집안일을 거들면서 아이들은 집 안을 잘 정리하는 데는 노력이 필요함을 알게 되고, 그에 대해 더 감사하게 될 것이다. 남편이 했던 대로 우리 아이들은 세탁도 하고, 식기세척기에서 그릇을 꺼내기도 하며 집안일을 돕는다. 어느 날 오후에 내가 글을 쓰고 있었는데, 아이들이 누가 화장실을 청소할 것인지를 놓고 다투고 있었다. 그 당시 우리 아이들은 여섯 살, 여덟 살이었다. 아이들은 화장실 청소를 서로 하고 싶어서 다투고 있던 것이다. 물이 파랗게 변하고 솔에 청소액을 묻혀 빙빙 돌릴 때 내는 소리가 아이들에게는 재미있었던 모양이다.

삶에서 이루어지는 것들을 '주어지는 것'에서 '얻어 내야 하는 것'으로 생각하도록 모든 기회를 활용하라. 화장실 청소는 보통 누군가가 해주어서 '주어지는 것'이다. 하지만 나의 아이들에게 그 순간만큼은 화장실 청소는 '얻어 내야 하는 것'이었다.

다음의 일화를 통해 '학교는 그냥 가야 하는 곳이다.'와 '나는 학교에 가고야 말 것이다.'라는 두 태도에 대해서도 한번 생각해 보라.

하버드대학 강사이자 저자인 션 아처는 아프리카 전역을 다니면서 하는 강연에 초대받았다. 그중 한 곳은 빈민가 옆에 있는 한 학교였다. 그 학교는 전기도 들어오지 않았고, 수돗물도 나오지 않았다. 그는 하버드대학과 혜택받은 미국 학생들에 관해 이야기하려고 했었는데, 그 내용은 대다수 통역되기가 어려웠다. 그는 자신이 말하려던 내용과 그 학교 학생들 간에 공통점이 있는지 찾아보려고 애쓰다가 한 무리의 아이들에게 물었다. "누가 학교 공부를 좋아하지?" 그는 아이들이 학교 숙제에 대해 불평을 털어놓으면 서로 간에 유대감이 조성될 줄 알았는데 놀랍게도 그 반대 상황이 벌어졌다. 아이들의 95%가 손을 번쩍 들고 열정이 가득한 미소를 지어 보인 것이다.[1] 그 아이들의 부모들은 학교 공부를 할 수 없었기에 아이들은 학교 공부를 마치 '얻어 낸' 특권처럼 여기고 있었다.

우리는 모두 그 학교 아이들에게서 감사함에 대해 배워야 한다. 그들은 자기 것이라고 말할 수 있는 게 단 몇 벌의 옷밖에 없지만 가진 것에 감사한다. 점심시간 전에 나(알린)는 새로 산 분홍색 원피스를 노엘의 방에 펼쳐 놓으며 말했다. "네가 오늘 입을 옷이야." 노엘은 원피스를 쳐다보더니 전혀 감동하지 않은 표정을 지었다. 그러고는 끝내 이렇게 말했다. "저는 이 옷을 정말 좋아하지 않아요."

"음, 너를 위해 산 건데……. 어쨌든 너는 이 옷을 입을 거잖아. 뭐가 좋지 않은 거지?" 내 물음에 노엘이 대답했다. "이 옷은 꼭 신데렐라가 입는 작업복 같아요." 어쨌거나 나는 노엘에게 결국 그 원피스를 입게 했다. 노엘은 영 기분이 좋아 보이지는 않았다.

우리의 아이들은 다른 아이들이 소중히 여길 옷들을 입는 것이다. 따라서 그것을 얻어 내야 한다(심지어 그 옷이 정말 신데렐라의 작업복 같아 보일지라도 말이다). 우리는 가진 것에 대한 가치를 가르쳐야 한다. 아이들은 깨끗한 옷을 입을 수 있음에 감사해야 한다. 꼭 필요한 것이지만 세상의 많은 곳에는 아직 수돗물을 사용하지 못하는 아이들이 있다. 우리의 아이들은 그 아이들이 사용하지 못하는 수돗물을 쓸 수 있으니 화장실 청소를 하고 싶어해야 한다. 그리고 학교에 다닐 수 있음에 감사하며 열심히 공부해야 한다. 읽는 것조차 배울 기회가 없는 아이들이 많다는 것을 기억하면서 말이다.

감사에 대한 태도의 작은 변화는 자녀들이 어른이 되어 가는 데 커다란 영향을 끼칠 것이다. 노엘이 18개월이 될 무렵, 나는 노엘과 함께 백화점에서 쇼핑을 하고 있었다. 딸아이는 통통한 얼굴에 활짝 미소를 지어 보였다. 판매원 아가씨는 딸아이에게 농담을 했다. "지금은 그 유모차에 앉아 편하게 여기저기 데려다주니까 그렇게 웃을 수 있지. 너도 나중에 커서 직장에 다니며 종일 일해야 하는 때가 오면 그때도 지금처럼 웃을 수 있을지 보자꾸나!"

내 생각에는 내가 그 아가씨를 멋진 마차에 태워 종일 백화점을 돌아다닌다고 해도, 그녀는 여전히 불평할 거리들을 찾을 것이다. 당신이 지금

하고 있는 일이 하고 싶어서 하는 일이 아니라 어쩔 수 없이 해야 하는 일이라면, 그것은 당신의 기분과 행동에 부정적인 영향을 끼칠 것이다. 직장에서든 휴식을 취하는 곳에서든 늘 감사하는 마음을 갖도록 자녀에게 가르치라. 이러한 가르침은 자녀에게 멋진 선물이 될 것이다.

날마다 추수감사절

감사를 드리는 것은 추수감사절의 핵심이라고 할 수 있다. 하지만 그날 딱 하루만 가족들끼리 서로 감사한 것들에 대해 나누어서는 안 된다. 감사의 마음은 일상생활에서 배워야 한다. 아빠가 엄마에게 말한다(반대로도 마찬가지다). "음식을 이렇게 잘 만들어 줘서 정말 고마워요. 아주 맛있어요." 엄마, 아빠가 서로에게 감사하는 하는 모습을 보면, 아이들도 똑같이 따라 하게 된다. 당신의 배우자와 자녀들에게 감사한 일들을 매일 찾아보라. 그러면 이렇게 감사를 표현할 수 있을 것이다. "쓰레기를 버려 줘서 고마워요. 우편물을 정리해 줘서 정말 고마워요. 안아 줘서 고마워요." 만약 가정에서 감사하다고 말하는 모습이 일상이 된다면, 자녀들은 다른 사람들이 자신을 위해 하는 모든 일에 항상 감사할 줄 알게 될 것이다.

부모로서 아이들에게 감사하는 것에 대한 모범이 될 책임이 있다는 것을 깨닫게 되면, 세상을 보는 기준이 바뀔 것이다. 그러면 다른 사람을 어떻게 하면 축복할 수 있을지 생각하게 되고, 다른 사람들의 노력을 알아보는 것이 점점 더 쉬워질 것이다.

나(알린)는 아이들과 커피숍에 있었다. 바리스타의 이름표를 보니 그녀의 이름은 마리사였다. 나는 그녀가 들을 수 있을 정도의 큰 소리로 아이들에게 말했다. "얘들아, 마리사 언니가 엄청나게 많은 음료수를 만들 줄 알아야 한다는 걸 알고 있니? 굉장히 힘든 직업이지? 언니가 지금 엄마에게 커피를 만들어 주려고 아주 열심히 일하고 있단다. 고마워요, 마리사!" 마리사의 얼굴이 밝아졌다. 나의 아이들은 다른 사람에게 감사하는 것을 배웠다. 그리고 나도 마리사에게 특별한 날을 만들어 주어서 기분이 좋았다. 감사를 표현한다는 것은 우리 주변의 모든 사람을 축복하는 것이다.

연구에 따르면, 감사하는 사람들은 회복 능력이 더 강하고 우울해지는 경우가 적다고 한다. 감사하는 마음을 표현하는 아이들은 다른 아이들보다 물질적인 것을 덜 추구하고, 더 나은 성적을 받으려는 생각과 목표를 더 높게 잡으려는 욕심이 덜하다. 또한, 스트레스로 두통과 복통을 호소하는 일이 거의 없으며, 친구들에 대해 더 많이 만족한다고 한다.[2] 감사는 공격성을 낮추는 것과도 관련된다. 감사를 표현하는 아이들은 다른 사람들을 더 잘 이해하며, 공격적이거나 폭력적인 행동을 잘 하지 않는다.[3]

나(알린)는 나의 아들 이선의 아홉 번째 생일을 축하하기 위해 이선과 단 둘이 디즈니랜드에 갔다. 이선은 놀이 기구도 실컷 타고, 보고 싶은 쇼도 마음껏 보았다. 그는 우리가 즐길 수 있는 놀이 기구에 대해서 계속해서 얘기해 주었다. 아마도 이선은 디즈니랜드에서 보내게 될 자신의 생일에 대해 많은 기대를 했을 것이다.

이선은 모노레일도 타고 싶어했는데, 우리는 그것을 맨 마지막에 타기로 했다. 놀이공원이 문 닫기 5분 전에 우리는 모노레일을 탈 수 있는 역에 도착했다. 그런데 알고 보니 그 역은 놀이공원이 문 닫기 한 시간 전에 마감을 하는 곳이었다! 우리는 너무 실망한 나머지 표지판 앞에서 꼼짝도 못하고 서 있었다. 이선이 슬픈 표정을 지었다. 모노레일만 탔으면 완벽

했을 텐데, 한참 즐거웠던 그날에 마치 먹구름이 드리운 것만 같았다. "미안하지만 못 타게 됐구나, 이선. 이렇게 일찍 닫을 거라고는 전혀 예상하지 못했네."

"모노레일을 놓치다니, 믿을 수가 없어요." 그가 중얼거렸다.

"우리 출구에서 기념주화라도 만들까?" 내가 제안했다.

몇 분이 지난 후, 나는 그날 우리가 신나게 경험했던 일들에 대해 모두 얘기하기 시작했다. "오토피아에 갔을 때 줄이 없었던 것 기억하니?『메리 포핀스』(Mary Poppins, 트래버스가 쓴 동화-역자 주)에 나오는 굴뚝 청소부가 퍼레이드 때 너한테 생일 축하한다고 말해 주다니, 정말 근사하지? 출구로 한 걸음씩 다가갈수록 이선은 점점 안정을 되찾았고, 하지 못했던 것을 속상해하기보다는 할 수 있었던 것들에 대해 더욱 감사하게 되었다. 기념주화를 만들 무렵에는 다시 행복한 모습으로 돌아간 것처럼 보였다. 그는 나중에 차 안에서 놀랍게도 이렇게 말했다. "엄마, 오늘 디즈니랜드에 데려가 주셔서 정말 감사해요."

이처럼 계획한 대로 일이 되지 않았을지라도 당신은 자녀가 감사함을 표현하도록 도울 수 있다. 매일 감사하다고 말하면 평안과 만족이라는 좋은 기분을 느끼게 된다. 이것을 아이들이 직접 경험할 수 있도록 도우라.

감사는 바이러스다

아이들은 십대가 되면 대부분 문자나 인스턴트 메시지(instant message, 사용자가 메신저 서버에 접속했을 때, 착신 메시지를 사용 중인 개인용 컴퓨터 화면에 표시해서 이것을 받은 사용자는 곧 반송할 수 있는 서비스-역자 주), 온라인 글쓰기 등 스크린을 통해 친구들과 의사소통을 한다. 감사의 기술은 오프라인뿐 아니라 온라인상에서도 가르쳐야 한다. 스크린을 통해 친구들과 소통할 때도 되도록이면 긍정적이고 감사를 표현하는 말을 사용해야 한다.

하지만 안타깝게도 스크린에 숙련된 많은 십대가 온라인상에서 남을 존중하고 예의 있게 대하는 법을 배우지 못했다. 스크린에서 우정을 쌓는 것은 다소 거래적으로 보일 수 있다. 귀찮게 하는 친구는 지워 버리고 다시 새로운 친구를 만들면 되는 것이다. 온라인상에서 사람들은 마치 필요를 채우기 위한 상품처럼 취급될 수 있다.

십대들은 문자로 서로에게 상처를 심하게 주는 말을 할 수 있다. 어른들에게는 횡설수설하는 것처럼 보이는 글자들이 문자를 사용하는 십대들에게는 공격적이거나 상처를 줄 수 있는 메시지로 전해질 수 있다. 우리는 얼굴을 서로 마주할 때처럼 전자기기로 의사소통을 할 때도 서로를 가치 있게 여기고 진심으로 대하도록 자녀들을 가르쳐야 한다.

아이오와 시티의 한 고등학교 학생들이 스크린 타임을 활용하여 긍정적인 반향을 만들고 있다. 제레마이어 안소니는 사이버 불링(cyber bullying, 인터넷상에서 특정인을 괴롭히는 행동 또는 그러한 현상, 사이버 왕따라고도 함-역자 주)에 대응하기 위해 트위터피드(twitterfeed, 블로그 글을 페이스북, 트위터에 연동하는 서비스-역자 주)를 만들었다. 그의 목표는 반 친구들에게 긍정적인 댓글을 보내는 것이다. 그와 그의 친구들은 "너는 우리 학교 최고의 달리기 선수야.", "그렇게 계속 모두를 사랑해 주고 돌봐줘." 등 3,500개가 넘는 칭찬의 댓글을 학생들에게 보냈다. 온라인상에서 이렇게 감사의 근원을 찾기란 참 드물고 특별한 일일 것이다. 이 사연은 국영 텔레비전 방송에도 나왔다.[4]

당신은 자녀에게 대세에 맞서는 것을 가르칠 수 있다. 다른 사람들이 어떤 특정인을 괴롭히고 무너뜨리려 할지라도 당신의 자녀는 오히려 그 사람을 도와주고 세워 줄 수 있다. 다른 사람들이 재산을 모으는 데 집중할지라도 당신의 자녀는 관대함으로 다른 사람을 능가할 수 있다. 다른 사람들이 온라인상에서 친구들을 찾을지라도 당신의 자녀는 오프라인에서 친구를 찾을 수 있다. 다른 사람들이 인생에 대해 불평할지라도 당신의 자녀는 감사할 수 있다.

    감사에는 현실과 디지털 세계 모두에서 자녀의 태도와 행동을 바꿀 수 있는 힘이 있다. 감사함으로 생각하고, 말하고, 문자를 보내도록 훈련하는 것은 가정에서부터 시작되며, 무엇보다 당신이 하는 감사의 말과 행동이 그 본보기가 될 것이다.

"화가 날 때는 말하기 전에 열까지 세라. 아주 많이 화가 나면 100까지 세라."

- 토마스 제퍼슨

05.

사회성 기술 #3 분노 조절

쉬는 시간이 되자 초등학교 1학년인 그랜저 선생님의 반 학생들이 교실 밖으로 나가 논다. 캐서린과 친구들은 공을 서로 주고받으며 놀고 있다.

"공 내놔." 존이 여자아이들에게로 달려들며 말한다.

"싫어. 우리가 지금 갖고 놀고 있잖아!" 캐서린이 말한다.

몇 분 후에 존이 다시 온다. 존은 공을 빼앗고는 캐서린을 세게 밀쳐 땅바닥에 넘어뜨린다. 캐서린이 울기 시작한다. 그랜저 선생님은 존이 캐서린을 바닥에 밀어 넘어뜨리고 부리나케 도망가는 것을 보았다.

선생님이 존의 눈을 보며 말한다. "존, 우리는 손뼉을 치기 위해 손을 사용하는 거지, 다른 사람을 밀어 넘어뜨리려고 손을 사용하는 건 아니란다." 쉬는 시간을 마치는 종이 울리자 그랜저 선생님은 캐서린을 교실 안으로 데리고 들어간다. 존은, 손은 손뼉을 치기 위해 있는 것이라고 배웠지만, 그가 정말 배워야 할 것은 화를 다스리는 방법이었다. 그랜저 선생님은 반 친구를 밀어 넘어뜨린 것에 대해 책임을 지도록 강요하지 않았다. 대신에 모호한 훈시만 했다.

그랜저 선생님은 무엇을 더 말할 수 있었을까? 이렇게 말했으면 더 좋았을 것이다. "존, 캐서린을 밀어 넘어뜨린 것은 잘못한 거야. 운동장에서 어느 누구한테도 그렇게 하면 안 된단다. 잘못을 했으니 내일은 쉬는 시간에 밖에 나갈 수 없어." 그러고는 존이 자신이 저지른 일에 대해서 생각해 보도록 몇 가지 질문을 할 수 있다. "존, 무엇 때문에 화가 났었니? 네가 캐서린을 밀었을 때 그 아이의 기분이 어땠을 거라고 생각하니? 다음에 또 이런 경우가 생기면 어떻게 하겠니?"

아이들에게 분노를 경험하게 할 필요는 없다. 분노는 자연스럽게 생기는 감정이다. 우리의 임무는 아이들이 화가 났을 때 그것을 어떻게 다스려야 하는지에 대해 가르치는 것이다. 아이가 화가 났을 때 비디오 게임을 하게 하거나 좋아하는 과자를 주며 주의를 딴 데로 돌리려고 하지 말라. 주의를 딴 데로 돌리게 하는 것은, 아이가 건강한 방법으로 감정을 다스리는 데 도움이 되지는 않는다.

내(게리)가 전국을 다니며 부모들과 상담을 할 때면, 많은 부모가 자녀의 성장 단계에서 중요한 이 부분을 어떻게 도와야 하는지 간절히 알고 싶어 한다. 나는 상담이나 자녀 양육 워크숍을 할 때면, 다음의 원칙들을 말해 준다. 이 원칙들은 이해하기는 쉽지만, 직접 실행하기는 쉽지 않을 수도 있다.

내가 하는 것을 보거라

부모는 자녀가 분노를 조절하는 방법을 발전시켜 나가는 데 가장 큰 영향을 끼친다. 이는 정말 다행스러운 일이다. 아이들에게 분노를 조절하는 긍정적인 방법을 가르칠 기회를 갖게 되는 것이기 때문이다. 그러나 부모가 장황하게 비난하거나 싸늘한 적막감을 만드는 경향이 있다면, 이는 무서운 현실이 될 수도 있다.

다행스럽게도 어른들은 잘못된 습관들을 바꾸고 더 건강하게 분노를 조절하는 방법들을 세워 갈 수 있다. 스캇과 디가 열 네 살 된 그들의 아들 매트 때문에 나의 사무실로 찾아왔다. 매트는 부모에게 계속해서 화를 내고, 소리치고, 비명을 지르는 심각한 문제를 가지고 있었다.

디가 말했다. "저는 아이가 우리에게 그런 식으로 말하도록 내버려 두어서는 안 된다고 생각해요. 제가 매트에게 소리를 지르면 아이는 밖으로 나가 버려요. 그러면 저는 이번에는 스캇에게 소리를 지르며 아이가 그런 식으로 말하게 그냥 내버려 두면 안 된다고 말하지요. 하지만 도움이 필요한 사람은 아무래도 저인 것 같아요."

디는 이탈리아 가정에서 자랐는데, 이탈리아 가정의 특징은 가족이 서로에게 소리를 지르다가도 그 상황이 끝나면 아무 일도 없던 것처럼 된다는 것이다. 스캇은 소리를 지르면 한 번씩 이성을 잃을 정도로 화를 내는 아버지 밑에서 자랐다. 아버지가 소리를 지르면 스캇은 조용히 있었다. 디의 분노에 대한 반응은 소리를 지르는 것이다. 스캇의 분노에 대한 첫 번째 반응은 입을 다무는 것이다. 그들은 둘 다 그들의 부모에게서 화에 대해 어떻게 반응해야 하는지 배웠다고 할 수 있지만, 결코 좋은 방법은 아니다. 그런데 그들은 그 방법으로 아들을 가르치고 있다.

어른들은 보통 그들의 자녀들이 화날 때 어떤 모습을 나타내는지 보기 전까지는 자신들이 화날 때 어떻게 하는지 의식적으로 생각해 보지 않는다. 대부분의 아이들은 부모에게서 배운 대로 한다. 디는 스캇에게 화가 나면 소리를 질렀다. 어릴 때부터 그런 모습을 보아 온 매트는 이제 자신도 그런 식으로 화를 표현하고 있다.

　몇 차례의 면담을 통해 나는 디와 스캇이 마음을 열고 서로를 사랑하는 마음으로, 정죄하지 않는 방법으로 화를 풀도록 도왔다. 시간이 지나 디와 스캇은 그동안 자신들이 화를 풀어 왔던 방법이 좋지 않았다는 것을 깨달았다. 그들은 자신들의 그런 모습을 고치기 위해 상담을 받을 것이라고 아들에게 말했다. 매트는 그 얘기를 들었을 때 별말은 없었지만 내심 기뻐하는 것 같았다. 디와 스캇은 앞으로 화가 나면 바로 화를 내지 않고 자신이 왜 화가 났는지 카드에 쓰기로 했다.

　어느 날 밤, 디가 스캇에게 화가 나 조금 긴장된 모습을 보이자 매트가 말했다. "엄마, 카드를 가지고 아빠한테 읽어 줘야 할 것 같아요."

　"네 말이 맞는 것 같다, 매트. 고맙다." 디가 웃으며 대답했다.

　두 달이 지난 어느 날 밤, 디와 스캇은 너무 놀랐다. 매트가 손에 카드를 들고 들어와 "저 지금 너무 화가 나요. 하지만 걱정 마세요. 엄마, 아빠를 해치지는 않을 거예요. 그런데 두 분의 도움이 꼭 필요해요. 지금 얘기해도 괜찮을까요?"라고 말하는 것이었다. 두 부부는 웃음을 터뜨렸다. 매트가 다시 말했다. "엄마, 아빠. 저는 지금 정말 심각해요. 화가 나도 두 분과 그것에 대해 얘기해야 해요." 그들은 매트의 이야기에 귀 기울였다. 매트는 부모의 변화된 모습을 따라 하는 중이었다. 디와 스캇은 건강하게 화를 다스리는 방법을 배우고 있었고 매트도 마찬가지였다. 이처럼 부모가 건전한 방식으로 자신의 화를 조절해 나가면, 자녀에게도 화를 풀어 가는 방법을 지도할 수 있게 된다.

부모의 지도를 간절히 원하고 있다

아이들에게 신발 끈을 묶는 방법이나 자전거 타는 방법을 가르쳐 주어야 하는 것처럼, 화를 다루는 방법도 가르쳐 주어야 한다. 아이들은 말과 행동으로 화를 표현하는데, 긍정적으로 반응할 수도, 부정적으로 반응할 수도 있다. 행동으로는 밀기, 때리기, 물건 집어 던지기, 머리 잡아당기기 혹은 자신의 머리를 벽에 부딪치기 등으로 표현하는데, 이는 분명히 화에 대한 부정적인 반응이다. 반면, 자리 피하기, 100까지 큰 소리로 세기, 밖에서 잠시 걷기 등은 화에 대한 성숙한 반응이며, 이렇게 하면 아이가 진정될 수 있고 건전한 방식으로 화를 풀어 나가게 된다.

언어적인 방법으로는 상황에 대해 정죄하거나 욕설을 하고, 온갖 파괴적인 말을 하며 소리를 지를 수 있다. 하지만 성숙한 아이는 자기가 화가 난 것을 알고 가장 속상한 부분에 대해 의논할 수 있는 기회를 달라고 할 것이다. 이때 부모가 할 일은 아이를 그 상황에서 나오게 하여 더욱 건전한 방법으로 화를 해결해 나갈 수 있도록 돕는 것이다.

만약 아이가 화가 나서 당신에게 소리를 지른다면, 아이가 하는 말에 귀 기울이라. 차분하게 질문을 하면서 아이가 화를 표현하도록 하고, 아이의 말을 더 집중해서 들으라. 그러면 아이의 목소리가 점점 작아질 것이다. 아이가 화를 표현한 방법이 아니라 아이가 화가 난 이유에 집중하라. 만약 아이가 잘못한 것이 없는데 잘못을 저지른 것으로 오해받은 상황이라면, 아이는 당신이 자기의 불평을 들어 주고 이해하고 있다고 느껴질 때까지 화가 풀어지지 않을 것이다.

당신은 이렇게 물을 수 있다. "그럼 아이가 제게 고함을 치는데도 가만히 보고만 있어야 하나요?" 소리를 지르는 것은 분명 화를 푸는 적당한 방법이 아니다. 하지만 지금 당신은 아이에게 문제가 되는 것이 무엇인지를 먼저 들으려고 해야 한다. 문제가 된 일을 좀 더 건강한 방법으로 나누는 일에 대해서는 나중에 얘기할 수 있다.

 십대 아이들이 어른인 우리보다 더 성숙하길 기대하는 사람들이 있다. 언젠가 나의 사무실에서 십대 아이가 한 말을 기억한다. "우리 아빠는 제게 고함치지 말라고 하시면서 정작 아빠는 제게 막 고함치고 그러세요." 부모가 "너는 그런 식으로 나한테 말하면 안 돼. 이제 그만하고 네 방으로 가."라고 말하면 자녀는 가슴속에 화를 묻게 된다.

 만약 부모들이 자녀들의 불만을 들어 주지 않고 왜 그런 기분이 드는지 이해하지 않는다면, 자녀들은 화를 참았다가 나중에 행동으로 나타낼 것이다. 심리학자들은 이것을 수동적 공격성이라고 말한다. 아이가 겉으로는 수동적인 모습을 보이지만, 내면에서는 화가 자라나 결국 숙제를 하지 않는다거나, 성적이 낮아진다거나, 혹은 공격적인 행동을 함으로써 부모를 속상하게 할 수 있는 것이다. 부모들은 수동적 공격성이 얼마나 위험한 것인지 깨닫고 자녀들이 화가 났을 때 그들의 말에 귀 기울이고, 문제에 주의 깊게 반응하며, 해결 방법을 찾기 위해 모든 노력을 기울여야 한다.

 아이들이 요구할 때마다 늘 이렇게 해야 한다는 것은 아니다. 아이들의 화는 종종 왜곡된다. 실망하거나 원했던 것을 이루지 못했을 때, 노력이 좌절되거나 혹은 기분이 안 좋을 때는 실제로 일어난 잘못과는 아무 상관없이 화를 낼 수 있다. 아이에게 스스로 다음의 두 질문을 해보게 하면 자신이 화를 내는 것이 과연 타당한 일인지 판단해 볼 수 있을 것이다. '실

제로 무슨 잘못이 저질러진 것인가?', '내가 모든 정황을 알고 있다고 확신하는가?'

자녀가 화가 나면 화가 가라앉을 때까지 숫자를 열까지 세보라고 하라 (좀 더 큰 아이들에게는 100까지 세게 한다). 그런 후에는 다음의 문장을 완성하도록 한다. '나는 화가 났어요. 왜냐하면, _____ 때문이에요.'

일곱 살인 토마스는 화가 났다. 여동생 카일라가 자신이 한 모든 숙제에 낙서를 해놓았기 때문이다. 잘못이 저질러졌다. 이때 당신이 할 일은 모든 정황을 파악하는 것이다. 카일라가 일부러 그랬는가, 아니면 모르고 그랬는가? 히죽히죽 웃는 얼굴로 잘못했다고 하는 걸 보면 카일라가 일부러 그런 게 틀림없다. 결국, 카일라는 토마스에게 미안하다고 말했고, 벌칙으로 며칠간 펜을 쓸 수 없었다.

부모들은 아이들이 화를 내면 문제를 다루고 해결 방법을 찾으며 아이들을 지도해 나갈 수 있다. 대개의 경우 이런 상황들은 해결되며, 아이들은 자신들의 화에 대해 말로 표현하면서 조금씩 더 성숙해진다. 그런데 안타깝게도 아이와 부모 모두 스크린 타임이 늘어나면서 이 많은 것을 가르칠 수 있는 기회들을 놓치고 있다. 스크린 타임으로 인해 가족 구성원들이 너무 바쁘고 산만해져서 갑자기 벌컥 화를 내도 그 일을 다룰 수가 없게 된 것이다. 이런 상황 가운데 부모는 반드시 책임을 가지고 자녀들이 분노를 조절할 수 있도록 지도해야 한다.

'좋은' 화와 '나쁜' 화

좋은 화 (정당한 화)	나쁜 화 (왜곡된 화)
정의 : 실제로 일어난 잘못, 학대, 부당함, 위법에 대해 생긴 화. **직접적인 원인** : 법이나 도덕을 위반함. **판단 방법** : 다음 질문에 '예'라고 할 수 있는가? '실제로 잘못이 저질러졌는가?', '내가 모든 정황을 다 알고 있는가?' **해야 할 일** : 당사자와 직접 부딪치거나 잘못한 사람을 너그러이 봐준다.	**정의** : 아무 잘못도 일어나지 않았는데 이미 잘못으로 인식한 것에 대한 화. **직접적인 원인** : 나를 다치게 하거나 귀찮게 하는 사람, 스트레스, 피로, 비현실적인 기대감. **판단 방법** : 좌절감이나 실망감이 화를 더 하게 한다. **해야 할 일** : 화를 그만 내고 그것을 풀어 낼 방법들을 모색한다.

화에 대한 대화를 주도하는 것

나(앨린)의 아이들은 상황극을 하는 것을 좋아한다. 화를 드라마로 연습해 보는 것은 어떨까? 아이들이 화가 나 있지 않을 때 화에 대한 원칙들을 가르치는 것이 더 쉽다. 화가 머리끝까지 나 있을 때는 어떤 아이들도 그 가르침에 귀 기울이지 않는다.

나는 네 살, 일곱 살 난 나의 딸들에게 다음의 시나리오를 주었다.

노엘이 방으로 들어서며 어린 동생 루시가 노엘이 제일 좋아하는 드레스를 입고 구두와 왕관까지 쓴 것을 발견했다.

장면 1

노엘(고함치며) : 루시! 내 드레스 입으면 안 돼! 빨리 벗어. 그리고 내 구두랑 왕관도 내놔! (노엘이 루시의 발에서 구두를 벗기고 왕관을 잡는다.)

장면 2

노엘(차분하게) : 루시, 참 아름답구나. 하지만 잘못된 게 있어. 너는 내 물건들을 사용해도 되는지 내게 물어보지 않았어. 다시 제자리에 갖다 놓아. 그러지 않으면 엄마를 모셔 올 거야.

아마도 장면 1이 더 현실적인 상황일 것이다. 이 장면들을 연기하는 것은 단순히 재미만을 위해서가 아니라, 우리로 하여금 화가 나는 이유와 화가 났을 때 그것을 어떻게 책임감 있게 표현할지에 대해 얘기할 수 있게 한다.

화와 관련된 문제들에 대해서 가르칠 수 있는 방법에는 여러 가지가 있다. 다음은 나이에 따라 아이들이 효과직으로 화에 대해 이해하고 화를 다룰 수 있도록 돕는 방법들이다.

어린아이에게는 성경 이야기를 읽고 토론하게 함으로써 흥미로운 방식으로 교훈을 줄 수 있다. 가인과 아벨, 요셉과 그의 11명의 형제들, 하나님을 향한 요나의 분노, 그리고 예수님이 돈 바꾸는 사람들에게 화를 내신 이야기들은 화를 이해하는 데 중요한 통찰을 제공한다.

중요 성경 구절을 암기하게 하는 것도 아이들을 지도하기에 아주 좋은 방법이다. 다음의 구절들을 외우게 하면 좋을 것이다.

- 어리석은 자는 자기의 노를 다 드러내어도 지혜로운 자는 그것을 억제하느니라 (잠 29:11).

- 노하기를 더디 하는 자는 크게 명철하여도 마음이 조급한 자는 어리석음을 나타내느니라(잠 14:29).
- 분을 내어도 죄를 짓지 말며 해가 지도록 분을 품지 말고 마귀에게 틈을 주지 말라(엡 4:26-27).

좀 더 큰 아이들에게는 성경 한 장을 읽고 토의해 보게 하는 것이 화를 다루는 데 탁월한 가르침이 될 수 있다. 화에 대한 주제를 주고 종이에 자기 생각을 써보게 하는 것도 좋은 방법이다. 아이가 부모님이나 할머니, 할아버지에게 화에 대해 어떻게 생각하시는지, 또 화를 어떻게 건전하게 푸시는지 인터뷰해 보게 할 수도 있다. 이 방법은 나이가 좀 더 많은 아이들이나 십대들에게 깨달음을 주는 프로젝트가 될 수 있다.

아이들로 하여금 질문하게 하고 자기 의견을 말하게 하는 열린 대화는 화를 단지 논제로서만 다루는 것이 아니다. 이러한 대화는 예전에는 화를 어떻게 풀었고 어떻게 긍정적인 변화를 만들 수 있었는지 얘기해 보게 한다. 부모는 대화를 나누면서 자신들이 분노로 인해 겪고 있는 어려움을 아이에게 이야기해 주어도 좋다. 그러면 아이들도 자신들이 다루기 힘든 분노에 대해서 솔직하게 이야기하고 질문도 하게 될 것이다.

이런 대화들을 해나가면서 최근에 읽은 글들을 아이와 편히 나눌 수도 있다. 예를 들면, "지난번에 분노에 대한 기사를 읽었단다. 거기에는 부모들이 화를 참지 못하고 폭발해서 아이들에게 상처가 되는 말들을 얼마나 많이 하고 있는지 본인들은 잘 모르고 있다고 적혀 있었어. 무슨 말을 했는지 전혀 기억조차 하지 못한다고 하더라고. 혹시 나도 그런 건 아닌지 궁금했단다."

"음, 엄마, 엄마가 얘기를 꺼내셔서 하는 말인데요……."

자녀의 분노에 초점을 맞추기보다는 당신 자신의 분노를 대화의 주제로 삼아 보라. 그러면 자녀는 더 쉽게 반응하며 분노를 조절하는 것에 대해 자신의 생각을 솔직히 말할 것이다. 그리고 이런 대화는 아이와 부모 모두에게 귀한 가르침이 될 것이다.

의미 있는 대화는 자녀를 향한 부모의 사랑을 보여 주는 토대가 되기도 한다. 자녀가 당신에게서 사랑받지 못한다고 느끼면, 아이는 엄청난 분노를 경험하게 된다. 그러면 그동안의 당신의 노력은 모두 헛수고가 될 것이다. 10장을 보면 5가지 사랑의 언어에 대해서 좀 더 자세히 알 수 있다. 부모에게서 받는 사랑으로 안정감을 느끼는 아이들은 현명한 선택을 하는 경우가 훨씬 많다. 그리고 잘못된 선택을 했을 때는 자기가 한 실수에서 교훈을 얻고 다음번에는 실수를 하지 않으려고 노력한다. 아이에게 분노를 다스리는 것을 가르치는 데 무조건적인 사랑보다 더 중요한 것은 없다.

비디오 게임이 화를 부추긴다?

토니는 전형적인 초등학교 5학년 학생으로, 학교 공부보다 스포츠를 더 좋아하고 학급에서는 잘 지내고 있었다. 축구 연습과 학교 숙제를 마치면 토니는 비디오 게임을 할 수 있었다. 그는 6학년 학생들이 하는 게임을 배우고 있었는데, 얼마 후에는 그 게임을 혼자서도 할 수 있게 되었다. 게임은 17세용이었지만 반 아이들 모두가 그 게임을 했기 때문에 토니의 부모는 괜찮을 거라고 생각했다.

하지만 몇 달 후, 토니의 부모는 아이가 변해 가는 모습들을 보게 되었다. 토니의 담임 선생님이 그가 학급의 다른 남자아이와 싸우고 선생님에게도 불손한 태도를 보였다며 그의 부모를 학교로 불렀다. 집에서는 여동생에게 잘 참아 주지 못하고 마구 몰아세우는 일이 잦았다. 엄마, 아빠가 무슨 일이냐고 물으려고 하면 그는 더욱 화를 냈다.

아이들이 비디오 게임을 너무 오랜 시간 하면(특히 폭력성이 강한 게임을 하면), 성격이 나빠지고, 쉽게 화를 내며, 참지 못하고 다투는 경향이 많아지게 된다.

어른들과 마찬가지로 아이들도 휴식을 취하고 재충전해야 한다. 밖에서 놀거나, 좋은 책을 읽거나, 또는 부모와 포옹하거나 대화를 나눌 때 가장 잘 쉴 수 있다. 휴식은 스크린을 붙잡고 있는 동안은 할 수 없다. 그런데 수많은 아이가 스크린 앞에서 자유 시간을 보낸다. 시각적인 휴식을 취하지 않으면, 아이들은 좀처럼 가만히 있지 못하고 화를 내는 경향이 생긴다. 게다가 스크린 세계는 속도를 강조하기 때문에 컴퓨터를 하며 자라는 아이들은 현실의 속도를 참아 내기 힘들게 된다. 그 결과, 뭔가를 기다려야 할 때면, 아이는 조급하다 못해 좌절감을 느끼고 화를 내게 된다.

많은 사람이 비디오 게임, 영화, 그리고 텔레비전에서 나오는 폭력물이 아이들에게 어떠한 영향도 주지 않을 거라고 믿고 싶어한다. 하지만 당신의 자녀는 주변에서 접하는 모든 것에 영향을 받는다. 스크린에서 접하는 폭력적인 장면은 특히나 위험하다. 사람들과 올바른 관계를 맺는 데 도움이 되지 않기 때문이다. 비디오 게임과 텔레비전 드라마에 만약 총을 쏘는 사람이 나온다면, 아이들은 어떤 방법으로 사람을 쓰러뜨릴 수 있는지를 배우게 된다.

당신은 아마 "그냥 게임이에요. 실제로 그렇다는 게 아니라 텔레비전에 나오는 거잖아요."라고 말할지도 모른다. 하지만 연구 결과에 따르면, 아이들이 많은 시간 동안 폭력적인 영화를 보거나 게임을 하면 그들도 폭력적인 성향을 보이는 경우가 훨씬 많다고 한다. 수많은 과학 연구와 논평에서도 아이들이 미디어 폭력에 특정적으로 노출되면 공격적인 행동과 자신들이 하는 폭력에 무감각해지고, 세상을 훨씬 더 비열하고 무섭다고 믿게 될 위험이 증가한다고 말한다.[1]

비디오 게임은 아이들이 수동적으로 폭력적인 행위를 보기만 하는 게 아니라 게임에 직접 참여하기 때문에 특히나 위험하다. 게임을 하면 할수록 폭력적인 행위를 더 많이 경험하게 되고, 그러다 보면 폭력적인 감정이 강화된다. 그리고 또 문제가 되는 것은 게임 속에서 파괴적인 행동을 하면서도 계속해서 포상을 받는다는 것이다.

만약 자녀가 한두 가지 정도의 폭력적인 게임을 하는 것이라면, 그렇게 큰 영향을 끼치지 않을 수도 있다. 하지만 다수의 게임을 한 주에 며칠씩 몇 년을 한다면 자녀는 분명 좋지 않은 영향을 받을 것이다. 분노와 스크린상의 폭력은 서로 연관이 있다. 우리는 아이들이 봐도 되는 것에 대해 심각성을 가지고 지도해야 한다. 만약 자녀가 하고 있는 게임들이 건강하지 않다는 것을 알게 된다면, 게임 시간을 줄이고 폭력적인 게임은 모두 못하게 해야 한다. 그리고 가능한 한 친구들과 어울려 게임 말고 다른 창의적인 활동을 하도록 이끌어야 한다.

온라인상의 분노

자녀가 분노를 느끼는 이유는 스크린 앞에서 보내는 시간이 많아서가 아니라, 당신과 보내는 시간이 적어서일 수도 있다. 아이들은 이제 부모의 관심을 끌려면 스크린과 경쟁해야 하는 상황에 있다. 그래서 속상하고, 슬프고, 화가 난다. 부모와 아이가 함께하는 공간은 부모가 휴대 전화를 하는 영역이 되어 가고 있다. 엄마는 아이와 함께 공원에 가면서도 차 안에서 휴대 전화를 사용한다. 물론 사회적으로는 문제가 없는 행동이라고 할 수 있지만, 자녀에게는 그 행동이 어떻게 전달되겠는가? 아이가 "잠깐만. 엄마 지금 통화 중이야."라는 말을 계속해서 듣는다면, 아이는 엄마가 자신과 보내는 시간을 전화 통화보다 중요하게 여기지 않는다고 느끼게 될 것이다.

디지털 시대는 우리가 어떤 방법으로 온라인상의 관계를 맺어 가고 그것을 어떻게 자녀들에게 물려줘야 하는지에 대해 새로운 도전을 제시한다. 온라인에서는 익명으로 활동할 수 있다. 아이들은 이를 이용하여 다른 사람에게 직접 분노를 표출할 필요 없이, 익명으로 인터넷에 로그인하여 분노의 글을 올리거나 끔찍한 메일을 보내며 자신의 분노와 좌절감을 나타낼 수 있게 되었다. 단순히 '보내기' 버튼을 누르는 것만으로도 다른 사람에게 상처를 줄 수 있는 시대가 된 것이다.

사이버 불링은 디지털 미디어를 통해 다른 사람에 대한 거짓되거나 수치스러운 정보, 혹은 적대적인 정보를 의도적으로 전달하는 행위다. 아이들은 다른 사람을 웃음거리로 만들거나 화나게 하기 위해 이메일을 보낼 수도 있다. 대화방에서 누군가를 주눅이 들게 하거나 SNS에 수치스러운 사진을 올릴 수도 있다. 사이버 불링은 많은 아이가 하는 위험하고도 치명적인 취미 생활이 되었다.

미국 청소년의 거의 30%가 따돌림의 피해자로서든 가해자로서든 따돌림의 경험이 있으며, 피해자와 가해자 모두를 경험한 아이들도 있다고 한다.[2] 여자아이들은 좀 더 언어적인 공격을 하는 반면, 남자아이들은 좀 더 신체적인 공격 행동을 보인다. 그러니 여자아이들이 연락을 주고받기 위해 스크린을 어떻게 사용하는지 특별히 주의 깊게 보는 것이 좋다. 만약 자녀가 온라인상에서 다른 아이를 따돌리는 행동을 한다면, 처음에는 그에 대한 벌로 이틀 동안 휴대 전화나 아이패드를 빼앗는 것도 한 가지 방법이 될 수 있다. 그런데 또 그런 일이 생긴다면 오랫동안 전자기기를 사용하지 못하게 하는 것이 좋다. 아이들이 온라인상에서 그런 행위를 하면 안 된다는 것을 깨달으면 결국에는 규칙을 따를 것이다.

자녀가 십대로 들어서기 전에 온라인 예절을 가르치기 시작할 수 있다. 자녀가 이메일이나 문자 메시지를 주고받을 수 있는 나이가 되면, 온라인상에서 해야 할 말과 하지 말아야 할 말들을 가르쳐야 한다. 온라인에서는 "우리는 내일 너를 만나기 위해 중앙 현관에 있을 거야. 오늘 저녁 식사로 피자를 먹어야 해."와 같이 우선 정보를 주고받을 수 있다. 그리고 "오늘 내 얘기 들어 줘서 고마워. 나 정말 네가 입고 온 티셔츠가 맘에 들어." 하고 칭찬과 격려의 말을 해줄 수도 있다.

하지만 분노를 표현하려고 온라인을 이용해서는 안 된다. 만약 앞에 앉아 있는 사람에게 할 수 없는 말이라면, 온라인상에서도 그 말을 해서는 안 된다. 자녀가 자기를 화나게 만든 사람에게 복수하려고 소셜 미디어를 사용하여 모욕적인 말을 쏟아붓는다면, 그것은 성인이 되어서도 바꾸기 어려운 해로운 습관이 될 것이다. 스크린상의 추한 말들은 계속해서 되뇌며 읽을 수 있어서 아이들에게 감정적인 상처를 남기게 된다. 자녀에게 스크린에서가 아닌 현실 세계에서 분노를 다스리는 방법을 가르치라.

당신과 화가 난 자녀에게 도움을 주는 대화

자녀와 자주 다투는 편이라면, 다음과 같이 말함으로써 그 방식을 깰 수 있다. "우리에 대해서 생각해 봤는데, 엄마가 잘 들어 주는 사람이 아니라는 걸 깨달았어. 네가 뭔가에 대해 강하게 느낄 때면 대개 나도 화를 내곤 하지. 나는 정말 잘 들어 주는 사람이 되고 싶단다. 앞으로는 더 많이 물어보려고 노력하고 정말로 너의 기분을 이해하려고 애쓸게. 엄마는 정말로 너의 생각과 기분이 중요하다고 생각한단다."

아이가 고집을 피우거나 고함치고 물건을 집어 던진다면, 우선은 아이가 화가 난 이유에 초점을 맞추라. 아이가 보인 태도와 행동에 대해서는 그 후에 이야기하라.

"네가 화가 난 게 분명하구나. 무엇 때문에 속상한 건지 듣고 싶은데, 네가 그렇게 화를 내는 동안은 말을 할 수가 없구나. 같이 걸으면서 왜 화가 났는지 얘기해 줄래?

당신이 아이에게 참지 못하고 화를 냈다면 미안하다고 고백하려는 의지를 가지라. 당신이 사과하는 모습을 보이면 자녀도 앞으로 사과를 더 잘할 것이다.

"아들아, 오늘 오후에 화를 내서 미안하구나. 내가 화를 잘 다스리지 못했어. 그리고 너한테 했던 말투도 좋지 않았어. 내가 말한 것들 중에 어떤 것들은 실제 내 기분이 아니었단다. 그건 분명 내 잘못이야. 그래서 하나님께 용서해 달라고 기도드렸어. 나는 너에게도 용서를 구하고 싶단다."

"변명으로 사과를 망치지 말라."

- 벤자민 프랭클린

06.

사회성 기술 #4 사과[1]

　초등학교 6학년인 알렉사에게 오늘은 정말 긴 하루였다. 알렉사의 가장 친한 친구인 린지가 학교 식당에서 다른 세 명의 여자아이들이 있는 식탁으로 갔다. 점심시간이 끝날 무렵, 그 아이들은 알렉사에게로 걸어와서는 비웃는 듯이 말했다. "셔츠 예쁘네." 린지는 그저 그들의 곁에 서서 아무 말도 하지 않았다. 알렉사는 창피하기도 했지만 린지가 왜 그런 심술궂은 아이들과 같이 다니는지 이해가 되지 않았다.

　쉬는 시간마다 알렉사와 린지는 서로 말없이 그냥 지나쳤다. 눈도 맞추지 않았고, 대화도 한마디 나누지 않았다. 이런 식으로 며칠이 지났다. 한 주가 지날 무렵, 알렉사의 전화기에서 문자 메시지 알림 소리가 울렸다. 린지의 문자였다. "그동안 못되게 굴어서 미안해."

　문자를 받게 되어서 한편으로는 안심이 되었지만, 알렉사는 린지가 왜 그런 식으로 행동했는지 여전히 의문이 남았다. 속상한 감정도 들었고, 배신감도 느꼈다. 알렉사는 마음이 완전히 괜찮아지지는 않았지만 "괜찮아."라고 답장을 보냈다.

온라인상의 사과로는 부족하다

우리는 종종 전자기기를 통해 사과를 하곤 한다. 아무래도 그것이 편리하고 직접 체면이 깎이는 일을 겪지 않아도 되기 때문이다. "고양이 밥 주는 것을 잊었구나. 미안하지만 집에 도착하면 네가 좀 줄 수 있겠니?"와 같이 사소한 일들은 온라인이나 문자로 사과를 전해도 큰 무리가 없다. 하지만 린지와 알렉사처럼 다른 사람의 기분이나 감정을 상하게 했을 때는 그런 식으로만 사과해서는 안 된다.

우리는 아이들에게 현실 세계에서 사과하는 방법을 가르쳐야 한다. 그 최선의 방법은 정식으로 사과하는 모습을 보여 주는 것이다. 만약 아빠가 엄마한테 소리를 지른 일에 대해서 사과하고, 엄마가 아빠를 용서해 주면서 안아 주는 모습을 본다면, 아이는 깊은 깨달음을 얻을 것이다. 이런 모습을 보았던 아이는 다른 형제와 크게 싸우는 일이 생기면, 부모가 했던 행동을 떠올리게 될 것이다. 이렇게 가족 안에서 먼저 얼굴을 마주하며 사과하는 것을 배우면, 아이는 집 밖에서 다른 사람들에게도 사과할 수 있게 된다. 현실 속에서 사과하는 것은 아이들이 배워야 할 매우 중요한 일이다.

안타깝게도 오늘날에는 십대들 대다수가 문자나 인스턴트 메시지로 사과를 전한다. 아이들은 이렇게 어렵고 불편한 상황을 피할 수 있게 된다. 하지만 이런 식의 사과는 아이들을 감정적으로 속게 하는 것이다. 이런 사과에 익숙해지면 아이들은 결국 정말 아끼는 사람들과도 어려운 내용의 대화는 하지 못하는 채로 성장할 것이다. 힘든 상황에서 숨는 것은 현재와 미래에 아이들이 사람들과 서로 상호작용하는 능력에 부정적인 영향을 끼치게 된다.

앞으로 제시할 사과에 대한 5가지 가르침은 아이의 인생에 큰 유익을 줄 것이다. 이 가르침들을 따르면, 아이는 더 나은 친구 관계를 맺고, 가족과도 더 가까워지게 될 것이다.

첫 번째 열쇠 : 책임을 지라

사과는 잘못에 대한 책임을 인정하는 것에서 시작된다고 자녀에게 가르치라. 아이들은 보통 잘못을 저지르면 다른 사람이나("쟤가 잘못한 거예요!") 사물을("그냥 깨졌어요!") 탓하는 경향이 있다. 하지만 어린 나이일지라도 책임을 인정하는 것을 배워야 한다.

나(알린)의 가족에게는 미니밴이 있는데, 가족이 차에서 내릴 때마다 마지막에 문을 잠그는 버튼을 누르는 일은 루시의 몫이다. 루시가 차에서 가장 나중에 내리기 때문이다. 우리는 차를 식료품점 옆에 세웠는데, 루시가 깜빡하고 버튼을 누르지 않고 차에서 그냥 내려 버렸다. 차 문이 활짝 열린 것을 보고 내가 막 언급하려고 하자 루시가 말했다. "엄마, 죄송해요. 문 닫는 것을 잊어버렸어요." 나는 루시가 사과를 하는 모습에 매우 놀랐다. 루시는 다른 형제들을 탓하거나 핑곗거리를 찾지 않았다. 자신의 행동에 대해 있는 그대로 책임을 인정했다. "정말 장하구나, 루시." 나는 이렇게 말하며 아이를 꼬옥 안아 주었다. "너는 문을 닫지 않은 네 행동에 책임을 졌어. 참 고맙구나!"

아이들에게 책임지는 것을 가르치고 그들이 그렇게 했을 때 칭찬해 주는 것은 가장 기본적으로 해야 하는 일이다. 다섯 살이 되면 아이는 과자를 집어서 부서뜨릴 수 있다. 그러고는 이렇게 말할 수 있다. "이게 그냥 잘라졌어요." 과자는 그냥 부서진 것이 아니다. 분명 아이가 부순 것이다. 부모는 그 순간을 책임을 인정하는 원리를 가르치는 시간으로 이용할 수 있다. "우리 한번 다르게 말해 보자꾸나. '제가 과자를 부서뜨렸어요.' 라고 말이야. 과자는 혼자서 부서지지 않아. 그렇지? 네가 그렇게 한 거란다. 과자를 부수는 것은 아무 문제가 되지 않아. 그냥 네가 한 일에 대해서 과자를 탓하는 게 아니라 잘못을 인정하면 되는 거란다."

아이들이 잘못한 행동에 대해 책임을 인정하게 하는 한 가지 방법은, 상황을 '내가' 로 시작하는 문장으로 다시 말하도록 하는 것이다. 그리고 그들의 행동이 다른 사람들에게 문제가 된다는 것을 보여 줄 필요가 있다.

두 번째 열쇠 : 너의 행동이 다른 사람에게 영향을 끼친다

황금률은 남에게 대접을 받고자 하는 대로 남을 대접하라는 가르침을 이른다. 아이들은 모두 이 황금률을 배워야 한다. 왜냐하면, 이것은 다른 사람을 어떻게 대해야 하는지를 배우는 기준이 되기 때문이다. 그리고 아이들로 하여금 무엇이 옳고 그른지를 깨닫게 하여 아이가 옳은 일을 하고 싶어하도록 한다.

아이들은 점점 이렇게 생각하기 시작할 것이다. '내가 저녁상 차리는 것을 도와드리면 엄마는 행복해하실 거야. 내가 축구공을 집 안에서 차다가 전등을 깨면 엄마가 속상하실 거야. 아빠한테 사랑한다고 말하면 아빠는 사랑받는다고 느끼실 거야. 하지만 아빠한테 밉다고 말하면 아빠는 많이 속상하실 거야. 나의 말과 행동이 사람을 도울 수도, 속상하게 할 수도 있어. 내가 다른 사람을 도우면 나는 기분이 좋아져. 다른 사람을 속상하게 하면 기분이 나빠지지.'

살면서 우리는 아이들에게 우리의 행동이 다른 사람들에게 영향을 끼친다는 사실을 알려 줘야 할 때가 많다. 힐러리는 여섯 살이고 초등학교 1학년이다. 남동생인 다니엘은 네 살이고 유치원에 다닌다. 어느 날 오후, 두 남매가 함께 놀고 있었는데 아이들의 엄마가 힐러리가 다니엘에게 하는 소리를 듣게 되었다. "너는 야만인이야. 내 방에서 나가!" 다니엘이 울음을 터뜨리면서 엄마에게로 왔다. "엄마, 누나가 저보고 야만인이래요."

엄마는 다니엘을 꼭 안아 주며 말했다. "그래, 나도 들었단다. 내가 누나하고 얘기해 볼게. 누나와 얘기하는 동안 여기 앉아서 색칠하고 있지 않을래?" 엄마는 힐러리의 방으로 가서 말했다. "힐러리, 야만인이라는 소리는 어디서 들었니?"

"학교에서 들었어요. 나쁜 짓을 한 사람을 그렇게 불러요. 다니엘이 나쁜 짓을 했어요. 제 인형의 집을 엉망으로 만들어 놓았거든요." 힐러리가 말했다.

"그래, 맞아. 다니엘이 너에게 미안하다고 사과해야겠구나. 하지만 다니엘을 야만인이라고 부른 것도 잘한 일은 아니야. 네가 나쁜 이름으로 불러서 다니엘이 지금 많이 속상해하고 있단다. 내 생각에는 너도 미안하다고 사과해야 할 것 같구나."

엄마는 부엌으로 가서 다니엘의 손을 잡고 나왔다. "두 사람 모두 무엇을 잘못했는지 알 거야. 다니엘, 누나가 인형의 집을 갖고 놀 때 누나 방에 들어가서 어지럽힌 것은 잘못한 거야. 누나가 그 집을 정리하려고 많이 애썼는데 그렇게 하면 누나가 많이 속상해진단다. 그리고 힐러리, 네가 동생을 야만인이라고 불렀을 때 다니엘은 무척 속상했어. 동생이 너무 속상해서 계속 우는 소리를 들었을 거야. 다른 사람을 속상하게 하면 미안하다고 사과해야 한단다."

힐러리는 잠시 생각에 잠겼다가 말했다. "야만인이라고 불러서 미안해, 다니엘."

엄마가 말했다. "다니엘, 이제 네 차례야."

"누나, 미안해." 다니엘이 말했다.

엄마는 다니엘을 쿡 찌르며 물었다. "뭐가 미안한데?"

"누나의 인형의 집을 어지럽혀서 미안해." 그가 다시 말했다.

"잘했다. 이제 서로를 안아 주렴." 엄마가 제안했다. 둘은 서로를 안아 주었다. "잘했다, 다니엘. 이제 가서 색칠하던 것을 끝마치렴. 그리고 힐러리는 네 방에 가서 놀아라. 저녁 식사 준비가 다 되면 부를게." 엄마가 말했다.

힐러리와 다니엘의 엄마는 자녀들에게 우리가 하는 행동이 다른 사람들에게 영향을 준다는 것을 분명히 가르쳐 줌으로써 가정에 평화를 가져왔다. 우리는 잘못을 하면 반드시 미안하다고 사과해야 한다.

세 번째 열쇠 : 삶에는 항상 규칙이 있다

아이들에게 사과하는 법을 가르치는 세 번째 방법은 삶에는 항상 규칙이 있다는 것을 이해하게 하는 것이다. 대부분의 부모들은 '축구공을 집

안에서 차서는 안 된다'고 규칙을 세웠을 것이다. 또 이런 규칙들도 세웠을 것이다. '내 것이 아닌 것은 함부로 가져오지 않는다. 다른 사람에 대해 사실이 아닌 일은 말하지 않는다. 길을 건널 때는 양쪽 차선을 다 살핀다. 뭔가를 주거나 좋은 말을 해준 사람한테는 고맙다고 말한다.'

부모들이 규칙을 만들 때 해야 할 가장 중요한 질문은 '이 규칙이 내 아이를 위해 좋은 것인가?' 이다. 다음은 특정한 규칙을 결정할 때 스스로 물어볼 수 있는 실용적인 질문들이다.

- 이 규칙이 우리 아이를 위험하고 파괴적인 것들에서 지켜 줄 것인가?
- 이 규칙이 정직, 근면, 친절, 나눔 등 긍정적인 품성을 가르칠 것인가?
- 이 규칙이 우리의 소유물을 보호할 것인가?
- 이 규칙이 아이에게 책임에 대해 가르칠 것인가?
- 이 규칙이 좋은 마음가짐을 가르칠 것인가?

부모가 규칙을 일단 정하면 가족 구성원 모두가 그것에 대해 알아야 한다. 말하지 않은 규칙은 공정한 것이 아니다. 아이들에게는 그들이 알고 있지 않은 기준에 맞춰 사는 것을 기대할 수 없다. 부모는 아이들이 어떤 규칙이 있는지에 대해 이해하고 있는지 확인해야 한다. 만약 특정한 규칙이 도움이 되지 않고 오히려 해가 된다면, 바로 그 규칙을 바꿀 수 있어야 한다.

규칙을 지키지 않았을 때는 그에 대한 대가를 치러야 하는데, 가능하면 그 규칙과 연관된 것이 좋다. 예를 들면, 아이가 집 안에서 공을 던지면 이틀 동안은 공을 가지고 놀지 못하게 할 수 있다. 규칙을 만들 때는 규칙을 어긴 대가에 대해서도 가족들이 함께 의논하고 결정하는 것이 좋다. 그러면 아이는 어긴 대가에 대해 미리 알게 되어 좀 더 타당한 결과를 내도록 미리 계획할 수 있다.

부모는 아이가 규칙을 어기면 그 대가를 치르게 하되, 어느 날은 잘못된 행동을 눈감아 주고, 어느 날은 같은 행동인데도 강하게 혼을 내고 그러면 안 된다. 부모가 이처럼 행동하면 아이는 불순종하고 무례해질 수 있다. 부모들은 종종 자녀를 책임감 있게 키우려다가 이렇게 일관적이지 못한 훈육을 할 때가 있다. 이것은 부모가 빠지기 쉬운 가장 큰 함정이다.

앞서 살펴본 것처럼 사과하는 것을 가르칠 때는 분명하고 의미 있는 규칙을 만들어야 하며, 규칙을 지키지 않았을 때는 그에 대한 대가를 치르게 해야 한다. 그리고 그 대가를 치를 때는 단호하고 공정해야 한다. 그런데 이보다 더 중요한 것이 있다. 이 모든 과정 가운데는 아이의 마음속에 이러한 생각이 확실히 자리 잡고 있어야 한다. '나는 나의 말과 행동에 책임을 져야 한다. 규칙을 지키면 그에 대한 혜택을 받을 것이고, 규칙을 지키지 않으면 그 대가로 고생할 것이다.' 이러한 생각을 통해 아이들은 어떤 것이 옳고, 어떤 것이 옳지 않은지 도덕성을 키워 나갈 수 있다. '내가 잘못을 하면 나쁜 결과가 따른다.' 이 도덕성은 아이로 하여금 사과가 왜 필요한지 이해할 수 있도록 한다.

네 번째 열쇠 : 사과는 우정을 회복시킨다

사과하는 것을 배우는 네 번째 방법은 좋은 관계를 지속하기 위해서는 사과가 필요하다는 사실을 이해하게 하는 것이다. 다른 사람들에게 상처를 주는 말과 행동을 하면 관계에 벽이 생긴다. 그런 상황에서 사과조차도 하지 않으면 사람들은 더욱더 멀어지게 될 것이다. 아이들도, 십대들도, 어른들도 이 교훈을 배우지 않으면 결국 외톨이가 되고 말 것이다.

스티븐은 엄마의 도움으로 이 원리를 배우고 있다. 어느 날 오후, 스티븐은 집에서 텔레비전 채널을 이리저리 돌리다가 바닥에 몸을 쭉 펴고 누웠다. "왜 이렇게 집에 일찍 왔니? 뒤뜰에서 막 놀기 시작하지 않았어?" 스티븐의 엄마 샤론이 물었다.

"애들이 다 집에 갔어요. 그 애들은 새로운 게임을 하고 싶지 않아 했어요. 저는 만날 똑같은 게임만 하는 게 싫증 나요. 그래서 새로운 게임을 하지 않을 거면 집에 가라고 했어요." 그가 대답했다.

다음 날 오후, 샤론이 일을 마치고 집에 돌아와 보니 뜰에서는 아무도 놀고 있지 않았다. 스티븐은 그날도 누워서 텔레비전을 보고 있었다. "왜 친구들과 놀지 않니?" 샤론이 물었다.

"애들이 나오지 않았어요. 제 생각에 아이들은 공원에서 노는 것 같아요. 그런데 전 거기 가기 싫어요." 스티븐이 대답했다.

저녁을 먹으면서 샤론은 스티븐이 학교에서 그 아이들을 보았는지 물었다.

"저는 오스틴을 복도에서 봤는데, 오스틴은 저를 못 봤어요."

"그럼 오늘 아무도 너와 말하지 않았고, 그래서 아무도 낮에 놀러 오지 않은 거니?"

"네." 그가 대답했다.

"스티븐, 엄마는 네가 노는 것을 얼마나 좋아하는지 잘 알아. 그래서 지금 네 기분이 얼마나 안 좋은지도 잘 알고. 네가 새로운 게임을 시도하려고 했던 것은 잘했다고 생각해. 하지만 아이들에게 했던 말은 좀 심했던 것 같구나."

"저는 아이들이 정말로 가버릴 줄은 몰랐어요. 사실 아이들이 다 가버릴 때까지는 제가 무슨 말을 했는지도 깨닫지 못했어요. 아이들이 다시는 오지 않고 아무도 저랑 놀지 않을 것 같아 무서워요." 스티븐의 눈에 눈물이 고였다.

샤론도 마음이 너무 아팠다. "내가 제안을 하나 할게. 아마 쉬운 일은 아닐 거야. 엄마는 네가 오스틴과 다른 아이들에게 사과를 해야 한다고 생각해. 아이들한테 네가 화가 나서 집에 가라고 했던 일에 대해 미안하다고 말하렴. 그리고 그때부터 너도 마음이 안 좋았다고, 용서해 달라고 부탁하렴."

"하지만 엄마, 그러면 그 아이들은 제가 겁쟁이라고 생각할 거예요."

"그 아이들이 뭐라고 생각하는지는 중요하지 않아. 중요한 것은 네 마음이 어떤지 알고, 네가 화가 나서 그런 말을 했다는 것을 알아야 한다는 거야. 그 아이들이 너를 용서해 줄지는 엄마도 잘 모른단다. 하지만 분명한 건 네가 사과하지 않으면 그 아이들은 돌아오지 않을 거라는 거야. 우리는 모두 때때로 화가 날 수 있어. 그리고 화가 나서 했던 말들을 나중에 후회하곤 하지. 하지만 우리가 사과할 의지가 있다면 사람들은 대개 용서해 준단다."

저녁 식사 후 스티븐이 말했다. "엄마, 공원에 가서 아이들이 있는지 봐야겠어요."

"그러거라. 참, 휴대 전화를 가져가렴. 엄마가 필요하면 전화해."

샤론은 기도하기 시작했다. 그녀는 아들이 지금까지 해보지 못했던 가장 힘든 일을 시도하려 한다는 것을 알았다. 그리고 그가 사과할 용기를 가지고 있고, 용감한 어른이 되는 길로 잘 접어들고 있다고 생각했다.

한 시간 정도 지나자 스티븐이 땀에 젖어 집으로 돌아왔다. "어떻게 됐니?" 샤론이 물었다.

"최고예요. 제 친구들 정말 최고예요. 애들이 우리 모두 누구나 화낼 수 있다고, 괜찮다고 했어요. 자기들이랑 같이 놀자고 해서 정말 재미있게 놀다 왔어요. 그리고 내일 우리 집 뜰에서 놀자고 말했어요."

"정말 멋지구나, 스티븐. 네가 정말 자랑스러워. 그 아이들은 너 같은 친구를 두어서 정말 행운인 거야. 나는 너를 아들로 두어서 행운인 거고." 샤론이 말했다

다음 날 오후, 샤론은 뒤뜰에서 놀고 있는 이웃집 아이들을 볼 수 있었다. 안도의 한숨이 나왔고 문제를 잘 해결해 주신 하나님께 감사했다.

아이들은 친구 관계에서 정직한 사과가 필요하다는 것을 배워야 한다. 사과를 하면 친구 관계가 회복될 수 있다. 이는 인간관계를 맺는 데 가장 중요한 교훈이 될 것이다.

다섯 번째 열쇠 : 5가지 사과의 언어

아이들에게 사과하는 것을 가르치는 마지막 방법은 아래의 5가지 사과의 언어를 어떻게 말하는지를 가르치는 것이다.

- 유감 표명 : "미안해."
- 책임 인정 : "내가 잘못했어."

- 보상 : "어떻게 하면 좋을까?"
- 진실한 뉘우침 : "다시는 안 그럴게."
- 용서 요청 : "날 용서해 줄래?"

아이들이 말을 배울 때처럼 사과하는 방법도 나이가 들면서 성숙되어야 한다. 아이들은 '책', '신발' 과 같이 특정한 사물을 소리 내어 부르면서 말을 배우기 시작한다. 그다음은 '예', '아니요' 와 같은 생각과 연관된 언어를 배운다. 나중에는 '가자.', '드레스 입자.' 와 같은 문장을 이해하는 것을 배운다. 그리고 그다음은 '전 콩이 싫어요.', '놀고 싶어요.' 와 같은 문장을 말하는 것을 배운다. 한참 후에는 문법과 복잡한 문장 구조에 대해서 배운다. 아이들은 시간이 지날수록 어휘력과 언어에 대한 이해력이 점차 높아진다. 사과의 언어를 가르치는 것도 이와 같다.

두 살 난 아이는 언니의 머리를 잡아당겼을 때, "미안해."라고 말하는 것을 배울 수 있다. 일부러 마시던 컵을 식탁에서 바닥으로 밀쳐 냈을 때는 "제가 잘못했어요. 말을 듣지 않았어요."라고 말할 수 있다. 그렇게 아이들은 잘못한 것을 표현하고 책임을 인정하는 간단한 단계를 배운다.

세 살 난 딸아이가 동생을 넘어뜨려서 동생이 울고 있으면, 아빠는 넘어진 아들을 안심시킨 후 딸아이에게 "내가 잘못했어, 미안해."라고 말하도록 가르칠 수 있다. 그리고 딸아이에게 이렇게 권고할 수 있다. "가서 동생을 위해 일회용 반창고를 가져오렴." 반창고를 가지러 뛰어가며 딸아이는 잘못에 대해 보상하는 법을 배운다. 또 아주 어린 나이지만 이렇게 말할 수 있다. "다음에는 그러지 않을게. 용서해 줄래?" 아이들은 이런 과정을 통해 진정으로 뉘우치고 용서를 구하는 것을 배우게 된다.

유아기(2-6세) 때 아이들은 5가지 사과의 언어 모두를 구사하는 법을 배울 수 있다. 이 시기에는 주로 다른 사람의 요구로 사과를 하게 된다. 부모는 아이에게 "죄송해요.", "잘못했어요." 혹은 "제가 말을 안 들었어요."라고 말하게 하면서 사과하도록 지시한다. 우리가 아이들에게 "감사합니다.", "괜찮습니다.", "부탁합니다."라는 말을 가르치는 것과 같다고 볼 수 있다. 이 말들을 가르치려면 아이로 하여금 반복해서 말하게 하고, 잘하면 칭찬해 주어야 한다. 제대로 말하지 않았을 때는 때때로 특권을 주지 않는 방법을 쓰면 좋다. 아이는 이렇게 주변에서의 자극으로 원칙들을 배우게 된다.

초등학교 1학년에서 고등학교 3학년까지의 아이들은 가슴에서 우러나와 사과하는 것을 배운다. 아이들은 부모에게 이렇게 문자를 보낼 수 있다. "제가 잘못했어요. 용서해 주세요." 이렇게 사과의 메시지를 보낼 줄 아는 것은 좋은 시작이라고 할 수 있지만, 사과와 용서를 완전히 경험하는 것은 아니다. 사과는 사람들 앞에서 직접 하는 것이 가장 바람직하기 때문이다.

아이가 아무 말도 하지 않았는데 자기 스스로 "고맙습니다.", "괜찮습니다."라고 말하면 부모는 아이가 매우 자랑스러울 것이다. 또한, 아이가 스스로 사과의 언어를 말하는 것을 듣게 되면 그동안 가르쳤던 것이 효과적이었다는 사실에 큰 기쁨을 느낄 것이다.

나(게리)는 어느 날 밤 십대였던 아들이 내게 했던 말을 아직도 잊지 못한다. "아빠, 죄송해요. 제가 잘못했어요. 아빠한테 소리 지르면 안 되는 것이었어요. 용서해 주셨으면 좋겠어요." 물론 나는 내 아들을 용서했다. 그동안 아들에게 사과하는 것을 가르치려고 많은 노력을 했었는데, 마치 그에 대한 보상을 받은 기분이었다. 나는 아내와 함께 그 기쁜 소식을 나누었다. 나는 내 아들이 아빠에게 그렇게 말할 수 있다면, 언젠가 그의 아내에게도, 그의 아이들에게도 그렇게 말할 수 있을 거라고 믿었다.

나는 그 일을 통해 큰 아이들에게 사과를 가르치는 가장 좋은 방법은 부모가 직접 모범을 보여 주는 것이라고 생각하게 되었다. 부모가 자신이 했던 심한 말과 공정하지 못한 대처에 대해 아이들에게 사과한다면, 그것은 가장 효과적인 가르침이 될 것이다. 어린아이들은 부모가 하는 말을 따라 하고, 큰 아이들은 부모가 하는 행동을 따라 한다.

그런데 이런 생각은 결코 옳지 않다. '내가 아이들에게 사과한다면 그들이 나를 더 이상 존경하지 않을 거야.' 실상은 아이에게 진심으로 사과하는 부모가 아이에게 더 존경받는다. 아이는 부모가 한 잘못에 대해 알며, 그로 인해 부모와 자녀 사이에는 장벽이 생기게 된다. 부모가 사과하면 자녀는 대개 부모를 용서한다. 가장 아름다운 순간 중 하나는 바로 부모가 아이들에게 사과할 때가 아닐까 싶다.

아이들에게 사과의 말을 하도록 가르치는 또 다른 방법은 당신이 사과를 했거나 사과를 받았던 경험을 아이들과 나누는 것이다. 나(알린)는 최근에 나의 친구에게서 어떤 일을 부탁받은 적이 있다. 내가 얼마 전에 어떤 새로운 미용실을 알게 되었는데, 친구도 그 미용실에 가게 되어 내게 이런 부탁을 한 것이다.

"내가 그 미용실에 너를 추천했다고 해도 될까? 그러면 무료로 머리를 한 번 자를 수 있거든."

"그럼, 그래도 되지. 그런데 네가 추천을 한 건 아니라는 게 마음에 걸리긴 해. 사실이 아닌데 내가 그렇게 말해야 한다는 건 좀 마음이 편치 않거든."

"응, 그러니까 내가 얘기할게." 그녀가 말했다.

그 순간, 나는 내 친구에 대한 신뢰를 잃었다. 왜냐하면, 친구가 나에게 정직하지 않은 일을 해달라고 부탁했기 때문이다. 그런데 그다음 날, 친구가 내게 전화를 했다.

"사실은 어제 일로 기분이 좋지 않았어. 미용실에서 너를 추천했다는 말은 하지 않았어. 너한테 그런 거짓말을 부탁한 건 내 잘못이야. 단지 무료로 머리를 자르고 싶어서 그랬어. 정말 미안해. 용서해 주겠니?"

물론 나는 내 친구를 용서했다. 그리고 무슨 일이 일어났는지 아는가? 그녀에 대한 신뢰가 더 깊어졌고 존경심도 회복되었다. 나는 그 이야기를 저녁 식사 때 가족들과 나누었다. 그리고 얼마나 많은 사람이 자신의 실수를 고백하며 사과할 정도로 겸손하지 않은지에 대해서도 얘기했다. 우리 가족은 사과할 수 있는 능력을 가진 그 친구를 칭찬했다. 그 일로 나는 그녀와 더 가까운 사이가 되었고, 친구 관계에서 신뢰를 회복하는 데 사과가 어떻게 작용하는지 분명히 깨달을 수 있었다.

어른들이 서로에게 사과하고, 그들의 자녀에게도 사과하는 모습을 보여 주면, 아이들은 사과를 배우게 된다. 문자나 인스턴트 메시지 혹은 페이스북에 글을 올리는 것이 아니라, 직접 사과하는 모습을 보면서 말이다. 만약 아이들이 직접 "미안해."라고 말하는 것을 연습한다면, 우리의 미래는 건강한 관계들을 만들어 가는 세상으로 바뀔 것이다.

자녀에게 사과할 때 해서는 안 되는 말들

자녀에게 사과에 대해서 가르칠 때 가장 실제적이고 효과적인 방법을 사용하고 싶은가? 그렇다면 다음의 말들은 절대 하지 말라.

아직도 이걸 해결하지 못했니?
나는 _____이기 때문에 괜찮아.
너는 왜 항상……?
네가 이렇게 하지 않았다면…….
말도 안 되는 일이야.
그게 인생이야.
뭐가 그렇게 큰 문제니?
넌 지금 아기같이 굴고 있어.
그냥 좀 잊어버리면 안 되겠니?
넌 너무 예민해. 나는 그냥 농담하는 거였어.
네 동생(언니, 오빠)은 내가 그렇게 해도 화내지 않았을 거야.
왜 너는 그것을 지난 일로 놔두지 않니?
넌 좀 더 강해져야 할 필요가 있어.

자녀에게 사과할 때 해야 할 말들

몸 동작은 사과의 진정성을 더할 수도, 아니면 덜하게 할 수도 있다. 자녀에게 사과할 때는 눈을 계속 맞추라. 팔짱은 절대 끼지 말라. 방어적으로 보일 수 있기 때문이다. 자녀와 이야기할 때는 자녀의 말에 귀 기울이고 좋은 목소리로 말하라. 그리고 다른 사람을 비난하는 말을 하거나, 당신은 잘못이 없다며 책임을 회피하는 말은 하지 말라.

내가 그랬어. 변명의 여지가 없구나.
그 실수에 대한 책임은 나한테 있단다.
내가 부주의했구나.
내가 불손했어.
내가 한 행동은 용납할 수 없는 것이다.
내가 한 실수는 바로잡도록 할게.
네가 그런 대접을 받으면 안 되는 거였어.
네가 속상할 만하구나.

내가 무슨 잘못을 했는지 안단다.
내 실수는 내가 바꿔야 하는 모습 중에 하나야.
_____를 함으로써 다시 신뢰를 회복하도록 할게.
_____를 함으로써 너에게 보상할게.
내가 너를 힘들게 했다.
내가 미안하다는 말을 너무 늦게 한 게 아니길 바란다.
용서해 주겠니?

"지금 하고 있는 일에 모든 생각을 집중하라.
햇빛은 초점을 맞출 때만 불이 될 수 있다."

- 알렉산더 그레이엄 벨

07.

사회성 기술 #5 주의 집중

여러분에게 고백할 것이 있다. 컴퓨터로 글을 쓰는 동안 나(알린)는 종종 딴 생각을 하곤 한다. '음, 혹시 누가 페이스북에 메시지를 올리지는 않았을까?', '진짜 빨리 이메일만 확인하자.', '지금 휴대 전화에서 난 소리는 뭐지?' 더 이상 유혹을 이겨 내지 못하면, 나는 내가 클릭해야 할 끝없는 연결들을 따라가려고 원고를 뒤로하곤 했다. 많이 들어 본 소리가 아닌가? 디지털 시대를 살면서 한 가지 일에 집중하는 것은 아이들뿐 아니라 어른들에게도 쉬운 일이 아니다. 자라는 아이들은 주의를 집중하고, 초점을 맞추고, 깊은 생각을 하기 위해 조용하고 잠잠해질 필요가 있다. 하지만 스크린 세계에서는 그런 것들을 고취시킬 수 없다.

'정보 과부하'라는 말을 많이 들어 봤을 것이다. 아이의 마음을 컵이라고 상상해 보라. 아이가 스크린을 보는 데 너무 많은 시간을 보내는 것은 마치 물이 나오는 호스를 계속해서 컵에다 대고 있는 것과 같다고 할 수 있다. 아이의 마음은 지금 자극과 정보를 담거나 처리할 수 없다. 그러다 보니 아이는 모든 정보를 감당하기 위해 이곳저곳으로 이동하는 습관을 갖게 되고, 집중을 방해하는 것들을 관리해야 하는 상황에 놓이게 되었다.

한 대학교 신입생이 초등학교 때부터 인터넷 중독으로 힘들어하고 있다고 이메일을 보내 왔다. "저는 학교에서 수업을 들을 때나 다른 일을 할 때, 무엇을 하든 깊이 집중하거나 계획된 방법으로 할 수가 없습니다. 제가 할 수 있는 생각이라고는 인터넷에 다시 접속해서 게임을 하거나, 뉴스를 보거나, 아니면 SNS를 하는 것입니다. 저는 아무것에도 집중할 수 없는 것 같아요."

껐다 켰다

"카리사, 이제 숙제해야지." 엄마가 두 번째로 말하는 것이다. 8살인 카리사는 엄마의 스마트폰으로 좋아하는 게임을 하고 있다.

"카리사, 이제 그만하렴. 내 말이 들리기는 하니?" 엄마는 웃으며 말한다.

"이것만 하고요. 이제 다음 단계로 넘어갈 수 있어요." 카리사는 엄마를 쳐다보지도 않은 채 대답한다.

15분 후, 엄마는 카리사의 손에서 스마트폰을 빼낸다. 카리사는 그제서야 자리에 앉아 숙제를 확인하고 책을 읽기 시작한다. 그녀는 꼼지락거리다가 연필꽂이 속의 연필들을 정리한다. "엄마, 목말라요. 뭐 좀 마실 수 있을까요?" 그녀가 묻는다.

마실 것을 가지고 부엌에서 돌아온 후, 카리사는 밖에 있는 고양이를 본다. 고양이가 배고파 보인다. "엄마, 제가 로미오에게 밥을 줄게요." 그녀는 로미오의 밥그릇에 먹이를 가득 채우고는 다시 자리로 돌아와 책을 읽는다. 전화벨이 울린다. "그냥 놔두렴." 엄마가 부엌에서 소리친다. 하지만 카리사는 재빨리 일어나서 전화를 받는다. 전화 판매원이었다. "아니에요, 괜찮습니다." 카리사는 이렇게 대답하고 전화를 끊는다.

카리사의 아빠가 거실로 나온다. "저녁 먹을 시간이다."

엄마가 묻는다. "숙제는 마쳤니?"

"아뇨, 할 일들이 있었어요." 카리사가 중얼거린다.

카리사는 게임을 할 때는 가만히 잘 앉아 있지만, 전자기기가 없으면 가만히 오래 앉아 있을 수가 없었다. 아이들이 스크린에 최면이 걸린 듯 오랜 시간 앉아 있는 모습을 보고 놀란 적이 있는가? 숙제를 할 때는 몇 분 이상을 집중하지 못하면서 말이다.

인터넷의 발달로 스크린을 대하는 시간들이 많아지면서, 우리는 일상생활에서 집중하는 방법들을 바꿔 가고 있다. 인터넷은 텔레비전이나 라디오, 신문보다 훨씬 더 우리의 주의를 끌며 상호작용을 하게 한다. 우리는 이메일을 확인하려고 마우스를 움직이고, 메일을 작성하여 보낸다. 또 이것저것을 살펴보기 위해 언제든지 광범위하게 연결되어 있는 메뉴를 클릭한다. 이는 상호적이고 소모적인 행동이다.

인터넷, 미디어 그리고 비디오 게임에서 나오는 소음은 아이들이 창의적으로 사고하고 깊이 생각하는 데 커다란 장애물이 된다. 일정한 양의 스크린 타임은 아이들의 주의를 집중하게 하지만, 가장 중요한 상황에서도 집중할 수 있도록 이끌지는 못할 것이다. 스크린 타임은 자녀를 흥미진진하고, 즉각적이고, 바로 보상을 받는 것들만 기대하도록 길들일 수 있다. 스크린 타임의 특징은 다음과 같다.

스크린 타임은 흥미진진하다. 스크린 세계에서는 흥미가 없어지면 바로 다른 것을 찾아볼 수 있기 때문에 지루할 틈이 없다. 메뉴를 누르면 더 많은 선택을 할 수 있고, 모든 게 아이들을 기쁘게 해주는 것 중심으로 돌아간다. 심지어 음악을 듣는 것조차도 아이들의 관심에 맞추어 제공된다. 좋아하는 곡만 골라 재생 목록을 만들어 들을 수 있고, 좋아하지 않는 노래가 있으면 목록에서 바로 지워 버리면 되는 것이다. 이처럼 언제든 자신의 선호도에 따라서 스크린 세계를 만들 수 있으므로 아이들은 현실 세계에 존재하는 지루하고 재미없는 일들에는 별로 주목하고 싶지 않게 된다.

스크린 타임은 즉각적이다. "에이브러햄 링컨이 누군가요?"라는 질문을 받는다면, 백과사전을 찾아보거나 선생님에게 물어볼 필요가 없다. 컴퓨터나 스마트폰으로 검색해 보면 바로 답을 찾을 수 있기 때문이다. 이렇게 정보를 쉽게 얻을 수 있는 데에는 엄청난 이점이 있다. 하지만 좋은 점만 있는 것은 아니다. 아이들은 스크린을 통해 쉽고 즉각적으로 답을 찾는 데 익숙해져, 만약 정보를 얻기 위해 노력을 들여야 한다면 그 일을 포기해 버릴 수도 있다. 이렇게 즉각적인 만족감에 익숙해지다 보면 즉각적으로 얻을 수 없는 일에도 아이들은 조바심을 내게 된다.

스크린 타임은 바로 보상해 준다. 스크린 세계에서는 화면을 클릭하면 바로 응답받을 수 있다. 캐릭터가 움직이거나, 공이 터지거나, 뭔가 새로운 것을 보여 주기 위해 페이지가 바뀐다. 아이들은 게임을 하면서 계속해서 보상을 받는다. 버튼을 누르기만 하면 다음 단계로 갈 수 있다는 것을 배우는 것이다. 컴퓨터 프로그래머들은 보상이 계속 주어지면 아이들이 계속 게임을 하고 인터넷에 접속할 것을 안다.

학교에서 가르치는 내용들은 항상 흥미롭거나, 바로 기쁘게 하거나, 보상을 주는 것이 아니기 때문에 스크린에 이끌려 사는 아이들은 불리한 입장에서 교실로 들어가는 기분이 들 것이다. 그들은 실패를 두려워하지 않거나 지루함을 참아 낼 의지가 없다. 중학교 1학년인 헤일리는 학교에서 바느질 수업 시간에 당황한 채로 앉아 있었다. 혼자서 옷감을 자르고 옷본을 사용하기가 어려웠던 것이다. "선생님, 이것 좀 잘라 주시겠어요?" 헤일리가 물었다.

"혹시 손을 다쳤니?" 선생님이 물었다

"아뇨. 제 생각에 저는 이것을 잘하지 못하는 것 같아요."

헤일리는 아이패드 사용에는 능숙했지만, 가위질을 하고 재료들을 다루어 본 적은 없었다. 그녀는 자신이 옷감을 제대로 자를 수 있을지 확신이 들지 않았고, 실수에 대한 위험을 감수할 의지가 없었다. 그래서 해보지도 않고 포기했던 것이다. 스크린에서는 실수를 하면 그에 대한 대가를 치를 필요 없이 그저 다시 시작하면 된다. 간단히 무효 버튼을 누르기만 하면 화면이 처음으로 돌아가고 다시 시작할 수 있는 것이다. 하지만 현실 세계는 그렇지 않다. 재료를 잘못 자르면 다시 돌아가서 처음처럼 만들 수 없다.

스크린에 이끌려 사는 아이는 불확실한 과제를 대하면 종종 다른 생각을 하거나 집중하던 일을 멈춘다. 아이는 자기가 흥미를 느끼지 못하는 것에 관해 들으면 마음이 떠난다. 스크린 세계에서 아이들은 그들이 원하는 것을 언제 어떻게 얻을 수 있는지 훈련받고 있다. 스크린 세계는 아이들의 주의를 빨리 집중하게는 하지만, 실제 세상과는 거리가 멀 뿐이다.

책 읽는 것을 칭찬하기

많은 부모와 교사가 다음 세대들의 주의 집중 시간이 줄어들고 있다는 데 대해 안타까워하고 있다. 어떻게 2000년 이래로 보통 사람의 주의 집중 시간이 40%나 떨어졌을까?[1] 그 이유 중 하나는 바로 전자기기의 사용 때문이다.

아이들에게 스마트폰이나 태블릿 PC, 그 밖에 다른 전자기기들을 사용하도록 허락할수록 집중 시간이 짧아진다는 경고를 숙고하라. 계속해서 디지털의 자극을 받으면 아이들은 집중하는 데 어려움을 겪게 된다. 스스로 통제하거나 건강한 선택을 하기 힘들어하는 아이들에게는 더 큰 문제가 된다. 모든 것이 매 3분마다 바뀌는 디지털 세계에서, 아이들은 학교에서 주의를 집중하기가 어렵다. 선생님이 뭔가 멋진 것을 가지고 있지 않으면, 유행에 민감한 아이들은 쉽게 집중력을 잃는 경향이 있다.

디지털 시대의 아이들이 어디를 향해 가고 있는지 알고 싶다면, 25-34세 청년들에 대한 다음의 통계를 주목하라. 2008년도에 청년들은 일주일에 겨우 총 49분간 인쇄물을 읽었는데, 이것은 2004년에 비해 29%나 떨어진 양이다.[2] 만약 현재의 젊은이들이 일주일에 50분보다 적은 시간을 글을 읽는 데 사용한다면, 앞으로 20년 후의 통계는 어떻게 될 것 같은가? 오늘날 스크린을 보면서 자라는 아이들은 책을 읽을 수 있는 집중력이 매우 낮다. 책을 접하는 것은 학교에서 성공적인 생활을 해나가는 데 중요한 변수가 된다.[3]

퓨연구센터(Pew Research Center)의 조사에 따르면, 열 명 중 여덟 명의 부모가 아이들이 책을 읽는 것이 매우 중요하다고 말한다고 한다.[4] 책 읽기는 모든 아이에게 기초적이고, 다감각적이고, 응용적인 경험이 된다. 아이는 책의 내용을 이해해 나가는 동안 손으로는 책장을 만지며 넘기게 된다. 때때로 아이는 글자에 집중하기 위해 애써야 한다. 책을 읽는 동안에는 5초마다 바뀌는 것들이 없다. 아이는 이야기의 흐름을 따라가면서 생각하는 과정에 접어든다. 책을 읽는 동안 아이는 한 주제에 머무르고 무언가를 깊이 빨아들이는 것을 배운다. 이처럼 인쇄물을 읽는 것은 집중력을 위한 근육을 강화한다.

니콜라스 카는 그의 저서 『생각하지 않는 사람들 : 인터넷이 우리의 뇌 구조를 바꾸고 있다』에서 이렇게 말한다. "인터넷을 할 때 우리는 피상적인 읽기, 급하고 산만한 생각, 그리고 깊이 없는 배움을 촉진하는 환경으로 들어가는 것이다. 우리가 책을 읽는 동안 가벼운 생각을 하는 것이 가능한 것처럼 인터넷을 탐색하면서도 깊이 생각하는 것이 가능하다. 하지만 책을 읽으면서 하는 생각은 과학 기술이 부추기고 보상하는 식의 생각이 아니다."[5]

온라인에는 우리의 주의를 끌려고 하는 뉴스 기사 제목들이 가득하다. 하지만 책은 한곳에 집중하게 하고, 읽는 동안 자라는 아이에게 위대한 가치를 제공한다. 책 읽기는 마음을 진정시키고 휴식을 취할 수 있는 활동이다. 책 읽기에 안주할 때 아이는 많은 것을 얻게 된다. 그러나 태블릿 PC나 스마트폰을 할 때는 자주 따지려 하고("왜 더 놀면 안 돼요?"), 까다로워지고, 기분이 좋지 않을 때가 많아진다.

부모로서 당신은 아이가 책을 잘 읽고 있는지 진척 사항을 지도할 수 있다. 대부분의 아이들에게 책 읽기는 저절로 되는 일이 아니다. 계속 유지할 수 있는 쉬운 습관이 될 때까지는 매일 규칙적인 계획을 세워야 한다.

다음은 책 읽는 습관이 서로 다른 세 명의 학생들을 비교한 표다.[6]

학생 A	학생 B	학생 C
하루 20분	하루 5분	하루 1분
총 학기 당 3,600분	총 학기 당 900분	총 학기 당 180분
1년에 1,800,000 단어	1년에 282,000 단어	1년에 8,000 단어
표준화 검사 90점 이내	표준화 검사 50점 이내	표준화 검사 10점 이내

만약 아이가 유치원에 다닐 때 매일 밤 20분씩 책을 읽기 시작한다면, 초등학교 6학년이 될 무렵에는 총 학기 중에 60일(학생 A), 5분씩 책을 읽기 시작한다면 12일(학생 B), 1분씩 책을 읽기 시작한다면 3.6일(학생 C) 정도의 시간 동안 책을 읽게 된다.

당신의 자녀는 어떤 학생처럼 되길 원하는가? 책 읽기는 학업적 이득만 가져다주는 것이 아니라, 더 긴 시간 집중할 수 있는 능력을 갖게 할 것이다.

자녀가 책 읽기를 좋아할 수 있도록 돕는 5가지 방법

큰 소리로 책 읽어 주기. 아이가 어리다면 당신의 무릎 위에 앉혀 놓고 매일 책을 읽어 준다. 그러면 아이는 당신에게 친밀감을 느낄 뿐 아니라 언어 능력도 키울 수 있다. 책을 읽어 주는 것은 아이에게 행복한 추억이 되며, 아이가 자랐을 때 책을 가까이 하게 해준다.

정기적으로 도서관 방문하기. 아이와 함께 지역 도서관을 방문하여 도서관의 광대한 자원들을 이용해 보라. 도서관에 갔는데 찾고 있는 책이 없다면 책을 신청할 수 있다. 그러면 아이는 다음번에 그 책을 찾으러 갈 때 도서관에 가는 것에 대해 기대감을 가질 것이다. 도서관에 가면 당신이 읽을 책도 빌려 오라.

스크린 타임을 위한 책 읽기. 어떤 부모들은 책 읽기를 스크린 타임을 가질 수 있는 전제 조건으로 만들어 아이가 책을 읽게 하는 데 성공했다. 만약 아이가 30분 동안 책을 읽었다면, 상으로 30분간 스크린 타임을 할 수 있게 해준다.

아이가 흥미를 가질 만한 책 찾기. 아이가 어떤 종류의 이야기를 좋아하는가? 아이가 흥미를 가지고 끝까지 읽을 수 있는 책을 찾으라. 자녀와 비슷한 또래의 아이를 둔 친구들에게 읽을 만한 책을 추천해 달라고 하는 것도 좋은 방법이다.

아이가 당신이 책 읽는 것을 볼 수 있게 하라. 당신이 책을 가지고 소파에 앉는 것을 보면 아이도 그렇게 하고 싶어진다. 당신이 어떤 책을 읽고 있는지 아이에게 말해 주고, 책에서 도움을 받았던 내용과 당신의 관심을 끌었던 부분을 이야기해 보라.

스크린 타임과 집중력 장애

일곱 살 키스는 거의 매일 학교의 행동 사항란에 주의가 필요하다는 뜻의 빨간색 표시가 채워져 집으로 돌아온다. 그의 엄마는 많은 보상도 제시해 봤고, 선생님 말씀을 잘 듣고 가르침에 잘 따르라고 애원도 해봤다. 하지만 키스는 행동 사항란에 양호하다는 뜻의 초록색 표시가 채워지길 기대하기보다 까부는 데 유명한 아이가 되기로 작정한 것같이 보였다. 키스는 학교에서 계속해서 상황에 맞지 않는 말을 하고, 과제도 제대로 마치지 않았다. 질문에 대답하기 위해 손을 드는 일도 없었다. 집에서도 더 나을 것은 없었다. 식사 시간에는 늘 산만했고, 누나에게 거세게 대하기까지 했다.

키스의 엄마는 혹시 그가 주의력 결핍 과잉행동장애(Attention Deficit Hyperactivity Disorder, 이하 ADHD)가 아닌가 싶었지만, 비디오 게임을 할 때는 몇 시간씩 앉아 있는 것을 알게 되었다. 디지털 세계에서는 집중력에 전혀 문제가 있어 보이지 않았다. 하지만 스크린에는 집중을 잘하면서 다른 데에는 집중을 잘하지 못하는 것이 사실 ADHD의 특징이다. 많은 전문가가 ADHD를 가진 아이들이 또래 아이들보다 비디오 게임을 더 많이 하고, 텔레비전을 더 많이 본다고 생각한다.

그렇다면 ADHD가 있어서 스크린에 더 집중하는 것인지, 아니면 스크린에 대한 집중도가 ADHD를 만들 수 있는 것인지 살펴봐야 한다. 이것은 좀 복잡한 문제이지만 2010년도 『소아』(Pediatrics) 잡지와 같은 연구 자료를 보면, 텔레비전을 많이 보고 비디오 게임을 많이 하면 초중고 학생들과 대학생들에게 집중력 문제가 발생하다는 것을 알 수 있다. 연구자들은 하루에 2시간 이상 스크린 타임을 갖는 아이들이 집중력에 문제가 생길 비율이 평균보다 1.5-2배가량 더 높다는 것을 알아냈다. 이는 대학생들도 비슷한데, 스크린에 노출되는 것이 성인 시기까지도 이어짐을 시사한다고 볼 수 있다.[7]

비디오 게임에 대한 집중도가 일반적인 삶에서 성공하는 데 필요한 집중도라고 말하기는 어렵다. 키스와 같은 아이들은 잦은 변화, 계속 주어지는 보상, 새로운 단계, 점수 따기 등 두뇌에 도파민을 상승하게 하는 것들로 가득 찬 게임에는 집중을 잘한다. 아이의 두뇌가 그런 식의 빠른 속도에 익숙해져 성장한다면, 아이는 현실 세계가 전혀 감동스럽지 않고 지루하게만 느껴질 것이다.

학교생활이 힘든 아이들은 성공할 수 있는 곳을 찾고 싶어한다. 그래서 스크린 속의 가상 세계를 찾는 것이다. 집중력에 문제를 겪고 있는 아이들은 동료애를 찾기 위해 다른 아이들보다 더 많이 스크린을 접한다. 아이가 ADHD 진단을 받았다면 스크린 타임을 줄이는 데 도움이 되는 몇 가지 방법을 추천한다.

- 하루에 할 수 있는 스크린 타임 시간 정하기(2시간 이하로 정한다).
- 잠자리에서는 스크린 보지 않기.
- 폭력성이 있는 비디오 게임 피하기.
- 학교 숙제를 하는 동안 텔레비전, 라디오, 컴퓨터 게임 끄기.

비디오 게임은 보상으로서나 교육적인 도구로 도움을 줄 수 있다. 하지만 아이들이 비디오 게임을 하거나 스크린을 보는 데 매일 2시간 이상을 보낸다면, 삶의 다른 영역에서 주의를 집중하는 능력을 키우는 데는 크게 낭패를 볼 것이다.

다중 작업(멀티태스킹)의 잘못

열한 살 수지는 테이블에 가방을 털썩 내려놓고는 좋아하는 텔레비전 쇼를 보기 위해 텔레비전을 켠다. 파일을 꺼내면서 숙제하기 위해 필요한 것들을 준비한다. 단어의 뜻을 찾기 위해 엄마의 태블릿 PC를 켜면서 텔레비전을 슬쩍 보며 웃는다. 인터넷을 검색하면서도 계속 텔레비전을 본다. 사전이 있는 스크린을 보면서는 그 페이지에 연결된 새로 나오는 영화의 광고를 본다. 숙제 폴더의 단어 뜻을 대충 쓰면서 영화의 광고를 더 보기 위해 클릭한다.

다른 방에서는 재택근무를 하는 수지의 아빠가 컴퓨터 화면에 여러 종류의 페이지를 열어 놓고 일하고 있다. 서류 기안을 작성하면서 이메일을 확인하고 급한 요구 사항들에 답한다. 전화기가 울리자 전화를 받으면서 최근의 뉴스 기사 제목들을 훑는다. 통화를 끝낸 다음에는 서류 기안을 다시 작성하기 전에 상원에서 오늘은 무슨 일을 일으켰는지 보려고 뉴스 동영상을 클릭한다.

다중 작업의 세계로 온 것을 환영한다. 다중 작업은 성공의 표징이었다. 이력서에 동시에 여러 가지를 할 수 있다고 하면서 자신의 능력을 뽐낼 수 있는 단어였다. 하지만 요즘 들어 다중 작업의 위험에 대해 우려의 목소리가 높아지고 있다.

다중 작업은 업무의 질을 떨어뜨린다. 한 연구에서 실험실에 학생들을 자리에 앉게 하고 평균 인지 기술 테스트를 실시했다. 한 그룹은 시험을 치르는 동안 방해하지 않았다. 다른 그룹은 시험을 치르는 동안 불시에 문자로 다른 지시 사항을 전달하겠다고 미리 말해 줬다. 시험 중에 두 번의 방해가 있었다. 방해를 받은 그룹은 방해를 받지 않은 그룹에 비해 20% 낮은 점수를 받았다.[8] 또 다른 연구에서는 이메일과 전화 통화로 업무에 방해를 받은 사무원들이 마리화나를 피우는 사람들보다 두 배 이상 IQ가 떨어지는 일을 겪었다고 한다.[9]

만약 자녀가 숙제를 하거나 집중이 필요한 활동을 하면서 여러 가지 일을 동시에 한다면, 하는 일의 질이 떨어질 것이다. 수지는 텔레비전을 보면서 숙제를 할 때면 평소에는 하지 않았던 실수들을 하는 경향이 있다.

다중 작업은 학습 방법을 바꾼다. 연구에 따르면, 다중 작업을 하는 동안은 학습과 새로운 정보를 저장하기 위해 두뇌의 각기 다른 영역을 사용한다고 한다. 방해를 받는 사람들의 두뇌를 살펴보면 새로운 기술을 배우는 데 사용되는 영역인 대뇌의 선조체에 움직임이 보인다. 방해를 받지 않는 사람들의 두뇌에서는 정보를 저장하고 다시 불러내는 데 사용되는 영역인 대뇌 측두엽의 해마에 움직임이 나타난다.[10]

자녀가 깊이 생각할 수 있길 원한다면, 아이가 과제에 집중하는 동안 이어폰이나 텔레비전 혹은 컴퓨터와 같은 방해물들을 없애라. 미디어를 사용하는 사람 중에 몇 가지 미디어를 동시에 사용하는 사람이 1999년에는 16%였던 것이 2005년에는 26%로 증가했다.[11] TV, 문자, 컴퓨터, 비디오 게임, 그리고 이메일을 하기 위해 동시에 전자기기를 사용하는 일이 점점 더 늘어나고 있는 것이다. 이와 같은 현상은 아이들의 학습 방법을 바꾸고 있다.

다중 작업은 일을 대충 하는 사람을 만들어 낸다. 다중 작업은 들어오는 모든 정보에 주의를 기울이도록 아이를 훈련하기 때문에 아이는 대충 훑는 것에 익숙해진다. 그렇게 하지 않으면 당황하게 될 것이다. 아이의 두뇌가 통제탑이라고 생각해 보라. 디지털 자극, 기사 제목들, 이메일, 그리고 문자들이 쏟아져 나오고 있고 그의 두뇌는 그 정보들이 지나가도록 지시해야 한다.

'다음, 다음, 다음······.' 다중 작업은 이미 알고 있는 오래되고 가치 있는 정보를 다루기보다는 새로운 정보를 찾도록 한다. 그러면 아이들은 주요 개념에 대해 깊이 있게 이해하는 대신 많은 것을 가볍게 이해하는 데 익숙해진다. 지속해서 다중 작업을 하는 아이들은 관련이 없는 것에서 관련이 있는 것들을 찾아 나가는 데 어려움을 겪는다. 특히 민감한 아이들은 지금 가까이에 당장 해야 할 영어 숙제가 있어도 다른 것에 정신을 쏟는다. '저기 새로운 게임을 봐. 저 장난감에 대해서 뭐라고 광고하고 있지? 이제 거의 내가 좋아하는 쇼가 할 시간이지?' 이렇게 처리해야 할 것들이 많다 보니 깊게 생각할 여유가 거의 없다. 중증 다중 작업자들은 주의를 집중하거나 관련이 없는 정보들을 차단하는 데 더 큰 어려움을 겪는다.

다중 작업은 시간을 낭비한다. 사무실에서 일하는 사람이 한 시간에 평균 몇 번이나 이메일을 확인하는지 아는가? 보통은 30번이다.[12] 일반적으로 성인들은 여러 가지 일을 함께 처리하는데, 이것은 시간을 절약하는 것이 아니라 시간을 낭비하는 전형적인 경우다. 연구자들은 일을 하다가 방해를 받으면 원래 하던 일에 다시 집중하는 데 평균 25분이 걸린다고 말한다.[13]

열한 살인 저스틴은 책상 위에 숙제를 펴 놓은 상태로 한 시간 넘게 앉아 있다. 같은 수학 문제를 반복해서 읽고 있다. 문제를 풀 수가 없자 저스틴은 잠깐 휴식을 취하려고 비디오 게임기를 집어 들고 게임을 했다. 게임을 하고 나서는 문제를 다시 읽다가 친구에게 문자로 물어보기로 했다. 저스틴의 친구도 문제를 이해하지 못하기는 마찬가지였다. 그래서 둘은 다른 일에 대해 문자를 주고받기 시작했다. 저스틴은 수학 문제를 구글에서 찾아보려다가 제일 좋아하는 웹사이트를 먼저 확인했다. 오래 지나지 않아 곧 저녁 식사 시간이 되었다. 저스틴은 숙제를 마치지 못했고, 다른 것들을 하다가 많은 시간을 허비했다.

자녀가 숙제를 마치도록 돕는 8가지 방법

1. **게임이나 스티커 도표를 보상으로 활용한다.** 매일 숙제가 끝나면 스티커를 붙일 수 있는 스티커 표를 만들라. 과제를 다 완성한 주나 달에는 스티커를 준다. 끝낸 숙제에 상을 주기 위한 게임도 만들라. 예를 들면, 아이가 그 주의 숙제 전부를 끝내면 점수를 얻게 된다. 50점이 되면 상으로 가게에서 작은 선물을 고를 수 있다.

2. **숙제 물품 상자를 만든다.** 숙제를 하기 위해 아이에게 필요한 것이 무엇인가? 연필, 지우개, 펜, 자, 스테이플러, 풀, 테이프, 가위 등의 물품들을 쉽게 찾을 수 있도록 한곳에 모아 둔다. 상자에서 꺼낸 것이 있으면 꼭 제자리에 돌려놓는다.

3. **숙제하기 제일 좋은 시간을 안다.** 어떤 아이들은 학교에서 돌아오자마자 숙제하는 것을 좋아한다. 숙제를 마친 후의 노는 기쁨을 누릴 수 있어서이다. 이와 달리 어떤 아이들은 학교에서 오랫동안 앉아 있었기 때문에 한 시간 정도 뛰어놀아야 한다. 아이한테 어떤 시간이 가장 좋은지에 맞추어 숙제 시간을 조정한다.

4. **큰 프로젝트를 위해 계획표를 만든다.** 아이가 긴 시간이 걸리는 큰 프로젝트를 가져오면 프로젝트를 해나갈 시간을 정할 수 있도록 계획표를 만든다. 일을 조금씩 해나가는 것이 어떠한 가치를 지니는지 실례를 들어 주고, 일을 미루었던 적에 대해서도 말해 준다.

5. **타이머를 가지고 한다.** 아이가 30분 안에 숙제를 마칠 수 있다면, 타이머를 맞춰 놓고 알람이 울리기 전에 숙제를 마치도록 격려한다. 조금 더 많은 시간이 필요하더라도 30분에 맞추어 놓는다. 알람이 울리면 5분 쉬는 시간을 갖고 숙제를 다시 시작한다.

6. **건강한 간식을 제공한다.** 학교를 마치고 나면 아이들은 종종 배가 고프다. 인스턴트 식품을 피하고, 물 한잔과 함께 과일이나 야채 같은 건강한 간식을 준다.

7. **집중하는 데 도움을 주는 환경을 만든다.** 조명은 충분한가? 공부하는 공간은 깔끔한가? 텔레비전과 다른 전자기기는 다 꺼져 있는가? 숙제를 하는 데 컴퓨터를 사용해야 한다면 숙제를 잘 마칠 때까지 지켜본다.

8. **매주 같은 스케줄을 따른다.** 아이들은 예견할 수 있는 스케줄이 있으면 더 잘 따른다. 스포츠 연습이 화요일과 목요일에 있어서 숙제 시간을 조정해야 할 수도 있다. 아이가 이해할 수 있는 지속적인 일과라면, 아이는 그 상황에 맞춰 나갈 수 있다.

집중력 촉진제

자녀가 학교에서 집중을 잘하길 바라는가? 교육적인 소프트웨어를 보든, 책을 더 많이 읽든, 개인 선생님을 구하든 이 중에는 어떤 해결책도 없다. 미국소아과학회에 따르면, 아이들의 인지 발달을 위해서는 노는 것이 필수라고 한다.[14] 여기에서 노는 시간은 비디오 게임을 하는 시간이 아니라 원반 던지기 놀이나 농구, 사방치기를 하며 노는 시간을 말한다.

야외에 있는 것은 특히나 모든 사람의 마음에 다시 활기를 찾게 한다. 심리학자들의 잇따른 연구에 의하면, 시골의 자연 가까이에서 시간을 보내면 사람들이 더 큰 집중력과 더 강력한 기억력, 그리고 일반적으로 더 나아진 인지도를 보인다고 한다. 그들의 두뇌는 더 진정되고 선명해졌다.

사람들에게 집중력을 더 강하게 통제하도록 하기 위해 한 가지 테스트를 했는데, 업무 기억력과 업무 능력을 측정하기 위해 정신적으로 지치게 만들어 보았다. 테스트 후에 실험 대상의 반은 삼림 공원에서 한 시간 동안 걷게 했다. 다른 절반은 바쁜 도심의 거리를 한 시간 동안 걷게 했다. 두 그룹 모두가 돌아와서 다시 테스트에 임했는데, 삼림 공원을 걸었던 그룹은 눈에 띄게 나아진 성과를 보였다.[15]

인터넷을 통해서는 자연이 주는 진정이라는 체험을 할 수 없다. 온라인상에는 아이들이 볼 수 있는 실제 뭉게구름도, 평화롭게 흐르는 강을 건널 수 있는 징검다리도 없다. 동네의 공원을 찾거나 아름다운 경치가 있는 곳으로 여행해 보라. 아이들의 마음이 진정되고, 학교생활과 삶에서 주의를 집중하는 데 도움이 될 것이다.

자연과 더불어 눈 맞춤을 통해서도 집중하는 능력을 촉진할 수 있다. 눈 맞춤은 아이의 집중력을 위한 근육을 강화하는 데 중요한 역할을 한다. 다른 사람과 말할 때 서로에게 집중하고 있다는 것을 보여 줄 수 있는 방법은 서로를 바라보는 것이다. 모든 부모가 한두 번쯤 속상해서 이렇게 말한 적이 있을 것이다. "내가 말할 때는 내 눈을 쳐다봐야 해!"

전자기기는 뚫어져라 잘 쳐다보면서 다른 것은 그렇게 하지 못하는 아이가 많다. 다른 사람들과 눈 맞춤을 하도록 가르치는 것은 아이들이 가까이에 있는 사람에게 주의를 집중하도록 도와준다. 눈 맞춤을 해야 한다는 뜻을 굽히지 않고 당신도 자녀에게 눈 맞춤을 많이 해주면, 아이들은 다른 사람과 어울리는 데 관심을 갖고, 상황에 더 잘 공감하게 될 것이다.

아이들이 스크린에서 기본적인 관계를 배우고, 사람들과는 눈 맞춤을 별로 하고 있지 않다. 결혼 생활을 하다 보면 이런 불평들이 있다. "남편은 듣고 있다고 말하지만 항상 텔레비전을 보거나 컴퓨터를 켜 놓고 있어요." 혹은 아내가 소셜 미디어를 하는 동안 아내와 눈 맞춤을 하려는 남편이 불평할 수도 있다. 배우자가 자신의 말을 듣고 있을 수는 있지만 눈 맞춤을 유지하는 것은 아내나 남편에게 집중하고 있는지를 보여 주는 것이다.

디지털 시대에는 메시지 알림, 끊임없는 영상들, 다음 단계의 비디오 게임, 수많은 이메일 등 많은 것이 당신과 자녀들의 주의를 끌려고 경쟁한다. 우리는 이 가운데 자극적이고, 보상을 해주고, 흥미를 주는 것이 없더라도 인생에서 중요한 것들에 주의를 기울이는 자세를 배워야 한다.

윌리엄 제임스가 1800년대에 쓴 이 글은 오늘날 정말 필요한 말이다. "주의를 계속해서 집중하는 능력은 판단력과 인격 그리고 의지력의 근원이 된다." 아이의 집중력은 단지 학업적인 것만이 아니다. 그것은 마음의 문제다.

"수줍음이 많은 사람은 혼자 보내는 시간이 많고,
이메일과 대화방에서 고립되는 것에 부분적으로 영향을 받는다.
그리고 그로 인해 다른 사람들과 얼굴을 맞대는 만남이 적어진다."

– 필립 짐바르도

08.

스크린 타임과 수줍음

당신은 아이들에게 필요한 5가지 사회성 기술인 사랑, 감사, 분노 조절, 사과 그리고 주의 집중에 대해 알았다. 이제 이 책의 다음 부분에서는 많은 부모가 스크린 타임이 가족의 생활에 어떤 영향을 끼치는지에 대해 지속적으로 해온 질문에 답할 것이다.

니키는 딸이 발레 연습을 마칠 때까지 기다리는 동안 다른 부모들 옆에 앉아 가방에서 잡지를 꺼냈다. 잡지를 읽기 전에 니키는 옆에 앉은 다른 엄마에게 자신을 소개했다.

"안녕하세요, 저는 니키예요. 이름이 어떻게 되세요?"

"오, 만나서 반가워요. 제 이름은 그레이스고요, 이 아이는 제 아들 피터예요." 열 살 정도 되어 보이는 소년 옆에 앉아 있던 엄마는 아이를 보고 몸짓을 하며 말했다. "피터, 이분은 니키 아주머니셔."

피터는 계속해서 비디오 게임만 하고 있었다. 그는 엄마의 말에 당황하지 않았다. 잠깐 정적이 흐른 후 그의 엄마가 조용한 목소리로 말했다.

"죄송해요. 피터가 수줍음을 너무 많이 타서요. 항상 이런 식이랍니다."

피터는 학교에서 친구를 사귀는 데 능숙하고, 수업 시간에 발표를 하는 데도 전혀 문제가 없는 아이다. 그런데 어른들 앞에서는 항상 수줍어했다. 피터의 엄마는 아이가 어른들 앞이라 주눅이 들어서 그렇고 언젠가는 스스로 잘해낼 수 있을 거라 생각했다. 그래서 그녀는 자신의 친구들을 만나면 피터에게 인사하도록 강요하지는 않았다.

피터와 같은 아이들은 불편하고 불필요해 보이는 사람들과는 어울리는 것을 피해 전자 스크린 뒤로 쉽게 숨을 수 있다. 연구에 따르면, 수줍은 성격을 가진 젊은이들이 증가하고 있다고 한다. 이러한 현상은 디지털로 인한 사회적 고독에서 부분적으로 기인한다고 한다. 비디오 게임, 웹사이트 검색, 이메일, 문자, 그리고 인스턴트 메시지를 주고받는 일은 다른 사람이 없는 곳에서 혼자 할 수 있다. 그러다 보니 전자기기에 의존하는 아이들은 비언어적인 의사소통과 얼굴을 맞대고 하는 상호작용을 많이 해보지 못한다.

한 연구에 따르면, 미국의 반 정도의 아이들이 자신을 수줍은 아이라고 표현했다고 한다. 그런데 실제로는 조사에 응한 아이들 중 12%만이 사회공포증의 규준에 해당한다고 한다.[1] 대부분의 아이들은 수줍음이 정말 많은 것이 아니었다. 그 아이들은 우리가 스크린 타임만 제한한다면 비교적 편안한 사람들과는 잘 어울리게 될 것이다.

수줍음이란 무엇인가

수줍음이란 다른 사람을 만나는 것을 불안해하고 불편해하는 것을 말한다. 수줍음을 많이 타는 아이는 다른 사람들과 함께 있는 것이 힘들기 때문에 교실에서든지 놀이터에서든지 또래 아이들만큼 잘 적응하지 못한다. 아이가 새로운 사람을 만나는 것을 피하거나 사회적 환경에서 오랫동안 빠져나온다면, 어른이 되었을 때 더 많은 어려움을 겪게 될 것이다.

그런데 수줍음을 조용한 것과 헷갈리지는 말아야 한다. 자녀들 중 하나는 활발한데 다른 아이는 사람들 앞에서 거의 말을 안 하고 조용하다고 해서 그 아이가 수줍은 성향이라고 할 수는 없다. 사교적이거나 외향적이고 말이 많은 아이들은 칭찬의 대상이 된다. 하지만 조용하고 내향적인 아이들은 다른 사람의 말에 귀 기울여 주거나 분석적으로 생각하는 강점이 있다.

조용하고 내향적인 아이에 대해서 어떤 모습이 건강한 것이고 어떤 모습이 건강하지 않은 것인지 궁금하다면, 다음의 특징들을 주의 깊게 살펴보라.

건강한 면	건강하지 못한 면
다른 사람들과 눈 맞춤을 한다.	다른 사람들과 눈 맞춤을 피한다.
예의 바르다.	버릇없고 무반응이다.
만족한다.	만족하지 못한다.
일반적으로 좋은 품행을 보인다.	품행에 문제가 있다.
사람들이 편안해한다.	사람들이 불편해한다.

아이가 조용하다고 수줍음이 많은 아이라고 생각하지 말라. 수업 시간에 손을 들지는 않을지 몰라도 모둠에서는 주제에 대해 논의할 수도 있

다. 다른 아이들보다 내성적인 것은 잘못된 것이 아니다. 아이가 사람들과 새로운 상황에 부딪히는 것을 불안해하고 두려워할지라도 수줍은 아이라고 딱지를 붙이지는 말라.

아이에게 계속해서 수줍은 아이라고 말하면, 그것은 아이에게 사회적 기능을 발전시키지 않아도 된다는 변명거리를 주는 것이다. "어, 저는 수줍어서요." 이것은 아이들에게 공손하지 않아도 되고 대화를 하지 않아도 된다는 일종의 '통과표'를 주는 것이다. 그로 인해 어떤 아이들에게는 수줍음이 매우 편리한 수단이 된다.

내성적인 아이를 사교성 많은 아이로 만들 필요는 없다. 당신은 그저 아이가 인생을 어떻게 살아야 하는지를 가르쳐 주고 다른 사람들과 교제를 즐길 수 있도록 이끌어 주면 된다. 아이가 내향적이든 외향적이든 공통적인 것은 사람들과 상호작용할 때 어떻게 하는 것이 적절한지를 배워야 한다는 것이다.

새로운 방식 만들기

열 살 소년 피터가 옆의 아주머니와 인사하는 것을 피했던 일을 기억하는가? 자신의 부모에게 말을 거는 사람에게 마음을 열지 못하는 이유는 그가 아이이기 때문이기도 하다. 어른들이 그에게는 단순히 겁이 나는 존재가 될 수도 있다. 부모로서 우리가 기억해야 할 것은 아이들은 배운 대로 한다는 것이다. 자녀가 어릴 때부터 눈을 맞추며 질문을 하도록 가르치라. 이것은 아주 가치 있는 기술이다. 우리가 어떻게 해야 하는지를 가르쳤기 때문에 아이들은 어른들과 대화하는 것을 편안해할 수 있다. 다른 사람들과 얘기할 때 위협을 느끼거나 불안해하는 아이들은 사람들과 어울리는 데 새로운 기준을 경험할 때까지 집 안과 밖에서 연습할 필요가 있다. 흥미를 찾지 못하는 아이들에게는 일반적인 예의를 가르쳐 줄 수 있다.

다른 아이들과 어울리는 일을 가르치는 것도 마찬가지다. 다음번에 사교적인 모임이 있을 때 자녀가 혼자 있는 것을 보면 이렇게 얘기해 줄 수 있다. "폴을 보렴. 혼자 있구나. 가서 폴과 얘기해 보면 어떨까? 다른 아이들은 다 놀고 있잖니. 아마 폴이 아무도 자기에게 관심이 없다고 생각할지도 몰라. 가서 같이 게임하자고 해보면 어떨까?" 이렇게 함으로써 당신은 자녀가 다른 아이들과 친구가 되는 데 있어 먼저 다가가도록 가르칠 수 있다.

나(알린)는 어렸을 때 내성적인 아이였다. 부모님이 교회에 나가기 시작하셨을 때 나는 부모님과 떨어지기 싫었다. 그래서 다른 초등학교 아이들이 있는 어린이 부서에 가지 않겠다고 떼를 썼다. 본당에서 부모님 옆에 앉아 예배를 드린 지 몇 달이 지났을 때, 엄마는 나에게 격려의 말을 하셨다. "너는 얼마 있다가 어린이 부서에 갈 거야. 그곳에 가면 혼자 있는 아이들을 찾으렴. 그 아이들도 너만큼이나 그곳에 있는 것이 겁날 거야. 그 아이들 옆에 앉아서 무엇을 좋아하는지, 그 아이들의 가족들은 어떤 사람들인지를 물어보렴. 친구가 필요한 아이들을 찾다 보면 너는 외롭지 않게 될 거야."

처음 보는 아이와 얘기하기 위해 불안한 마음을 이겨 내는 것이 처음에는 힘들었다. 하지만 오래 걸리지 않아 나는 혼자 있는 여자아이들에게 "안녕."이라고 말하는 법을 알게 되었다. 다른 아이들에게 말을 거는 것이 점점 더 편안해졌고, 30여 년이 지난 지금도 내가 모르는 사람들로 꽉 찬 장소에 가면 어머니가 해주셨던 말씀대로 한다.

당신도 아이들에게 사람들과 어울려야 하는 상황이 되면 어떻게 하는 것이 좋은지 새로운 방식을 알려 줄 수 있다. 아이가 불안함을 느낄 때는 자기 자신보다는 다른 사람에게 초점을 맞추라고 말해 주라. 아이와 함께 있을 때 아이를 대신해서 뭔가를 해주고 싶은 마음이 든다면 참으라. 조금 어색한 순간이 오면 재빨리 아이를 도와주기보다는 아이가 스스로 참여할 수 있도록 시간을 넉넉히 주라.

다른 사람이 말을 걸기 시작하는데 자녀가 전자기기를 사용하고 있다면, 아이에게 그것을 내려놓고 그 사람을 쳐다보며 미소 지으라고 가르치라. 사람이 먼저다. 휴대 전화, 태블릿 PC, 비디오 게임은 그다음이다. 과학 기술이 수줍음이 많은 아이에게 도움이 되는 점도 있긴 하다. 많은 사람 앞에서 말하는 것을 어색해 하는 아이라도 자신의 의견을 글로 적어 수많은 사람이 볼 수 있도록 온라인상에 올릴 수 있다. 이 아이에게는 가상 세계에서 역할극을 하며 배운 것이 현실 세계에서의 친구 관계에 도움이 될 수도 있다.

하지만 온라인을 사용하는 데는 분별력이 필요하다. 수줍음이 많은 아이들은 전자기기로 소통하기 위해 너무 많은 시간을 스크린 뒤로 숨어 버릴 수 있다. 수줍음을 이겨 낼 수 있는 가장 강력한 방법은 일상생활에서, 즉 가정, 학교, 운동장, 혹은 상점에서 다른 사람들과 어울리는 연습을 하는 것이다. 만약 아이가 온라인에서 하루에 몇 시간씩을 보낸다면, 그 아이는 자유 시간 대부분을 스크린에서 혼자 보내기 때문에 다른 사람들과 함께하는 경험을 얻을 수 없다.

연습, 연습, 연습

야구공을 치거나 피아노를 치는 것같이 새로운 방법을 배울 때 하는 말이 있다. "연습이 완벽을 만든다." 연습의 역할은 긍정적인 사회성을 배우는 것만큼 중요하다. 가정이 마지막 리허설 장소라고 생각해 보라. 가정은 일반적인 사회적 환경에서 이루어지는 대화들을 연습할 수 있는 안전한 장소다.

뒤로 물러나게 될 때라도 상냥하게 행동하는 것이 어떤 이점으로 되돌아오는지를 아이에게 먼저 설명하라. 어떤 때는 더 재미있게 놀거나, 좋은 친구들을 만들거나, 학교생활과 사회 활동을 더 즐겁게 하는 것이 될 수 있다. 당신이 다른 사람에게 상냥하게 대했던 것이 어떤 도움을 주었는지 아이에게 말해 주라. 어쩌면 판매원이 되기 위해 직업상 수줍음을 극복해야 했을 수도 있다.

다음은 자녀와 집에서 연습할 수 있는 몇 가지 각본이다.

성공적인 놀이 모임. 당신은 아들과 놀기 위해 집으로 찾아온 친구가 된다. "뭐하고 놀까?" 당신이 묻는다. 아들에게 재미있는 놀이 중 한 가지를 선택하도록 한다(예를 들면, 보드게임, 레고, 축구 혹은 야구 등이 될 수 있다). 몇 분 정도 함께 놀다가 친구가 놀러오면 얼마나 재미있을지에 대해 이야기한다. 그다음은 아들이 함께 있을 때 편안함을 느끼는 남자아이를 초대하여 실제 상황을 만든다. 스크린 사용 시간을 정해 주고, 특별히 맛있는 간식을 준비하는 것을 잊지 말라.

놀이터 놀이. 밖으로 나가서 학교 운동장에 있다고 가정한다. 쉬는 시간에 무슨 일이 일어나는지 묻는다. "운동장에 가면 가장 먼저 하는 일이 뭐니?" 그러면서 혼자 서 있는 반 친구나 다른 아이를 찾아보라고 제안한다. 아니면 이미 함께 놀고 있는 아이들에게 가보는 것은 어떨지, 만약 끼워 줄 자리가 없다고 하면 어떻게 할지 다른 상황들을 이야기해 나가면서 자녀가 어떻게 대응할지를 말해 준다. 쉬는 시간에 다른 아이들과 노는 것에 대해 자녀가 어떤 걱정과 두려움이 있는지 들어 주라. 반 친구들과 어울리는 것을 연습하는 데 도움이 될 만한 상황들로 역할극을 해본다.

교실 찾아가기. 자녀를 테이블 앞에 앉히고 당신이 선생님 역할을 한다. 질문을 하고 자녀에게 손을 들고 답을 말하도록 한다. 물론 수업 시간에 매번 손을 들 필요는 없다고 말해 주되, 일주일에 한 번씩 손을 드는 것을 목표로 삼자고 하라. 그리고 선생님과 눈을 맞추는 것이 얼마나 중요한지 강조하라. 만약 아이가 반 전체에 발표해야 한다면, 집에서 형제들과 많은 인형을 앞혀 놓고 그 앞에서 여러 번 연습시킨다.

어른 만나기. 모자를 쓰거나 재킷을 입음으로써 이 활동을 더 재미있게 만들 수 있다. 당신이 처음 만나게 될 어른이 되어 소개하는 것을 연습한다. "조이, 이분은 데이비드 선생님이셔." 자녀가 당신의 눈을 보고 말하도록 한다. "만나서 반갑습니다, 데이비드 선생님." 한 단계 더 나아가서 아이에게 지인을 만나면 "잘 지내셨어요?" 또는 "어떤 일을 하세요?"라고 질문하도록 가르친다.

칭찬 주고받기. 친구나 코치 또는 선생님이 되어서 자녀에게 다음과 같은 칭찬을 한다. "그림을 정말 잘 그렸구나." 자녀에게 당신의 눈을 쳐다보며 말하도록 연습시킨다. "감사합니다." 감사하다는 말을 입속으로 중얼거리지 않고 분명하고 열정적으로 말하도록 용기를 북돋아 준다. 그다음에는 아이가 당신을 칭찬하게 한다. 하루에 한 사람씩 칭찬하고 어떻게 했는지를 당신에게 말해 주도록 권고한다.

도움 청하기. 당신이 하기에 무언가 쉬운 역할이 있을 것이다. 책상에서 바쁘게 일하고 있는 척해 보라. 그리고 아이에게 급한 일로 당신의 일을 방해하라고 시키라. 당신은 아이가 학교에서나 다른 장소에서 타당한 필요가 있을 때는 그것에 대해 주장을 하거나 목소리를 높일 줄 알길 바랄 것이다. 정말 급하고 중요한 것과 기다릴 수 있는 것의 차이에 대해 설명해 주라. 만약 자녀가 학교나 다른 곳에서 따돌림을 당한다면, 아이는 목소리를 높여 누군가에게 도움을 청할 수 있는 자신감이 필요하다. 혹시나 그런 상황이 일어난다면 아이가 어떻게 해야 할지 알 수 있도록, 그런 일이 있기 전에 아이와 상황을 연습해 보라.

행동 읽기. 의사소통은 말로 하는 것과 비언어적인 신호로 이루어진다. 스크린은 몸짓과 얼굴 표정에 나타난 미묘한 차이를 가르칠 수 없다. 하지만 당신은 아이에게 다양한 얼굴 표정을 지어 보이며 문제를 낼 수 있다. 각각 다른 표정들(슬픔, 화남, 행복 등)을 지어 보이면서 아이에게 어떤 감정일지 물어보라. 잡지를 함께 보면서 사진에 나온 사람들의 감정에 대해서 서로 맞춰 볼 수도 있다. "이 사람들은 어떤 기분일까? 몸짓으로 무엇을 말하고 있는 걸까?"

이런 사회성 기술을 집에서 많이 연습하면 아이들은 집 밖에서 그것을 실행하기가 훨씬 수월해질 것이다. 그런 다음에는 아이가 다음과 같은 더 넓은 경험을 할 수 있도록 돕는다.

- 이야기 시간에 참여하러 도서관 가기.
- 걸스카우트나 보이스카우트 같은 모임에 가입하기.

- 서점에서 책을 찾기 위해 판매원에게 물어보기.
- 다른 가족과 동물원 가기.
- 식당에서 음식 주문하기.
- 식료품 가게에서 계산원과 말하기.

할 수 있는 또 다른 방법은 아이가 숨어 있는 곳에서 나오도록 장려하는 것이다. 특정한 활동들을 할 때마다 점수를 주고 그에 맞춰 축하 파티를 하거나 상을 주면 좋을 것이다. 예를 들면 다음과 같다.

- 학교에서 쉬는 시간에 친구에게 말 걸기 : 1점
- 어른을 만났을 때 눈 맞추기 : 3점
- 놀기로 정해진 날 친구 데려오기 : 5점
- 방과 후 활동에 가입하기 : 10점

거절감, 따돌림, 만사가 풀리지 않는 날들

여섯 살 웬디는 눈물을 흘리며 집에 왔다. 3주 전에 옮긴 새 학교에서 아직까지 친구를 만들지 못해서였다. 웬디는 수줍음이 많아서 전학은 특히나 힘든 일이었다. 오늘 점심시간에 용기를 내어 반 친구들이 있는 곳으로 가서 앉으려고 했는데, 아이들이 웬디를 보며 말했다. "미안해. 이 테이블에는 더 이상 자리가 없어." 웬디는 눈물을 참으며 식당 한쪽 자리를 찾아 조용히 앉았다.

> **내성적인 아이에게 하면 안 되는 5가지 말**
>
> 1. 수줍어하지 마라.
> 2. 걱정하지 마. 그 애들은 너를 해치지 않아.
> 3. 거기 그렇게 앉아 있지만 말고 뭔가 말 좀 해!
> 4. 고양이가 네 혀를 가져갔니?
> 5. 너는 왜 네 언니/동생처럼 외향적이지 못하니?

친구를 사귀는 데 별로 성공한 적이 없었기에 웬디는 쉬는 시간에 친구들과 대화를 하려는 시도를 더 이상 하지 않기로 했다. 웬디는 교실에서 더 내성적이 되어 갔고, 반 친구들이나 선생님과 눈을 맞추는 것을 피하게 되었다. 학교에서 돌아오면 집에서는 텔레비전만 보기 시작했다.

열한 살 에릭은 축구를 정말 좋아했지만 연습에 가는 것을 끔찍해 했다. 팀원 중 하나인 열두 살 루크가 계속해서 그를 웃음거리로 만들었기 때문이다. 그는 이런 식으로 말했다. "골을 넣고 싶으면 에릭한테 공 넘기지 마!", "도대체 누가 축구를 가르쳐 줬니? 여자아이들한테 배웠니?" 에릭은 자신이 따돌림을 당하는 것에 대해 부모에게 말하지 않았다. 그 대신 자신이 지배자가 될 수 있는 비디오 게임에 빠져들었다.

웬디와 에릭같이 사회적 환경에 적응하기 어려워하는 아이들에게는 스크린 속으로 숨어 버리는 일이 더 쉬운 시대가 되었다. 따돌림을 당하면 그저 스마트폰으로 이것저것을 해보거나 비디오 게임을 하면 된다. 그러면 바빠 보이고, 무언가 하고 있는 것 같고, 또 중요한 일을 하는 것처럼 보인다. 스크린을 대하는 것이 사람들과 있는 것보다 훨씬 쉽다. 스크린은 당신이 올바른 말이나 행동을 하는 것에 상관하지 않는다. 당신의 의견이나 행동을 판단하지도 않는다. 최선을 다하거나, 창피를 당하거나,

거절감을 감수할 필요도 없다. 태블릿 PC는 우리가 만사가 풀리지 않는 날을 보내고 있어도 상관하지 않고, 우리를 웃음거리로 만들지도 않는다. 게임을 하거나 텔레비전을 보면 단순히 작은 노력만으로도 무언가와 함께 있는 것 같은 기분을 느낄 수 있다.

수줍음을 많이 타는 아이가 하루에 세네 시간 혹은 다섯 시간 동안 텔레비전을 보거나 비디오 게임을 한다면, 이 아이는 무엇을 놓치겠는가? 바로 사람들과의 건강한 상호작용이다. 가족과 함께 둘러앉아 이야기를 하고, 식료품을 사러 가고, 집 앞에서 고리 던지기를 하고, 형제들과 게임을 하는 등의 활동은 아이가 가족 안에서만이 아닌 다른 곳에서도 훨씬 편하게 사람들과 어울릴 수 있도록 돕는다. 반면, 스크린 타임은 아이로 하여금 사람을 더 외면하게 하고 부정적인 행동들을 하게 할 것이다. 메이요 클리닉(Mayo Clinic, 미국 미네소타 주에 있는 병원-역자 주)의 주장에 따르면, 4세 때 텔레비전을 과다 시청하는 것은 6-11세 때 따돌림을 받는 것과 관련이 있다고 한다.[2]

아이가 컴퓨터와 비디오 게임을 하는 데 대부분의 시간을 보낸다면, 사람과 관계 맺는 것을 어떻게 배우겠는가? 수줍음을 많이 타는 아이가 가정에서 강하고 친밀한 관계를 맺고 있다면, 그것은 아이가 따돌림과 거절감을 겪을 때 커다란 이점이 된다. 부모는 아이들이 할 수 있는 가혹한 말들에 대처하게 함으로써 자녀를 사랑으로 지도할 수 있다.

식사 시간이 주는 기쁨

연구에 의하면, 가족 간의 식사 시간은 아이들에게 엄청난 유익을 준다고 한다. 규칙적으로 식사를 함께하는 가정의 아이들은 책을 읽는 데 더 많은 시간을 보낸다고 한다. 그리고 그들은 보통 영양이 갖춰진 음식을 먹으며, 약물 복용이나 성에 관련된 문제, 자살 시도와 같은 문제를 거의 일으키지 않는다고 한다.[3]

식사 시간에 무엇을 하는지가 매우 중요하다. 텔레비전이 켜져 있는가? 밖으로 나가기 위해 음식을 소리 내며 급히 먹는가? 만약 그렇다면 당신은 가족 식사 시간의 가치를 놓치고 있는 것이다. 음식을 함께 먹는다는 것은 '대화'를 해야 한다는 것이다. 식탁에 둘러앉은 순간 당신의 수줍음 많은 자녀는 대화 연습을 할 수 있다. 저녁 식사 시간이라면 아이에게 이런 질문을 할 수 있다. "오늘 가장 즐거웠던 일이 뭐니?", "오늘 가장 힘들었던 일은 뭐니?"

이때 휴대 전화는 진동으로 해놓고 식사 시간 중에는 전화를 받지 말라. 잔잔한 배경 음악이 아니라면 텔레비전과 라디오도 끄도록 하라. 가족이 함께하는 귀중한 시간을 방해하는 스크린과 타협하지 말라. 자녀들에게 식사 시간이 단지 먹는 시간이 아니라 대화하는 시간임을 보여 주라.

바쁜 스케줄 때문에 모든 가족이 함께 식사하는 일이 그리 쉽지는 않을 것이다. 한 아이가 피아노 레슨을 받는 동안 다른 아이는 축구 연습을 해야 해서 당신은 마치 전문 셔틀 서비스 업체처럼 동네를 돌아다녀야 할지도 모른다. 나(게리)는 아이들의 스케줄과 내 스케줄이 맞지 않아서 식사 시간을 당겼다, 미뤘다를 계속했던 때를 기억한다. 하지만 우리는 모두 저녁 식사 시간이 얼마나 중요한지 알기에 그 시간을 맞추려고 안간힘을 썼다.

우리는 일주일에 일곱 번 이상 함께 식사하는 것을 가족의 목표로 삼았다. 가족의 스케줄에 따라 매일 저녁 식사를 함께할 수도 있고, 주 중에는 몇 번만 하고 주말에 몰아서 식사 시간을 만들 수도 있다. 운동 경기를 보러 가는 길에 차에서 인스턴트식품을 먹어야 하는 경우가 있다면, 그것은 예외로 치라.

식사 시간에 대한 주제를 바꾸기 전에 좋은 영양소의 중요성과 자녀의 자존감에 대해 짚고 넘어가야 할 필요가 있다. 아이가 체력이 건강하고 스포츠와 운동장에서 하는 게임 등 활동적인 것을 좋아한다면, 그것은 자신감을 촉진할 것이다. 안타깝게도 3분의 1이 넘는 아이들과 청소년들이 과체중이거나 비만이다. 심혈관계 질환, 당뇨병, 뼈와 관절의 이상, 수면 무호흡증 등 젊은 사람들에게는 잘 일어나지 않을 것 같은 질병의 위험에 아이들이 처해 있다.[4]

스크린 타임에 매인 아이들은 좀처럼 움직이지 않는다. 이 아이들은 건강에 해로운 음식을 먹고 싶게 하는 광고의 물결에 휩쓸리고 있다. 스크린 타임에 매인 아이들은 일 년에 5천 가지에서 만 가지의 음식 광고에 노출되는데, 대부분은 인스턴트식품 광고다.[5] 밤에 텔레비전을 보거나 게임을 하는 것은 잠을 방해한다. 아이는 텔레비전을 보거나 비디오 게임을 하면서 운동 부족, 인스턴트식품 섭취, 수면 부족, 과체중의 악순환에 쉽게 빠질 수 있다. 그러면 어떤 아이라도 망가질 수 있다. 이때 수줍음이 많은 아이는 사람들에게서 더 멀리 고립되고, 점점 더 쇠약해질 것이다.

이미 사회적 환경을 불편하게 여기는 수줍음이 많은 아이는 체중 문제를 겪게 되면 더욱더 불안을 느낄 것이다. 가족 식사 시간에 무엇을 주느냐가-칼로리와 대화면에서 모두-자녀의 건강과 행복에 지속적인 영향을 끼칠 것이다.

기억하라. 당신은 조용한 아이를 외향적인 사람이 되게 하거나, 본래의 그가 아닌 다른 사람이 되도록 구슬리려고 애쓰는 것이 아니다. 당신은 자녀가 다른 사람들이 있는 곳에서 여유를 가지고 의미 있는 관계를 만들어 갈 수 있도록 돕고 싶은 것이다. 사회적 접촉은 인간의 핵심적인 필요다. 사람보다 스크린과 더 어울리면 계속해서 건강하지 못한 고립의 문제를 겪게 될 것이다. 이때 당신은 자녀가 다른 사람과 있는 것이 편안해질 때까지 함께 식사하며 대화를 통해 도움을 주어야 한다.

"현재 일어나는 디지털 과학 기술의 급격한 증가는
우리의 생활과 의사소통 방법만을 바꾸는 것이 아니라,
순식간에 우리의 두뇌 깊은 곳까지 바꾸고 있다."

- 게리 스몰

09.

스크린 타임과 두뇌 발달

나(알린)의 아이들은 텔레비전을 볼 때면 스크린에서 일어나는 일들에서 눈을 떼지 못한다. 남편이 거실로 들어와 시선은 텔레비전 스크린에 고정되어 있고, 몸은 움직이지 않은 채로 있는 아이들을 보면 큰 소리로 외친다. "빨리! 아이들의 두뇌가 다 빨려 나가기 전에 텔레비전을 꺼!"

이처럼 자녀가 스크린에 붙어 있는 것을 본 적이 있을 것이다. 그런데 이렇게 스크린을 가까이하면 아이들의 두뇌에 어떤 영향이 미치지는 않을지 아마도 궁금할 것이다. 움직이는 그림들은 평면 스크린 텔레비전이든지 스마트폰이든지 상관없이 두뇌에 엄청난 자극을 준다. 아이들의 두뇌는 성장 중이라 특히나 예민하다. 그런데 아이들이 스크린에 노출되는 일이 증가하고 있는 추세다.

아기는 엄청난 양의 신경을 가지고 태어나는데, 처음 3년간은 신경들이 활동적으로 서로 연결되어 간다. 여분의 신경들은 3세가 되어 갈 때쯤 없어진다. 마치 나무를 가지치기하는 것처럼 약하게 붙어 있는 것은 잘려

나가고, 강한 것들이 남아 더 튼튼해지게 되는 것이다.

신경학자들은 MRI 촬영을 이용해 어린이와 십대들의 개인별 두뇌 성장도를 만들었다. 집중력을 조절하는 전두엽은 3-6세에 빠르게 발달한다. 신경 접합부 생성이 활발하게 일어나는 두 번째 시기는 사춘기가 시작되기 바로 전이다(여자아이는 11살, 남자아이는 12살 정도다). 그리고 나면 청소년기에 다시 한 번 신경의 가지치기가 일어난다.[1]

일부 전문가들은 이때가 아이의 평생에 영향을 끼치고 성장 발달상 특별히 중요한 시기라는 이론을 제시했다. 국립정신보건원(National Institute of Mental Health)의 제이 기드 박사는 말한다. "우리의 중요한 가설은…… '잃을 것인가 아니면 사용할 것인가'의 원리다. 십대 아이가 음악이나 스포츠 혹은 공부를 하는 것은 하드웨어에 저장될 세포와 접속부가 된다. 그들이 소파에 누워 비디오 게임을 하거나 텔레비전을 보면, 그것들이 살아남을 세포와 접속부가 될 것이다."[2]

디지털족들은 하루에 평균 8시간을 스크린을 본다. 당신의 자녀가 그들 중 하나라면 스스로 이 질문을 해보라. '어떤 부류의 두뇌 세포와 접속부가 자녀의 미래를 만들 것인가?'

과학 기술에 연결되어 있는 자녀의 두뇌

UCLA에 있는 '기억력과 노화 연구 센터'의 게리 스몰 박사는 인터넷 사용에 대한 반응에 두뇌가 어떻게 변화하는지를 보여 주려고 흥미진진한 실험을 주관했다. 그는 웹 검색에 능숙한 12명의 사람과 인터넷을 사용하지 않는 12명의 사람이 구글을 검색하는 동안 그들의 뇌를 촬영했다.

웹 검색에 능숙한 그룹의 사람들은 배측면 전두엽 피질이라고 알려진 왼쪽 전두엽 쪽에 넓게 두뇌 활동이 이루어지는 반면, 초보자들은 같은 부위라도 아주 적은 양의 활동만 보였다. 하지만 책을 읽을 때는 두 그룹 모두 비슷한 두뇌 활동을 보였다.

다음으로 초보자들은 하루에 한 시간씩 5일 동안 인터넷 검색을 하도록 했다. 그 기간 동안 같은 실험이 반복해서 이루어졌다. 그런데 새로운 촬영에서는 초보자 그룹의 전두엽 피질의 두뇌 활동이 능숙한 그룹의 두뇌 활동과 거의 같아졌다. 겨우 5시간의 인터넷 사용으로 초보자 그룹 사람들의 두뇌가 바뀐 것이다.[3]

어린 자녀가 과학 기술에 발맞추지 못하면 혹시 뒤처지지는 않을까 노심초사하는 부모들은 이 실험을 통해 안심할 수 있을 것이다. 두뇌가 과학 기술을 사용하는 방법을 배우는 데는 그리 오랜 시간이 걸리지 않는다. 실험에서처럼 자녀에게 5시간 동안 인터넷을 사용하게 하면, 그들은 틀림없이 웹 검색, 인스턴트 메시지, 비디오 게임 그리고 트위터에 금세 능숙하게 될 것이다.

그렇다면 그 반대의 경우는 어떨까? 만약 자녀가 유치원에서 초등학교 때까지 스크린과 함께 자란다면, 컴퓨터에 연결된 두뇌를 가지고 교실 수업에서 요구되는 집중력을 발휘할 수 있을까? 순조롭게 친구에게 공감하는 감정이 만들어지고, 긴 문구들을 이해하며 읽어 낼 수 있을까? 이 기술들은 짧은 시간 안에 익히기는 무척 힘든 것들이다.

전통적인 학습법에는 읽기, 쓰기, 지속적인 집중력이 사용된다. 그런데 스크린 사용의 증가로 이러한 전통적인 학습법을 더 많이 조절하는 신경계들이 방치되었다. 열한 살인 제레미는 방과 후 개인 시간과 축구 연습

시간에 비디오 게임을 한다. 그는 어휘를 익히는 데 별로 신경 쓰지 않는다. 맞춤법을 고쳐 주는 프로그램이 단어를 고쳐 줄 것이고 문자를 주고받을 때는 맞춤법이 필요하지 않기 때문이다.

이베이(eBay, 인터넷 경매 사이트-역자 주)의 최고기술경영자가 그의 자녀들은 과학 기술이 완전히 배제된 9개의 학급만 있는 학교에 보낸다는 사실이 흥미롭지 않은가? 구글, 애플, 야후, 그리고 휴렛패커드와 같은 거대한 디지털 회사의 직원들도 마찬가지다. 그 학교에서는 컴퓨터도 스크린도 찾아볼 수 없다.[4] 빌 게이츠는 자신의 딸에게 하루에 비디오 게임을 포함하여 40분만 인터넷을 사용하도록 허락했다. 또 아이들이 열세 살이 될 때까지는 휴대 전화를 쓰지 못하게 했다.[5]

스크린을 보며 자란 아이들은 사람들과 얼굴을 마주 대하고 의사소통을 하는 대신 그들의 도구들을 이용하는 데 익숙하다. 게리 스몰 박사는 말한다. "지금까지 해오던 사람 간의 일대일 기술이 축소되면서 인간의 교류와 의사소통을 위한 경로들이 점점 줄어들고 있다."[6] 문자와 소셜 미디어는 의사소통을 돕기 위해 있지만, 그것들이 사람과 연락하는 모든 방법으로 쓰인다면 당신의 자녀는 많은 것을 놓치게 될 것이다.

아이들은 '나', '나를', '나의' 같은 단어를 좋아한다. 사람들과 공감하는 능력은 저절로 생기는 것이 아니다. 공감은 배워야 하는 것인데 스크린 타임은 대개 이것을 방해한다. 당신이 누군가와 같은 장소에 함께 있다면, 상대방의 기분이 상했을 때 그의 표정이 바뀌는 것을 볼 수 있을 것이다. 하지만 온라인상에서는 상대방의 기분이 어떤지 보거나 느낄 수 없다. 아이들을 당혹스럽게 하는 영상들이 그다음 파문으로 이어져 사람의 기분에 대해 깊게 생각하지 않은 채 모든 사람이 보게 된다. 아이가 전자기기를 사용하는 데 너무 많은 시간을 보내면, 다른 사람의 기분과는 동떨어진 사람이 된다. 온라인 검색을 하다 보면 자주 잘못된 곳으로 가게 되어 자녀의 두뇌가 그래픽 이미지와 부적절한 내용을 대하게 된다.

스크린 타임이 두뇌에 이점을 주는 부분도 있다. 인터넷 사용으로 아이의 두뇌는 속사포같이 빠른 인터넷 검색을 위해 준비될 것이다. 두뇌 근육이 발달하는 데는 빠른 선택과 시각적인 예민함, 다중 작업을 하는 것이 관련된다. 비디오 게임을 하는 아이는 게임을 하지 않는 아이들보다 주변 시야의 것들을 잘 볼 수 있다. 게임을 하는 아이는 조이 스틱 사용, 물체 추격하기, 시각적인 검색과 같은 시각적인 운동 과제에는 탁월할 수 있다.

하지만 위에 나열한 이점들이 읽기, 쓰기, 집중력 유지하기, 그리고 공감을 위한 두뇌 발달을 희생할 만큼 중요한 것들인가?

21세기 독서

1455년에 발명된 구텐베르크 활자는 역사에서 가장 영향력을 끼치는 발명품 중 하나다. 인쇄 시대는 읽기를 배우려는 의지가 있는 사람이면 누구에게든지 지식을 전달해 주었다. 책을 읽는 것은 추리, 논리, 질서에 대한 두뇌 근육을 강화한다. 좌측 뇌는 많은 독서가가 과학과 같은 영역에 탁월해지도록 주도한다. 여러 가지 실험에서 글을 아는 사람들의 뇌는 언어를 이해하고, 시각적인 신호를 파악하고, 추리하고, 그리고 기억을 형성하는 면에서 글을 모르는 사람들의 두뇌와 다르다는 것을 알아냈다.[7]

몇 세기 후, 우리의 자녀들은 더 이상 그들이 읽었던 방식으로 읽지 않게 되었다. 나(알린)는 미국 교육 역사에 가장 영향력 있는 교과서라고 할 수 있는 1777년판 『뉴잉글랜드 프라이머』(The New England Primer, 미국 식민지를 위해 디자인된 첫 번째 읽기 입문서-역자 주)를 훑어보다가 놀라움을 금치 못했다. 그 입문서는 이제 막 읽기 과목을 시작하는 학생들에게 사용되었는데, 아마도 초등학교 1학년 교과서였을 것이다.

당신의 자녀가 초등학교 1학년이었을 때 다음의 문장들을 읽을 수 있었겠는가?

- 감각은 **빠른** 통찰력의 조짐을 보인다.
- 당밀은 설탕을 끓인 물이 식어 갈 때 설탕이 빠져나가고 남은 액체다.
- 재판소는 유죄와 무죄를 결정하는 법정이다.

오늘날의 초등학교 1학년이 배우는 것과는 확실히 다르다. 그렇지 않은가? 아이들의 지적 능력에 무슨 일이 벌어지고 있는가? 라디오, 영화관, 축음기, 텔레비전과 같이 아이들을 새로운 오락의 세계로 인도한 발명품들이 있었다. 전자 혁명으로 글은 이제 컴퓨터와 태블릿 PC, 스마트폰으로 본다. 인터넷은 우리의 새로운 선택의 매체가 되어 찾고, 저장하고, 정보를 나눈다.

니콜라스 카가 쓴 글이다. "스크린의 세계는 우리가 이미 알고 있듯이 책장을 넘기던 세계와는 매우 다르다. 새로운 지적 윤리가 자리 잡았다. 우리의 두뇌 속의 길들이 다시 한 번 다른 길로 접어들었다."[8] 예를 들어, 오늘날의 아이들과 십대들은 굳이 글을 왼쪽에서 오른쪽으로 그리고 위에서 아래로 읽지 않는다. 대신에 이리저리 넘기거나 흥미로운 정보를 살펴본다. 인터넷은 글을 이런 식으로 읽도록 훈련한다.

어른들이나 아이들에게 인기 있는 잡지를 하나 골라 보라. 그러면 더 짧은 기사들, 더 큰 사진들, 커다란 기사 제목들, 빠른 요약들, 안내문, 짧은 발췌문 같은 변화들을 볼 수 있을 것이다. 잡지, 인터넷 혹은 책을 대충 훑어보는 것이 잘못되었다는 것은 아니다. 하지만 아이들이 읽기를 하는 데 대충 훑어보는 것이 주된 방법이 되는 것에는 뭔가 문제가 있다.

전통적인 독서가들은 언어, 기억력, 그리고 시각적인 것을 습득하는 과정과 관련된 두뇌 영역에는 움직임이 보이지만, 결정하고 문제를 해결하는 전두엽 영역에는 많은 움직임이 보이지 않았다. 하지만 인터넷 사용자들은 웹을 검색할 때 결정을 하고 문제를 해결하는 두뇌 영역에 엄청난 움직임을 보였다. 그런데 온라인상에서는 깊이 있는 읽기가 어렵다. 두뇌가 어느 링크가 좋은지 평가하고, 어디를 찾아가야 하는지 결정하고, 광고들과 같이 끼어드는 것들까지 처리해야 하기 때문이다. 이 모든 것이 가까이에 있는 문서를 이해하는 것에서 두뇌를 잡아끌고 있다. 온라인을 할 때 우리의 두뇌는 빠르게 결정해야 하고, 끼어드는 것들을 찾아다니느라 바쁘지만, 그것들이 집중된 학습으로 이어지지는 않는다.

스크린을 보는 어린 두뇌[9]

2세가 되었을 때 : 90%가 넘는 미국의 아이들이 온라인을 경험하게 된다(아이 사진을 올리는 것 같은 경험). 그리고 38%가 휴대기기를 사용하게 된다.
5세가 되었을 때 : 50% 이상이 컴퓨터나 태블릿 PC를 정기적으로 사용한다.
7세가 되었을 때 : 대부분이 정기적으로 비디오 게임을 한다.
십대가 되었을 때 : 한 달에 평균 3,400건의 문자를 하고, 부모나 교사들보다 미디어와 보내는 시간이 더 많아진다.

보상 센터

다섯 살 벨라는 리모컨 버튼을 누르고 그녀를 웃게 만드는 이미지를 본다. 당신은 아이의 미소를 본다. 하지만 아이의 두뇌에서는 무슨 일이 일어나고 있는가? 두뇌의 쾌락 중추인 중격의지핵(nucleus accumbens, 도파민을 분비해 기분과 감정을 조절하는 부분-역자 주)은 경험하는 모든 즐거움을 통제하는 곳이다. 벨라가 만화를 볼 때 신경 전달 물질은 쾌락 중추로 즐거움의 신호를 나른다. 벨라가 텔레비전을 보는 동안은 기분이 좋다. 하지만 그 때문에 아이를 숙제나 저녁 식사를 하기 위해 데려오는 게 힘들어진다.

아이들이 텔레비전을 많이 보고, 비디오 게임을 많이 하면서 즐거움을 느낄 때, 두뇌의 도파민 수치는 점점 더 높아지게 된다. 그런데 두뇌의 쾌락 시스템을 과용하게 되면 즐거움을 덜 느끼게 된다. 아이를 흥분하게 했던 비디오 게임도 더 이상은 같은 기쁨을 주지 못한다. 그래서 아이는 더 오래 게임을 하려고 하거나 더 자극적인 게임을 찾는다. 신선한 도파민이 분출되길 바라는 것이다.

적당한 양의 즐거움은 좋지만 넘치게 되면 아이에게 해롭다. 가족 여행으로 어쩌다 디즈니랜드를 가는 것과 일 년 내내 놀이공원에서 사는 것을 비교해 보면 된다. 아치볼드 박사와 실비아 프레지드는 그들의 저서인 『디지털 침투』에서 이렇게 말한다.

놀음이나 인터넷 게임, 페이스북 등 많은 인터넷 행위가 그 어떤 강력한 마약만큼이나 두뇌의 쾌락 중추에 손상을 입힐 수 있다. 쾌락 중추가 심하게 자극받으면 '강력한' 흥분제만이 메시지를 쾌락 중추로 보낼 수 있게 된다. 평범한 즐거움은 무시된 채 말이다. …… 디지털 세계의 흥분이 남용된 다면, 그 어떤 마약만큼이나 중독성이 있고 인생의 단순한 기쁨을 빼앗아 갈 것이다.[10]

스크린 중독이란?

'스크린 중독'은 비교적 새로운 용어지만, 의사들 사이에서는 점점 많이 쓰이고 있다. 한 연구진은 10개 국가에서 과학 기술이나 미디어를 가장 많이 사용한 1,000명의 학생들에게 단 하루 동안만 사용을 중지하라고 부탁했다. 24시간이 끝나 갈 무렵, 많은 학생이 반복적으로 중독이란 말을 사용했다. 한 학생이 말한다. "스마트폰을 쓰지 못하면 꼭 마약중독자처럼 하고 싶어서 견딜 수가 없어요." 다른 학생들은 하루 동안의 미디어 금식을 마칠 수 없었다. 대부분의 학생들이 말하기를 휴대 전화는 다른 사람들과 연락하며 안도감을 느끼게 하는 근원이기 때문에 너무 그리웠다고 한다.[11]

중국, 대만, 그리고 한국에서는 십대의 30%가 중독에 걸릴 정도로 인터넷 중독 장애가 증가하고 있다. 한국에서는 대부분의 십대들이 PC방에 간다고 한다. 길게 줄지어 있는 컴퓨터 앞에 앉아 오랜 시간 십대와 젊은 청년들이 한 시간 단위로 요금을 내면서 컴퓨터 게임을 하는 것이다. 십대와 20대 학생들은 종종 밤새 게임을 하고 극도로 지친 상태에서 학교와 일터로 향한다.

최악의 경우 컴퓨터 중독은 죽음으로 몰고 간다. 한국의 28세 남성이 잠깐의 휴식만 취하고는 50시간 동안 게임을 했다. 그는 PC방에서 기절

한 후 병원으로 옮겨졌지만 도착한 지 얼마 안 되어서 사망했다. 극도의 피로로 심장이 멈춘 것이다.[12]

게임 중독에 대한 대응으로 한국은 16세 미만의 십대들에게 자정에서 새벽 6시까지의 인터넷 게임을 금지하는 법(셧다운제-편집자 주)을 만들었다. 그리고 인터넷 중독 장애를 치료하기 위해 전국에 걸쳐 수많은 개인 병원과 치료소들이 생겨났다.

한국의 사례가 주는 경고에 귀 기울여야 한다. 미국은 95-97%의 청년이 한두 가지의 비디오 게임을 하고 있는 것으로 추정된다.[13] 여기서 중요한 질문을 던져 보고 싶다. '당신의 자녀는 얼마 동안 게임을 하는가?' 그리고 '어떤 종류의 게임을 하는가?' 많은 심리학자가 아이들이 컴퓨터 게임을 지나치게 많이 하여 약물 의존에서 보이는 것처럼 오랜 시간에 걸쳐 뇌의 상태가 바뀌는 현상에 대해 염려하고 있다. 게임에 중독된 아이들은 기본적인 위생, 식사, 수면, 숙제, 그리고 가족과 친구들에 대한 일들에 방해받더라도 게임을 하고 싶어 안달이 나는 것을 참기 힘들어한다.

테트리스나 솔리테르(Solitaire, 혼자서 하는 카드놀이-역자 주)와 같은 퍼즐 게임은 1인칭 슈팅 액션 게임(first-person shooter games, 자신이 총을 쏘는 사람이 되어 슈팅을 하는 컴퓨터 게임-역자 주)만큼 중독적이지 않다. 슈팅 게임보다 더 중독적인 것은 가상 게임 세계에서 많은 사람이 어울려 하는 광대역 온라인 역할극 게임(MMORPGs, Massively Multiplayer Online Role-Playing Games)이다. 자녀가 고르는 게임의 중독 위험성을 인식하라. 모든 게임이 감당할 수 있도록 만들어진 것은 아니다.

뇌 영상 자료는 폭력성이 있는 비디오 게임을 일주일만 해도 두뇌 활동 변화에 직접적인 영향을 끼친다고 경고한다. 연구자들이 폭력성이 있는 비디오 게임을 전혀 해보지 않았거나 아주 조금 해본 18-29세의 젊은 남자들을 대상으로 연구를 실시해 보았다. 참여자의 반은 일주일 동안 10시간 동안 슈팅 게임을 했고, 두 번째 주에는 아무 게임도 하지 않았다. 나머지 절반은 두 주 동안 전혀 게임을 하지 않았다. 그런데 비디오 게임을 했던 청년들은 정서 조절과 통제, 공격적인 행동을 담당하는 두뇌 부분에 게임을 전혀 하지 않은 청년들보다 적은 활동을 보였다. 게임을 하지 않았던 두 번째 주에도 같은 양상을 보였다. 일주일에 10시간만 비디오 게임을 해도 두뇌 속의 무언가를 바꾸기에 충분한 것이다.[14]

자녀의 플라스틱 두뇌

아이의 두뇌는 플라스틱 같다고 할 수 있다. 두뇌의 형성은 변화에 적응하는 능력과 관련이 있다. 과학자와 의사들은 두뇌 조직은 어린 시절에 고정된다고 하지만, 최근 연구에서는 새로운 정보나 행동, 환경에 반응하기 위해 성인의 두뇌도 변화될 수 있다고 증명했다.

1990년대 말 영국 연구원들이 택시 기사 16명의 두뇌를 촬영했다. 그들은 공간적 항해를 담당하는 두뇌 영역인 후위 해마가 일반적인 것보다 훨씬 크다는 것을 발견했다. 택시 기사 생활을 더 오래 한 사람일수록 후위 해마는 더 커져 있었다. 이처럼 성인이 되어서도 뇌는 바뀔 수 있다.[15]

나이 든 사람에게도 새로운 기술들을 가르칠 수 있지만 어릴 때 배우는 것이 더 쉽다. 자녀의 두뇌는 수학, 읽기, 외국어, 음악, 그 이상의 것을 배울 수 있는 능력이 있다. 부모는 읽기, 스포츠, 그리고 다른 활동들과 스크린 타임 사이에 균형을 맞추고, 긍정적인 방법으로 자녀의 두뇌를 만들어 줄 수 있다.

나(알렌)의 아들 이선은 읽기를 매우 좋아한다. 나와 남편은 이선의 두뇌가 용기 있고 도덕적인 인격에 대한 이야기들로 채워지길 바라며 영웅들의 전기로 집을 가득 채웠다. 이선은 윈스턴 처칠, 에릭 리들, 코리 텐 붐, 더글라스 맥아더의 전기들을 다 읽었다. 내가 그의 학교에 방문했을 때, 도서관 사서 선생님이 나를 한쪽으로 불러내더니 이 얘기를 해주셨다.

"제가 『거북이 왕 여틀』(Yertle the Turtle)을 3학년인 이선의 반 아이들에게 읽어 준 적이 있어요. 연못의 왕인 거북이가 탑을 쌓고 올라가 달보다 더 높이 도달하려고 하는 이야기지요. 학생들에게 이 책은 거북이 왕을 유명한 지도자를 본 따서 쓴 책이라고 말해 주면서 그 사람이 누군지 맞춰 보라고 했어요. 그랬더니 이선이 손을 번쩍 들고 이렇게 대답했어요. '히틀러예요.'"

도서관 사서 선생님은 그 순간 놀라움을 금치 못했다고 한다. 이선이 정답을 말한 것이다. 사서 일을 하면서 3학년으로서 그 질문에 정답을 말한 학생은 이선이 처음이라고 한다. 그녀는 6학년인데도 그 글의 연관성을 찾지 못하는 학생들이 있다고 말했다. 도서관 사서 선생님은 그 일에 큰 인상을 받았고, 나 또한 그랬다. 나는 능숙한 비디오 게임 선수 대신에 독서가가 될 열매를 보게 되었다. 이선의 두뇌는 플라스틱 같아서 나는 목적에 맞추어 만들어 갈 기회를 가지고 있는 것이다.

마음의 평안

커트와 레슬리에게는 아홉 살, 열한 살 난 두 자녀가 있다. 같은 나이의 자녀를 둔 그들의 친구는 아이들 방에 텔레비전을 놓아 주었다. 그 때문에 커트와 레슬리의 자녀들은 그들도 방에 텔레비전을 놓아 달라고 계속 조른다. 그러면 대답은 항상 "안 된다."이다. 커트와 레슬리는 너무 많은 디지털 자극은 두뇌에 나쁘다고 믿고 있다.

많은 전문가도 그 생각에 동의한다. 아이들이 과학 기술을 과도하게 사용하면 두뇌는 계속 자극을 받아 스트레스 호르몬인 코르티솔(cortisol, 급성 스트레스에 반응해 분비되는 물질-역자 주)의 분비를 증가시킨다. 너무 많은 양의 코르티솔은 아이가 진정되고 안정되는 느낌을 억제할 수 있다. 아치볼드 박사는 말한다. "코르티솔의 기능 중 하나는 평정심을 잃게 하여 당신을 더 불안하게 하고 비상사태를 처리할 준비가 되게 한다. 실제 상황의 긴급 사태가 아니라 게임에 있는 비상 상황인 것이다. 이렇게 평정을 잃는 것은 중증의 불안 장애를 가져올 수 있다."16

자녀가 비디오 게임, 문자, 소셜 미디어를 하는 데 오랜 시간을 보낸다면, 그의 두뇌에는 코르티솔이 흘러넘치고 있는 것이다. 아이의 스트레스를 낮추고 마음이 평안해지도록 가정에서 다음의 방법을 실행해 볼 수 있다.

한가한 시간. 운동을 한참 하고 나서는 근육이 회복되도록 쉬어 주어야 한다. 두뇌도 마찬가지다. 두뇌가 피곤해져서가 아니라 해야 할 일들 사이에 정보를 받고 통합시키는 시간이 필요하기 때문이다. 그런데 아이들의 '두뇌 휴식 시간'이 스크린 타임에 장악되고 있다. 자녀의 두뇌는 때때로 게을러질 필요가 있다.

제한된 전자기기 사용. 강제적인 제한이 아니면 아이는 스크린에서 스크린으로 옮기며 몇 시간이고 쉽게 보낼 수 있다. 드라마 한 편만 보려던 것이 두 편이 되고, 휴식 시간에 잠깐만 하려던 비디오 게임이 한 시간의 게임이 되어 버린다. 4학년 담임 선생님인 크리스티는 그녀의 반 학생들이 방과 후 자유 시간에 적어도 30분 이상 비디오 게임을 한다고 추정한다. 크리스티는 가정에서 스크린 타임을 제한해 학생들이 책 읽기와 신체적 활동을 더 많이 하길 바란다.

운동. 운동은 자라는 아이의 두뇌에 긍정적인 영향을 끼친다. 심장 박동 수가 증가하고(두뇌에 더 많은 산소를 공급해 준다), 코르티솔이 감소하며, 아드레날린을 태워서 제거한다. 연구 결과에 따르면, 정기적으로 운동을 하는 아이들이 성적이 더 높고, 집중력이 더 좋으며, 잠도 잘 잔다고 한다.[17] 신체 활동은 두뇌에서 자연적인 스트레스 제거 물질이 나오게 한다.

수면. 아이들이 낮 동안에 배운 것을 굳히려면 수면 시간이 꼭 필요하다. 수면이 부족하면 그 학습은 온전히 아이의 것이 되지 못한다. 다음 날, 아이가 졸리면 새로운 학습에 집중하여 주의를 기울일 수 없게 된다. 악순환인 것이다. 하지만 몇 가지 전략으로 수면 습관을 고칠 수 있다. 우선 아이에게 꾸준한 취침 시간을 만들어 주고, 아이의 방을 어둡고 조용하고 아늑하게 만들어 주라. 그리고 아이의 방에 어떤 형태의 스크린도 두지 말라. 취침 시간 전에 밝은 스크린을 보면 아이가 깨어 있게 된다. 취침 시간 한 시간 전에는 텔레비전, 컴퓨터, 태블릿 PC를 모두 끈다. 운동의 긍정적인 영향 또한 기억하라. 신체를 활발하게 움직일수록 수면에 더 많은 이점이 있다.

이런 방법들을 아직 해보지 않았다면 아직 늦지 않았다. 자녀와 함께 사는 동안은 오늘부터라도 시작해서 건강한 적응력을 만들 수 있다. 나(게리)의 콘퍼런스에 참석한 제리라는 아빠는 스물두 살 난 아들과 열아홉 살 난 딸이 있다. 그는 스크린 사용 시간을 제한했지만 지금 다시 하라면 다르게 할 것이라고 말했다. "아이들을 다시 키울 수 있다면 저는 제가 허락했던 많은 부분을 허락하지 않을 거예요. 돌아보면 그들이 보았던 광고나 프로그램들이 좋은 내용은 아니었어요. 가족으로서 더 많을 시간을 함께 보낼 수 있었는데 안타까워요." 제리의 자녀들은 모두 성장했다. 이미 지나간 스크린 타임을 더 가치 있는 시간으로 바꾸기에는 늦은 것이다.

하지만 당신은 늦지 않았다. 신경외과 의사 벤 카슨이 말했다. "그 누구도 당신을 노예로 만들게 하지 말라. 만약 미디어에서 당신의 두뇌를 발달시키는 것보다 스포츠와 오락이 더 중요하다고 말하도록 내버려 둔다면, 당신은 노예가 될 것이다."[18] 자녀의 두뇌는 스크린이 아닌 부모인 당신에 의해 채워지고 발달될 수 있다.

"나는 모든 아이가 집에서 받지 못한 사랑을 갈망하며 찾아다니지 않고
사랑과 안정감으로 가득 찬 가정에서 자라
그곳에서 개발된 에너지로 배움과 봉사를 실천할 날을 꿈꾼다."

– 게리 채프먼

10.

스크린 타임과 사랑의 언어

'ㅇㅋ', 'ㅋㅋ', 'ㅇㅇ' 등의 표현을 보면 때때로 당신과 자녀가 서로 다른 언어를 사용하는 것 같다고 느낄 것이다. 이 표현들은 '오케이', '크크', '응응'이라는 말의 축약형이다. 의사소통은 코드를 이해할 수 있을 때 가능하고, 그러지 못할 때는 정말 힘든 일이 된다.

나(게리)는 스킨십, 인정하는 말, 함께하는 시간, 선물, 봉사로 된 5가지 사랑의 언어에 대해 십여 년간 강의를 해왔다. 사랑의 언어는 자녀가 어떻게 사랑을 받아들이는지 이해하도록 돕는 코드. '당신이 그토록 원했던 결혼' 세미나에서 만났던 브래드와 에밀리를 절대 잊을 수가 없다. 그들은 학교에서 다른 아이들에게 공격적으로 행동하고 선생님에게 붙어 다니는 여덟 살 난 아들 칼렙에 대해 걱정하고 있었다. 칼렙은 3학년이 되기 전까지는 평균보다 높은 성적을 받았고, 행복하고 독립적인 아이었다.

나는 브래드와 에밀리에게 작년 한 해 동안 생활에 어떤 변화가 있었는지 물어보았다. 브래드는 일 때문에 일주일에 두 번은 집에 오지 못했고,

나머지 날들은 이메일과 문자에 매달려 있어야 했다. 전에는 주말마다 칼렙과 축구 경기를 보러 갔었는데 그동안은 갈 수가 없었다. 에밀리는 파트타임에서 풀타임으로 전환하면서 칼렙을 데리러 학교에 갈 수가 없었다.

사랑의 언어에 대해 배우면서 그들은 칼렙의 가장 중요한 사랑의 언어가 함께하는 시간임을 알았다. 그리고 지난 몇 달간 아이와 함께 기억할 만큼 좋은 시간을 보낸 적이 없다는 것을 깨달았다. 나는 브래드에게는 스케줄에 칼렙과 보내는 시간을 더 많이 넣으라고, 에밀리에게는 풀타임으로 일하기 전처럼 아이와 함께하는 시간을 만들라고 조언했다.

2년 후, 브래드와 에밀리는 다른 세미나에 참석하여 격려가 되는 말을 해주려고 나를 기다렸다. 두 사람은 미소 지으며 이렇게 말했다. "칼렙이 정말 좋아졌어요. 저희는 의식적으로 아이와 함께하는 시간을 만들었어요. 그렇게 한 지 2, 3주가 지나자 아이의 행동이 급격히 바뀌었어요. 칼렙의 담임 선생님이 저희를 학교로 부르셔서 걱정했는데, 다행히 선생님은 칼렙의 행동이 정말 좋아졌다면서 저희보고 뭘 했느냐고 물으셨어요."

이 부부는 아이가 이해하는 사랑의 언어로 말하는 것을 배웠다. 아이들을 키우는 데는 부모와 자녀의 사랑의 관계가 모든 것을 좌우한다. 아이들이 필요로 하는 사랑을 주지 못하면 그 무엇도 잘될 수 없다. 진정으로 사랑받고 보살핌 받는다고 느껴야 아이들은 건강하고 성공적인 관계를 맺을 수 있다.

모든 아이의 내면에는 정서 탱크가 있다. 정서 탱크는 아이들이 어린 시절과 청소년기에 힘든 시간을 겪을 때마다 잘 견뎌 내도록 힘을 주는 곳이다. 아이들에게 사랑의 언어를 말하면 정서 탱크를 가득 채울 수 있다. 자녀의 정서 탱크가 무조건적인 사랑으로 가득 채워지면 스크린 타임을 제한하거나 그것에 대해 대화를 나누기가 쉬워진다. 하지만 자녀가 좋아하는 사랑의 언어를 등한시하면 그러기가 쉽지 않게 된다.

그렇다면 과학 기술은 자녀에게 사랑을 표현하는 방법에 어떤 영향을 줄까? 주의 집중을 엄청나게 요구하는 디지털 세계에서 정서적으로 건강한 자녀를 기르기란 점점 더 어려운 과제가 되고 있다. 이 장에서는 각각의 사랑의 언어에 대해 간략히 설명할 것이다. 사랑의 언어에 대해 더 알고 싶다면 『자녀의 5가지 사랑의 언어』를 읽어 보길 권한다.

사랑의 언어 #1 : 스킨십

초등학교 5학년인 사만다는 최근 새로운 동네로 이사했다. 사만다는 이렇게 말한다. "올해는 이사도 하고, 새로운 친구들도 만들어야 해서 힘들게 보냈어요." 혹시 오래 살던 동네를 떠나 다른 곳으로 이사하게 되어 부모님이 자신을 사랑하지 않는 것 같다고 느낀 적은 없는지 물었다. "아뇨, 전혀요. 저는 부모님이 저를 사랑하신다는 걸 알아요. 늘 저를 많이 안아 주시고 뽀뽀해 주시거든요." 사만다가 대답했다.

사만다의 사랑의 언어는 스킨십이다. 사만다는 스킨십을 통해 자신이 안전하다고 느끼고 부모님이 자신을 사랑한다는 것을 알게 된다. 아무리 바빠도 언제든지 자녀의 등이나 팔, 또는 어깨를 부드럽게 감싸 줄 수 있다. 이 사랑의 언어는 표현하기는 쉬워도, 자녀들이 옷을 입고 벗을 때, 자녀들을 차에 태울 때, 혹은 침대로 옮길 때처럼 필요할 때만 아이들에게 손이 닿는다고 하는 부모가 많다. 많은 부모가 자녀들이 스킨십을 얼마나 원하는지, 스킨십이 자녀들의 정서 탱크를 얼마나 쉽게 사랑으로 채울 수 있는지 자각하지 못하는 것 같다.

밥에게는 세 명의 자녀가 있는데, 둘은 초등학교에 다니고 하나는 유치원에 다닌다. 초등학교에 다니는 두 자녀가 어릴 때, 밥은 자주 그들을 무릎에 앉혀 놓고 책을 읽어 주었다. 함께 책을 읽으면 아이는 일체감과 사랑을 느끼게 된다. 하지만 요즘에는 너무 바빠서 아이들이 각자 책을 읽게 한다. 네 살인 어린 딸 리사는 혼자 소파에 앉아 전자책을 본다. 밥이 리사를 무릎에 앉혀『잘 자요 달님』(Good night Moon)과 같은 동화를 읽어 주는 것은 거의 드문 일이 되었다.

전자책을 볼 때도 부모와 아이 사이의 스킨십이 중요하다. 물론 아이를 무릎에 올려놓고 태블릿 PC로 함께 전자책을 읽거나 게임을 할 수 있다. 하지만 아이는 스크린을 보고 있을 때는 보통 부모와 스킨십을 하지 않는다. 부모의 무릎에 잘 앉지도 않고, 부모 가까이에 앉지도 않는다. 스크린을 보는 데 익숙해지면 건강한 가족 안에서 일어나는 스킨십이 거의 보기 힘든 광경이 된다.

스킨십이 사랑의 언어인 자녀는 부모에게 올라타고, 손가락으로 찌르고, 계속해서 부모 옆에 앉으려고 할 것이다. 나(알린)는 막내딸 루시가 네 살일 때 항상 내 옆에 앉으려고 하고 "안아 줘!"라고 말하는 걸 보면서 루시의 가장 중요한 사랑의 언어가 스킨십임을 알았다. 루시는 매일 등을 긁어 달라고 했고, 아침에 일어나서는 제일 먼저 하는 일이 내 방으로 와서 내게 안기는 것이었다.

자녀를 품에 안고, 씨름하고, 손바닥을 마주치며 하이파이브를 하는 것은 부모의 사랑과 관심을 보여 주는 행동이다. 스킨십은 아이들 모두에게 사랑을 표현하는 강력한 방법이다. 어린아이뿐 아니라 초중고 시기를 통틀어 자녀에게는 스킨십이 반드시 필요하다. 매일 아침 집을 나서는 자녀를 안아 주면 자녀는 하루를 지내면서 정서적인 안정감을 느낄 것이다. 집에 돌아왔을 때도 안아 주면 자녀는 좋은 저녁 시간을 보낼 수 있을 것이다.

큰 남자아이들은 레슬링이나 장난치며 때리기, 꽉 껴안기, 하이파이브 등 좀 더 격렬한 스킨십에 반응하는 경향이 있다. 여자아이들도 그런 스킨십을 좋아하지만 보통은 안아 주고 손을 잡는 등의 좀 더 부드러운 방법을 좋아한다. 스크린은 아무리 발전해도 이 중 그 무엇도 해주지 못한다.

사랑의 언어 #2 : 인정하는 말

아이들은 말의 의미를 이해하기 훨씬 이전에 정서적으로 메시지를 받아들인다. 목소리 톤과 부드러운 분위기, 보살핌을 받는 느낌은 정서적으로 따뜻함과 사랑을 전한다. 어린아이들은 말과 생각을 사용하는 능력이 생기므로 부모가 말로써 그들을 지도할 수 있다. 사랑, 교훈, 격려가 담긴 말은 건강한 아이로 자라게 하는 데 필수 요소다. 아이의 가장 중요한 사랑의 언어가 인정하는 말일 때는 특히 더 필요하다.

하지만 스크린 타임이 많아지면서 아이들이 가족과 실제로 대화하기보다는 스크린에서 더 많은 말을 듣고 있다. 텔레비전이나 태블릿 PC를 통해서는 의미 있는 인정하는 말을 들을 수 없다. 비디오 게임에서 이기면 스크린이 번쩍거리기는 하지만, 자기를 사랑해 주는 사람에게서 "잘했어!"라는 칭찬을 듣는 것과는 같을 수 없다.

부모가 자녀에게 전자기기를 통해 말하거나 문자를 보내지 않는 한, 전자기기 자체가 인정하는 말을 제공하는 경우는 거의 없다. 자녀가 학교에서 집으로 돌아올 때 부모는 이렇게 문자를 보낼 수 있다. "오늘 학교 갈 때 네 모습이 정말 예뻐서 계속 네 생각이 났단다. 조금 이따 보자." 과학 기술은 이처럼 자녀에게 긍정적인 말을 전하는 역할을 할 수 있지만, 그것으로 그쳐서는 안 된다.

사랑의 언어가 인정하는 말인 아이들은 꾸준히 인정하는 말, 칭찬, '내가 너를 신경 쓰고 있다'는 메시지를 전하는 격려의 말을 들어야 한다. 격려의 말은 아이가 노력했던 특정한 부분에 초점을 맞춰야 가장 효과적이며, 아이가 잘한 부분을 칭찬해 주면 좋다. "네가 크리스찬과 장난감을 나눠 쓰는 걸 봤어. 참 보기 좋았단다. 너는 정말 좋은 친구가 되어 주었어."

아이들에게는 단호한 지도의 말도 필요하다. "맞아. 그게 네 이름을 쓰는 방법이야.", "포기하지 마. 난 네가 할 수 있다고 믿어!" 아이들은 사람이나 사물에 의해 지도된다. 만약 부모가 자녀에게 중요한 지도자의 역할을 한다면, 스크린 타임뿐 아니라 영향력을 미치는 다른 것들도 이끌 수 있을 것이다. 자녀의 스크린 타임이 걱정된다면 스스로 질문해 보라. '내 아이는 스크린 타임을 통해 긍정적이고 사랑받는 느낌을 받고 있는가?'

그렇지 않다면 가정 안에서의 스크린 타임을 다시 숙고해 보라. 자녀의 주된 사랑의 언어가 인정하는 말이라면, 사랑받는 느낌을 주기에 부모의 직접적인 칭찬보다 중요한 것은 없다. 부모와 자녀가 스크린에 집착하게 되면 자녀의 가슴에 긍정적인 말이 전해지지 않을 수 있다.

사랑의 언어 #3 : 함께하는 시간

여섯 살 나단이 엄마의 팔을 두드리고 있다. "엄마, 저랑 게임하실래요?"

"지금은 게임을 할 수 없어. 이메일에 답장을 해야 하거든. 조금 후면 게임을 할 수 있을지도 몰라. 괜찮지?" 진이 대답했다.

10분이 채 지나지 않아 나단이 엄마에게 가서 이메일 하는 일이 끝났는지 묻자, 엄마가 이렇게 대답했다. "아니, 아직 안 끝났어. 제발 그만 좀 귀찮게 굴렴. 끝나면 알려 줄게."

나단은 소파에 앉아 텔레비전을 켜고 좋아하는 프로그램을 찾기 시작했다. 진은 나단이 텔레비전을 보는 것을 그리 좋아하지는 않았지만, 잠시 동안은 자기를 방해하지 않을 테니 다행으로 여겼다.

나단이 좋아하는 프로그램이 끝나자 진은 움찔했다. 나단이 곧 들어와 놀 수 있는지 또 물어볼 게 분명했기 때문이다. 예상은 틀리지 않았다. 진이 나단에게 말했다. "프로그램 하나 더 보지 않을래?" 30분만 더 있으면 진은 해야 할 일들을 마치고, 온전히 나단에게 귀 기울일 수 있었다.

나단의 주된 사랑의 언어는 함께하는 시간이다. 그는 엄마에게 온전하게 관심받을 때 사랑받는다고 느낀다. 나단에게는 엄마에게 계속해서 가는 것이 중요했다. 만약 진이 나단과 15분 동안만이라도 놀아 주었다면, 진은 자기 일을 마치고 저녁 시간 내내 평화를 누렸을 것이다.

많은 가정에서 아이들은 엄마, 아빠보다 컴퓨터나 다른 전자기기들과 더 함께하고 싶어한다. 비디오 게임과 텔레비전 시청, 친구들과 문자를 하는 데 더 많은 시간을 보내기 때문이다. 아이들은 점점 더 가족 외부의 힘에 영향을 받고 있지만, 부모들과의 개인적인 시간도 필요하다.

스크린이 켜진 상태에서 자녀들과 좋은 시간을 보내는 것은 어렵다. 물론 서로 멀리 떨어져 있을 때는 통화를 하거나 문자 또는 이메일을 할 수 있다. 집에 있을 때는 함께 앉아 영화를 볼 수 있다. 하지만 함께하는 시간은 자녀가 온전한 관심을 받는 시간을 말한다. 텔레비전이나 스마트폰, 비디오 게임에 집중하는 동안은 그럴 수 없다.

함께 있는 시간 동안에는 사랑의 눈 맞춤을 해야 한다. 관심을 가지고 자녀의 눈을 바라보는 것은 자녀에게 사랑을 전하는 강력한 방법이다. 안타깝게도 부모와 아이들이 계속해서 전자기기를 쳐다보느라 서로의 눈을 바라보지 못하고 있다.

진이 아들과 함께 노는 시간을 만든다면, 그것은 단지 함께하는 것만이 아니다. 함께하는 시간을 보내면 자녀를 더 잘 알게 되고, 자녀와 삶에 관련된 모든 것에 대해 좋은 대화를 나눌 수 있게 된다.

사랑의 언어 #4 : 선물

아이들이 뭔가를 사달라고 조르는 모습을 보면, 아이들의 주된 사랑의 언어는 선물일 거라고 생각될지 모른다. 아이들은 모두 더 많은 것을 갖고 싶어하지만, 특별히 선물이 사랑의 언어인 아이들은 선물을 받았을 때 다른 반응을 보인다. 그들은 선물이 포장되어 있길 바라고, 늘 특별하고 새로운 방식으로 선물을 받길 원한다. 선물을 열면서 그들은 온전한 관심을 받고 싶어하고, 종종 탄성을 지르기도 한다. 또 선물을 준 당신을 껴안고 계속해서 고맙다고 말할 수도 있다.

그 후에는 선물을 눈에 잘 띄는 곳에 놓고 며칠간 그것을 몇 번이고 당신에게 보여 줄 것이다. 선물은 당신의 사랑의 표현이기 때문에 이 아이들의 마음에는 선물이 특별하게 자리 잡게 된다. 선물을 어떻게 준비했는지는 상관없다. 당신이 아이를 생각해서 선물을 준비했다는 그 자체가 아이에게는 의미가 있다.

　디지털 시대는 수많은 상업 광고가 줄을 지어 방송되고 있으며, 30초 전에는 생각지도 않았던 것을 갈망하게 만든다. 부모와 조부모는 아이에게 선물을 계속 주면서 아이의 방을 마치 정리하지 않은 장난감 가게처럼 만들 수 있다. 이런 과다함으로 선물은 그 특별한 의미를 잃게 된다. 선물을 후하게 주면 아이는 처음에는 신이 나겠지만, 얼마 지나지 않아 여기저기 뛰어다니다가 결국에는 아무것도 갖고 놀지 않을 것이다.

　부모와 조부모는 더 주기보다는 덜 줄 필요가 있다. 그리고 신중하게 의미 있는 선물을 골라야 한다. 다음 질문들은 자녀에게 장난감이나 전자기기를 사줄지 말지를 결정하는 데 도움을 줄 것이다.

- 이 장난감이나 전자기기가 아이에게 전달하는 메시지는 무엇인가?
- 이 메시지에 나는 안심할 수 있는가?
- 아이가 이 장난감이나 전자기기를 가지고 놀면서 무엇을 배우게 될까?
- 전반적으로 긍정적인 영향을 주는가, 아니면 부정적인 영향을 주는가?
- 우리는 이 장난감이나 전자기기를 살 여유가 있는가?

　모든 장난감이 교육적일 필요는 없지만, 아이의 삶에 긍정적인 목적을 주어야 한다. 전자기기를 사주면 아이들이 가족의 가치 시스템에서 멀어지게 된다. 아이들은 이미 텔레비전을 통해서, 이웃을 통해서, 그리고 학교 친구들을 통해서 이것을 충분히 느끼고 있다.

　광고나 대중문화에서 아이에게 최신 태블릿 PC나 스마트폰과 같은 비싼 선물을 사줘야 한다고 떠들어도 절대 넘어가지 말라. 컴퓨터 시스템에 연결된 세상에서 아이들을 위한 선물은 예전보다 훨씬 비싸졌다. 아이에게 태블릿 PC, 휴대 전화, 또는 다른 전자기기를 사주기로 했다면, 사랑의 표현으로써 그것을 주어야 한다. 선물을 예쁘게 포장하는 특별한 노력을 기울이고, 그것을 중대한 일로 만들라. 그리고 선물을 주면서 이렇게 말하라. "사랑해. 이제 네가 이것으로 더 많은 도움을 받을 나이가 된 것 같구나. 이것을 사용하면서 지켜야 할 사항들을 알려 줄게." 이처럼 당신의 사랑을 아이에게 정서적으로 전달할 수 있도록 선물을 십분 활용하라.

여섯 살 엘리자베스가 그 어떤 것도 선물이 될 수 있다는 사실을 상기시켜 주었다. "사랑이 가득한 아저씨를 만나 본 적 있나요? 그 아저씨는 바로 저기 계세요." 엘리자베스는 나이가 지긋해 보이는 신사를 가리키며 말했다. "저분은 모든 아이에게 껌을 주세요." 정말 멋진 일이 아닌가? 아이에게 사랑을 보여 주는 데는 많은 돈이 필요하지 않다.

사랑의 언어 #5 : 봉사

만약 봉사가 아이의 주된 사랑의 언어라면, 당신의 봉사는 아이에게 사랑을 가장 깊게 전달할 것이다. 자전거 체인을 고쳐 주거나 옷을 만져 줄 때, 점심 도시락을 싸주거나 숙제를 도와줄 때, 자녀는 당신에게서 사랑받는다고 느끼고, 정서 탱크가 가득 채워질 것이다. 하지만 아이가 요구할 때마다 다 해줘야 한다는 것은 아니다. 아이의 요구에 세심하게 귀 기울이고 당신의 봉사가 아이에게 큰 의미를 부여한다는 것을 알아야 한다.

그런데 아이들을 도와주다 보면 아이들이 어떻게 스스로 독립적이고 숙련될 수 있을지 의문이 들지 모른다. 봉사는 나이에 맞게 해야 한다. 봉사가 아이의 주된 사랑의 언어라고 해서 다섯 살 난 아이에게 숟가락으로 밥을 떠먹여 주고, 여덟 살 난 아이를 위해 침대를 정리해 주어야 하는 것은 아니다. 자녀들이 커가면서 우리는 아이들에게 스스로 하는 것과 다른 사람들을 돕는 것을 가르쳐야 한다. 그러다 보면 아이들은 언젠가 스스로 식탁을 차리고, 설거지를 하고, 바닥을 닦고, 자신의 방을 치울 것이다.

이런 것들은 온라인에서는 배울 수 없는 기술들이다. 부모는 자녀에게 컴퓨터 사용 방법과 전자기기 충전 방법을 가르쳐 줄 수는 있지만, 이런 일들을 제외하고는 디지털 방식과 관련해서는 봉사를 할 기회가 한정되어 있다.

나(알린)의 선반에는 작은 스컹크 인형이 하나 있는데, 구멍이 나서 꿰매야 한다. 그런데 글쓰기, 블로그, 이메일, 페이스북, 트위터 등을 하느라 바빠서 그 상태로 2주 이상을 내버려 두었다. 과학 기술은 우리에게 도움을 주기 위한 것이지만, 오히려 스크린에 매달리느라 딸을 위해 시간을 잠깐 내어 인형을 꿰매 주지도 못하는 모습을 발견하게 된다.

가정에서 이와 비슷한 일을 겪어 봤을 것이다. 스크린 타임은 봉사할 수 있는 시간을 앗아 갔다. 아이가 방에 포스터를 붙여 달라거나 잃어버린 펜을 찾아 달라고 요청해도 당신은 컴퓨터 앞에 앉아 있다. "미안하다, 얘야. 지금은 그걸 해줄 수 없어. 나중에 해줄게. 알았지?" 날마다 이런 식의 대답을 듣는다면, 자녀는 당신이 자기를 사랑하는지 의문이 들 것이다.

아기가 세상에 나오는 그 순간부터 자녀 양육은 봉사 지향적인 소명이 된다. 아이를 위한 봉사를 오랜 기간 계속하다 보면, 부모는 자신들의 일상적인 행동이 사랑의 표현이 된다는 것을 잊을 때가 많다. 자신들을 사랑의 봉사자로 생각하기보다는 마치 노예인 것 같다고 생각하는 부모가 많다. 그러나 그런 마음가짐으로 아이를 대한다면, 아이는 부모가 아무리 봉사를 해줘도 사랑받는 것 같지 않다고 느낄 것이다. 겉으로 보이는 필요는 채워졌지만, 정서 발달에는 전혀 도움이 되지 않는 것이다. 아무리 훌륭한 부모일지라도 가끔 자신의 마음가짐을 확인하며 지금 하는 봉사가 아이에게 사랑을 전달하고 있는지 확인해 봐야 한다.

자녀는 당신이 하는 봉사를 경험하면서 다른 사람에게 관심을 기울이는 모습을 배울 수 있다. 1970년대에 나(게리)는 가족의 전통에 따라 매주 금요일 저녁마다 대학생들을 집에 초대했다. 그렇게 모인 20-60명의 학생과 함께 저녁 8-10시까지 성경 구절에서 뽑아낸 관계적, 도덕적, 사회적 문제에 관해 서로 의견을 나누었다. 그 시간을 마치면 다과를 먹으며 자유롭게 대화를 나누었고, 그러다 보면 자정이 되어서야 모임이 끝났다.

나의 자녀인 셜리와 데릭은 그 당시에는 어릴 때라 모임에 들어왔다 나갔다 하며 돌아다녔다. 아이들은 학생들의 무릎에서 잠들기도 하고 이야기를 나누기도 했다. 학생들은 가족과도 같았고, 아이들은 금요일 저녁을 손꼽아 기다렸다. 토요일 아침이면 몇몇 학생이 어르신들을 위해 낙엽을 쓸어 드리는 '좋은 일 하기 프로젝트'를 하기 위해 동네에 오곤 했다. 그러면 셜리와 데릭은 항상 이 봉사 활동을 따라갔다. 물론 낙엽을 쓸기보다는 그 위에서 뛰어놀 때가 더 많기는 했지만 말이다.

우리 집을 공유하고 아이들을 봉사에 참여시킨 일은 아이들의 인생에 심오하고 긍정적인 영향을 주었다. 자녀가 다른 사람들을 위해 봉사하는 데 익숙해지도록 도우라. 이는 우연히 배울 수 있는 것이 아니며, 온라인에서 배울 수 있는 것도 아니다. 당신이 자녀를 위해 봉사하는 모습, 다른 사람들을 기쁨으로 섬기는 모습을 보며 자녀는 봉사를 배울 수 있다.

> ### 스크린 타임을 봉사 타임으로 바꾸는 5가지 방법
> 1. 자녀가 스포츠팀에서 해야 하는 운동을 연습할 수 있도록 돕는다. 야구공을 던지거나 받는 것, 농구에서 자유투를 던지는 것 등이 될 수 있다.
> 2. 자녀에게 특별한 아침 식사를 만들어 주기 위해 30분 일찍 일어난다.
> 3. 자녀가 스크린 타임이 아닐 때는 무엇을 하길 좋아하는지 적어 본다. 그리고 주기적으로 그것들 중 하나를 함께한다.
> 4. 자녀가 곧 치르게 될 시험을 위해 플래시 카드(암기용 카드)를 만든다. 자녀가 자신이 생길 때까지 함께 공부한다.
> 5. 자녀가 고장 난 장난감이나 자전거를 고치는 것을 도와준다. 잠깐이라도 시간을 내어 고쳐 주면 봉사가 사랑의 언어인 아이는 사랑을 느낄 것이다.

지금까지 5가지 사랑의 언어를 소개했다. 아마도 내 아이의 주된 사랑의 언어는 무엇일지 궁금해질 것이다. 안타깝게도 부모에게서 사랑받는다고 느끼지 못하는 아이들이 있다. 그들은 부모가 사랑하지 않아서가 아니라, 자신들의 특정한 사랑의 언어로 충분히 사랑받지 못해서 그렇게 느끼는 것이다. 이런 아이들은 무기력한 모습을 보이거나, 사람들을 피하는 경향이 있다. 오늘날에는 스크린이 이런 아이들의 도피처가 되고 있다.

자녀들이 과학 기술 방식에 뒤처지는 것을 원치 않아 가정 안에 스크린이 들어와도 꺼리지 않는 부모가 많다. 이 부모들은 아이들이 정서적으로 뒤떨어지는 것에 대해서는 인지하지 못할 수 있다. 정서적인 결함을 겪게 되면 아이들은 결코 따라잡지 못할 정도로 뒤처지게 된다.

자녀에게 계속해서 사랑의 언어를 말하면서 자녀의 성장에 필요한 지적, 정서적 자극을 주라. 사랑의 언어는 스크린이 아닌 부모가 가장 강력하게 말할 수 있다는 것을 세상에 보여 주라.

"하나님을 경외하면 자신감이 쌓이고 자녀들도 안전한 세상에서 살게 된다."

(잠 14:26, 『메시지 구약 시가서』)

11.

스크린 타임과 안전

　에이미와 빌은 열 살 난 딸 켄드라를 위해 안전한 온라인 환경을 만들어 주려고 최선을 다했다. 그들은 스크린 타임을 하루에 2시간으로 제한하고, 아이가 방에서 전자기기를 사용하지 못하게 했다. 켄드라는 컴퓨터나 스마트폰을 식탁이나 거실과 같은 공동 구역에서만 사용할 수 있었다. 에이미와 빌은 컴퓨터와 스마트폰에 인터넷 사이트를 걸러 내는 프로그램을 깔았으니 아이의 스크린 타임이 안전할 거라고 생각했다.

　하지만 그들이 미처 깨닫지 못한 것이 있다. 켄드라는 아이들에게 인기 있는 SNS에 관심이 높아지고 있었다. SNS에 매일 로그인하여 게임을 하거나 스크린 친구들과 채팅을 했고, 패션 블로그를 읽기도 했다. 아이들에게는 안전하다고 표시된 웹사이트이지만 켄드라는 상영 등급이 높은 영화의 광고를 보고, 채팅방에서는 "그 남자아이가 나를 좋아하는지 어떻게 알아?"라는 질문에 대한 답들을 읽는다. 켄드라는 점점 더 자신의 외모에 대해 다른 사람들의 시선을 의식하게 되었고, 자신을 좋아하는 남자

아이가 없는 것 같아 슬슬 걱정되기도 했다. 켄드라는 다른 아이들이 온라인에 쓴 댓글에 영향을 받아 왔고, 부모는 그 사실을 전혀 몰랐다.

켄드라는 9~16세 여자아이들을 위한 SNS를 사용하는데, 그 나이 때는 나이별로 발달 사항에 큰 차이를 보인다. 열여섯 살 아이들에게는 적당한 내용이 열 살인 켄드라에게는 건강하지 못할 수 있다.

스크린에 대한 규칙은 분명히 도움이 되고 필요한 것이지만, 자녀의 안전과 관련하여 더 가치 있는 일들이 있다. 자녀가 좋은 성품을 길러 나가도록 돕고, 스크린 타임 교육에 활발히 참여하며, 그것을 실천하는 일도 그에 포함된다.

따돌림에도 상처받지 않는 마음

많은 부모가 인터넷의 안전에 대해 생각할 때면, 소아성애자, 낯선 사람의 위험성, 사이버 괴담 같은 주제에 초점을 맞춘다. 아마도 그런 비극적인 일들로 인해 자녀들의 디지털 사용에 주의를 기울이게 되었을 것이다. 열두 살 난 소녀가 버려진 시멘트 공장 꼭대기에서 뛰어내려 자살한 사건이 있었다. 전해진 바에 따르면, 열두 살, 열네 살인 두 소녀가 온라인에 "약 먹고 죽어 버려."라는 글을 올리며 그 여자아이를 비웃고 따돌렸다고 한다. 이 사건으로 두 소녀는 흉악 범죄로 체포되었다.[1]

이런 이야기들은 우리의 가슴을 무너지게 하면서 사이버 왕따가 얼마나 심각한 문제인지 경각심을 갖게 한다. 부모는 반드시 아이들로 하여금 낯선 사람이 얼마나 위험한지 알게 해야 한다. 그런데 온라인에서 아이들이 받는 상처는 대부분 지인들에게서 비롯된다. 사이버 왕따는 의도적으로 디지털 미디어를 사용하여 다른 사람에 대해 거짓되고 적대적인 정보, 수치스러운 정보를 퍼뜨리는 일이다. 사이버 왕따는 십대들 사이에서 가장 많이 일어나고 있는 위험한 일이며, 누구라도 온라인에서 겪을 수 있는 문제다. 사이버 왕따를 당하면 우울증, 두려움, 극심한 고독과 같은 심각한 증세를 겪을 수 있다.

초등학교 4학년에서 중학교 2학년 학생들을 대상으로 한 국가적 조사에 따르면, 아이들이 다음과 같은 일을 겪었다고 한다.

- 42%가 온라인에서 따돌림을 당한 적이 있다(네 명에 한 명 꼴로 한 번 이상 겪음).
- 35%가 온라인에서 협박을 당한 적이 있다(거의 다섯 명에 한 명 꼴로 한 번 이상 겪음).
- 21%가 심술궂거나 협박적인 이메일 혹은 다른 메시지를 받았다.
- 53%가 심술궂거나 다른 사람에게 상처를 줄 수 있는 말을 온라인에서 한 적이 있다.
- 58%가 온라인에서 상처받았던 일들을 부모나 다른 어른에게 말하지 않았다.[2]

WiredSafety.org의 대표인 페리 아프탑의 말에 따르면, 사이버 왕따는 아이들이 문자를 주고받고 웹사이트에서 어울리기 시작하는 초등학교 2학년 때부터 발생한다고 한다. "요즘에는 6, 7세부터 발생하는데, 일반적으로 14세가 되면 그 추세가 감소한다. 그 후에는 사이버 스토킹과 괴롭힘을 당하는데, 이때는 이성 간의 문제가 원인이 되는 경우가 많다.

남자 친구나 여자 친구와 헤어지고 나서 속상한 마음에 상대방을 괴롭히는 것이다.[3]

아이들이 서로를 웃음거리로 만들고 혐오하는 말들을 하는 것은 어제오늘 일이 아니다. 하지만 디지털 세상에서는 그런 일들이 크게 확대되고 상처가 되는 댓글이 퍼지고 있어 아이들이 깊이 상처받고 무서움에 떨게 되었다. 어린아이들은 정서적으로 자존감을 무너뜨리는 디지털 공격을 감당할 준비가 되어 있지 않다. 아이들은 서로의 비밀을 온라인에 올리고, 비밀번호를 훔치고, 다른 사람인 체하며 상대방을 공격한다. 그리고 수치심을 주는 부적절한 사진들을 찍어 온라인에 올린다.

부모에게는 자녀의 정신적, 정서적 건강을 발달시킬 의무가 있다. "도대체 요즘 시대는 이해가 안 돼요."라고 말하며 포기해 버려서는 안 된다. 그것은 마치 커다란 쇼핑몰의 안내도를 읽을 수 없다고 아이들을 지켜보지도 않은 채 쇼핑몰에서 뛰어다니게 내버려 두는 것과 같다. 우리는 디지털 시대에 친숙해져야 한다. 그리고 우리의 아이들이 현대의 디지털 놀이터에서 안전하게 잘 안내되도록 지도해야 한다.

우리는 아이들이 관계 기술을 발전시켜서 모든 사람에게 똑같은 가치를 두고 대하도록 가르쳐야 한다. 그리고 함께 있을 때나 온라인상에서나 건강하고 긍정적인 친구 관계를 맺게 해야 한다. 관계를 맺는 데 서툰 아이들은 공감하는 능력이 부족하여, 다른 사람들을 잔인하게 대하고 따돌림을 주도할 수 있다. 아니면 어떻게 도움을 청해야 하는지 몰라 따돌림을 당하는 피해자가 될 수도 있다. 다음의 안내 사항들을 이용하여 자녀가 따돌림에도 상처받지 않도록 도우라.

- 자녀가 사이버 왕따에 대한 것은 무엇이든 당신(엄마와 아빠)에게 말하도록 한다.
- 자녀가 따돌림을 하는 아이들을 차단하고 그들의 댓글에 절대 대응하지 않도록 한다.
- 온라인에서 다른 사람을 공격하는 것이 얼마나 위험한 행동인지 자녀와 이야기한다.
- 당신이나 선생님에게 보여 주기 불편한 것이라면 온라인에도 절대 올리지 말라고 가르친다.
- 자녀가 상처받는 말을 들었다면, 당신이 생각하는 자녀의 장점 5가지를 말해 주라.
- 자녀가 온라인에 접속하면 적극적으로 감독하라.

자녀가 다른 친구를 따돌리는 아이라면, 우선은 혼내지 않을 거라고 말해 주라. 권위자에게 즉각 반응하는 아이라면 자기가 한 일에 죄책감을 느끼고 다시는 자기의 기분을 표현하지 않을 수 있다. 아이에게 당신이 그를 하나의 사람으로 여기고, 그가 기분이 좋든 화가 나든 상관없이 그를 항상 알고 싶어한다는 사실을 알게 하라. 이것은 훈련의 한 부분이다. 무조건적인 사랑의 장소에서, 당신은 아이가 미래에 하게 될 행동을 고치도록 함께 노력할 수 있다.

성범죄 문제

1996년 미국 법무부의 사이버 범죄부는 인터넷을 통해 벌어진 113건의 아동 성매매 사건을 공개했다. 2007년 회계 연도를 지난 후에는 그 숫자가 20,200건으로 늘었다.[4] 아동을 대상으로 한 이 끔찍한 범죄는 해마다 기하급수적으로 늘고 있다. 부모들은 성범죄자들의 행동 특성을 알아 두고, 자녀가 온라인에서 무엇을 꼭 피해야 하는지 파악하고 있는 것이 현명하다. 아이들을 위한 채팅방이 문제가 되는 이유는 단지 사이버 왕따 때문만이 아니다. 성범죄자들의 표적이 되기 때문이다. 자녀에게 채팅방에서 만나는 사람들이 짐작되는 것과 다른 사람일 수 있음을 설명해 주라. 자기가 열세 살 소녀라고 말하는 사람이 실제로는 마흔 살의 남성일 수 있다. 온라인에 쓰인 그대로가 사실은 아닌 것이다.

　FBI 특별 수사관인 피터 브루스트에 말에 따르면, 성범죄자들은 일반적으로 여러 개의 하드 드라이브나 컴퓨터에 대화 상대 목록을 저장해 둔다고 한다. 그 목록의 사람들은 수천 명에 달할지 모르며, 성범죄자들은 그 사람들이 몇 시에 채팅방에 들어오고 무엇을 좋아하는지 안다고 한다. 브루스트가 말한다. "많은 학교와 학부모 모임에 설명회를 하러 가면 부모들이 '제 아이가 이 SNS에 가입한지도, 이런 대화명과 프로필을 가졌는지도 몰랐어요.'라고 하며 놀랍니다."[5]

　이 수사관이 피해를 당한 십대들과 피해를 당하지 않은 십대들을 면담해 본 결과, 피해를 당하지 않은 십대들에게는 공통점이 있었다. 그들은 인터넷상의 안전 문제에 대해서 숙지하고 있었고, 자신들의 사생활에 가치를 두고 있었다. 반면, 피해를 입은 십대들은 보통 성관계에 대한 정보를 찾고 있거나 로맨스, 만남을 구하고 있었다. 성범죄자들은 이것을 노린다. 온라인 채팅을 통해 그들은 십대들을 실제로 만날 수 있을 정도로 신뢰를 쌓는다.

사생활 침해 문제

웹사이트와 모바일 앱은 아이들에게서 엄청나게 많은 개인 정보를 수집한다. 아이들이 게임을 하거나, 블로그 글을 읽거나, 대회에 참여하려면 웹사이트에 등록해야 하는데, 이름과 주소, 생년월일, 그리고 좋아하는 활동이나 좋아하는 상품 등의 정보를 입력해야 한다. 이 정보는 소비자 목록을 만드는 데 이용되거나 다른 사업체에 팔리기도 한다.

나이가 조금 있는 자녀들에게는 그들이 방문하는 웹사이트와 모바일 앱의 개인정보 보호정책을 읽으라고 가르치라. 그러면서 어떤 정보를 수집하는지, 그것을 어디에 쓰는지 살펴보게 하라. 또한, 개인정보 수집 및 이용에 '동의'를 구하는 과정이 있는지 살펴보게 하라. 웹사이트나 모바일 앱에 회원 가입을 할 때는 개인정보를 수집해도 된다는 가입자의 동의가 있어야 한다. 이것이 합법적인 방법이다.

페이스북이나 인스타그램 같은 SNS는 13세 이상이 되어야 가입할 수 있다. 어린이 온라인 보호법은 미성년자의 개인정보를 수집하는 웹사이트를 금지하고 있다. 하지만 이미 경험해 봐서 알지 모르겠지만, 많은 아이가 웹사이트나 모바일 앱에 가입할 때 자신의 나이를 속인다. 전해진 바에 의하면, 750만 명의 미성년자들이 그렇게 나이를 속이고 가입했다고 한다.[6]

열 살 난 자녀가 친구나 할머니와 페이스북을 하고 싶어한다면 무엇이 그렇게 해롭겠는가? 이것이 부모로서 걱정해야 할 일인가? 문제는 나이를 속였다는 데 있다. 만약 당신이 자녀를 도우려 한다면, 진실을 말하는 것에 대해 어떻게 의사소통할 수 있겠는가? 자녀가 당신의 허락 없이 나이를 속이는 행동을 했다면, 그것은 당신의 권위를 약하게 만든 것이라고 할 수 있다. 이 밖에 낯선 사람들이 자녀의 프로필을 보는 문제도 발생한다. 자녀가 페이스북에 가입한 정보에 따라 18세가 되면(실제 나이는 15세 정도일 수 있다), 낯선 사람들이 자녀의 프로필과 자녀의 친구 목록을 볼 수 있다.

인스타그램에서는 프로필을 친구에게만 공개하기로 설정하지 않으면(그렇게 해야 친구나 팔로워 목록에 있는 사람들만이 자신의 사진을 볼 수 있다), 올린 사진을 누구나 볼 수 있게 된다. 사진을 올릴 때는 사진을 찍은 장소도 쉽게 공개되므로 자녀에게 항상 지오태깅(geotagging, 사진이나 동영상 등 디지털 매체 내에 최신 지리적 정보를 삽입하는 것-역자 주)을 꺼 놓았는지 확인하라고 해야 한다.

스냅챗(snapchat)은 사용자들이 사진을 찍어 보내면 수신인이 10초 동안만 볼 수 있고, 내용을 확인하고 나면 완전히 사라지게 하는 앱이다. 이 앱은 십대를 겨냥해 만들어진 것인데, 섹스팅의 완벽한 수단이 되고 있다. 섹스팅은 성적인 것을 연상시키는 문자나 사진, 혹은 동영상을 보내는 행위로, 현재 증가하는 추세다. 스냅챗 사진이 삭제된다고 해도 수신인이 사진을 스크린 숏(screen shot, 현재의 디스플레이 화면상의 화상을 그대로 파일로 보존하는 것-역자 주)으로 찍을 수 있고, 그 사진을 다시 사진 찍을 수도 있다. 만약 자녀가 사진이 10초 안에 삭제되니 괜찮다고 생각하면서 부적절한 사진을 올린다면, 다른 사람들이 사진을 저장하여 자녀를 해코지할 수 있는 것이다.

디지털 시대에는 이처럼 여러 가지 문제가 발생할 수 있으므로 부모가 아이들의 사생활을 조심스럽게 지도해 주어야 한다. 아이들과 십대들은 아직 사생활의 가치를 이해할 만큼 지혜를 갖추고 있지 않기 때문이다.

포르노 문제

오늘날은 그 어느 때보다도 포르노그래피를 접하기 쉬운 시대가 되었다. 휴대 전화, 컴퓨터, 태블릿 PC와 같이 우리가 매일 사용하는 전자기기를 통해 언제 어디서든 포르노를 볼 수 있다.

다음의 통계를 보면 아마도 정신이 번쩍 들 것이다.

- 인터넷 웹사이트 중 12%가 포르노다.
- 포르노를 보는 3명 중 1명이 여성이다.
- 18-24세의 성인 남자 중 70%가 한 달 안에 포르노 사이트를 방문한다.
- 인터넷 사용자의 34%가 팝업창을 통해 원하지 않는 포르노를 접하게 되거나, 링크나 이메일에 잘못 연결되는 일을 겪었다.
- 온라인에서 포르노를 본 아이들의 평균 나이는 11세다.[7]

아이들은 단순히 호기심으로 포르노를 볼 수도 있고, 구글 검색을 하는 동안 우연히 포르노 링크를 눌러 포르노를 보게 될 수도 있다. 아무리 좋은 차단제가 있다 하더라도, 아이들은 P2P(Peer to Peer) 네트워크 등을 통해 포르노를 접할 방법을 찾을 수 있다. P2P란 인터넷에서 개인과 개인이 직접 연결되어 파일을 공유하는 방식으로, P2P 프로그램을 컴퓨터에 설치하면 세계 어느 곳에 있는 사람에게라도 컴퓨터에 있는 파일들을 복사해 줄 수 있다.

그런데 P2P 프로그램 다운로드의 35%가 사실상 포르노다. 아이들이 인터넷에서 우연히 포르노를 접하게 되는 것은 보통 정물 사진들이다. 노골적인 포르노는 신용카드로 구입하지 않으면 손에 넣을 수 없다. 하지만 P2P 프로그램을 통해서는 아이들이 인터넷 여과 장치로도 막을 수 없는 높은 등급의 영화를 무료로 볼 수 있다. 이런 일을 막으려면 정기적으로 컴퓨터를 점검해 비트토렌트(BitTorrent), 베어쉐어(Bear Share), 라임와이어(Limewire)와 같은 P2P 프로그램을 이용하지 못하도록 해야 한다.

포르노를 한 번 봐서는 아이에게 장기적인 영향을 끼치지 않을 수 있지만, 계속해서 본다면 얘기가 달라진다. 포르노가 생생할수록 자녀는 정서적으로 엄청난 피해를 겪게 된다. 포르노는 아이들에게 인간의 성생활에 대해 잘못된 정보를 주고, 아이들을 혼란스럽게 만든다. 여성을 평가절하하고, '완전한' 몸매를 예찬하고, 거짓 기대를 품게 하는 장면으로 가득하기 때문에, 아이들이 미래에 만들어 갈 인간관계에도 영향을 끼칠 수 있다. 아이들이 포르노를 몰래 보다 보면 수치스러운 마음이 생기게 된다. 이것은 부모에게도 치욕적인 일이 된다.

아이가 포르노를 접하기 전에 부모가 미리 성에 대해 자녀들에게 알려 주는 것이 중요하다. 알맞은 그림을 사용하여 남자의 몸은 어떻게 생겼고, 여자의 몸은 어떻게 생겼는지 보여 주면서 남녀의 차이점을 설명해 주면 좋을 것이다. 그리고 자녀들이 십대가 되면 몸에 어떤 변화가 오는지 말해 주는 것이 좋다. 몸에 변화를 겪기 훨씬 전에 이를 설명해 주면 자녀는 성을 금기시되는 주제로 인식하지 않게 될 것이다.

아담과 이브 이야기와 하나님이 어떤 이유로 그들에게 옷을 지어 입히셨는지에 대해 아이와 이야기해 보라. 그러면서 포르노가 성의 본래의 의미를 어떻게 훼손했는지 얘기해 볼 수 있을 것이다. 그리고 언젠가 스크린에 심한 노출을 한 사람들이 나올 수 있다고 설명하면서, 그런 장면이 나오면 바로 화면을 끄고 당신에게 말해야 한다고 가르치라.

아이들과 성과 포르노에 대해서 잠깐씩 자주 얘기해 보길 권한다. 한 번에 너무 긴 이야기를 하면 아이들은 '이 얘기 도대체 언제 끝나지?' 하면서 집중하지 못할 것이다. 자녀들이 십대에 이르면 이런 이야기를 좀 더 자주 하라. 십대 자녀들은 자신들의 몸이 어떻게 변화하고 있고, 성적인 생각은 어떻게 다루어야 하는지 궁금해할 것이다. 그래서 지도가 필요한 것이다.

포르노에 대한 가족 지침을 만들어 보는 것도 좋다. 자녀들이 포르노를 보는 것을 알게 되면 그들이 치러야 할 대가에 대해서도 알려 준다. 목소리 톤을 낮추고 아이들을 향해 온화한 마음을 품되, 지켜야 할 선에 대해서는 단호하게 알려 주라. 포르노를 몰래 봤다고 인정하는 순간 아이들은 부끄러움을 느낄 것이다. 그리고 부모도 자신을 부끄럽게 여길 거라고 생각되면 다음부터는 포르노를 보지 않으려고 할 것이다.

만약 아이가 포르노물을 정기적으로 보는데 그만 보기 힘들어한다면, 전문 상담가에게 도움을 요청해 아이를 건강하지 못한 행위에서 멀어지게 할 수 있다. 포르노는 자녀가 성인이 되었을 때도 부정적인 영향을 끼치므로 절대 접하지 못하게 해야 한다.

안전한 가정

과학 기술은 위험 요소를 가져왔지만, 긍정적인 면도 있다. 일곱 살 에이바는 엄마가 자기를 데리러 학교에 오자 환한 미소를 지었다. 그날 저녁 식사 후 에이바는 아빠와 스카이프 통화를 했다. 군인인 에이바의 아빠는 6개월 동안 다른 부대에 배치되었는데, 스카이프를 이용하여 가족과 자주 통화할 수 있었다. 스카이프가 그와 가족을 이어 주는 데 커다란 도움이 된 것이다. 몇 주 전에 에이바가 수학 문제를 풀지 못해 힘들어하고 있을 때, 에이바의 아빠는 수천 마일이나 떨어져 있지만 딸의 수학 숙제를 도울 수 있었다.

"아빠, 안녕!" 에이바가 스크린을 향해 팔을 열심히 흔들며 큰 소리로 말했다. 그러고는 손가락으로 입술을 벌리며 소리쳤다. "보세요! 저 이 뺐어요!"

"와! 내 이를 보렴. 내 이는 아직 그대로야. 하나도 안 빠졌어!" 아빠가 크게 웃으며 대답했다.

수년 전에는 이처럼 실시간으로 통화하며 아이를 본다는 것은 불가능한 일이었다. 하지만 지금은 가족들과 멀리 떨어져 있어도 영상 통화를 하며 연락할 수 있다. 이렇게 과학 기술을 이용하여 가족과 연락하는 것은 아이에게 안전과 사랑을 느끼게 해준다.

아이가 안전하다고 느끼도록 가정에서는 과학 기술을 어떻게 사용할 수 있겠는가? 스크린과 더불어 '안전한 가정'을 만들어 가려면, 가족들의 미디어 사용에 대해 다음과 같이 몇 가지 질문을 던져 볼 수 있다.

- 우리 가족은 가족이 하나 되도록 스크린을 사용하는가? 그렇다면 어떻게 사용하는가?
- 스크린을 사용하면서 부모와 자녀의 관계가 강화되는 것 같은가, 아니면 약화되는 것 같은가?
- 가정에서의 스크린 타임이 학습에 도움이 되고 긍정적인 가치를 촉진하

는가?
- 자녀들이 스크린에서 나쁜 말이나 태도를 배우는가?

가정은 아이들에게 따뜻한 사랑을 느끼게 하는 안전한 장소가 되어야 한다. 가정은 가족들이 각자 스크린 앞에 앉아 정치적인 뉴스나 게임에 몰두하라고 만들어진 곳이 아니다. 오늘날의 디지털 세계에서 당신은 가정에 스크린이 켜져 있을 때 어떤 역할을 해야 하는지 생각해 보아야 한다. 스크린 없는 가정을 만들기란 아마도 비현실적인 일일 것이다. 하지만 똑똑하게 스크린을 사용하는 가정, 안전하게 스크린을 사용하는 가정을 만들어 보는 것은 어떤가?

가장 좋은 방법은 전자 미디어를 자녀의 방에서 치우는 것이다. 특별히 집에 어린아이가 있다면 꼭 그렇게 하라. 문이 닫히고 불이 꺼지면 아이의 방에서 무슨 일이 벌어지는지 알 수 없다. 감독하는 사람 없이 보지 말아야 할 내용을 보게 하는 것과 잠들기 전에 스크린을 보는 것은 수면을 방해한다.

하지만 오늘날 아이들의 방에는 대부분 텔레비전이나 컴퓨터가 있다. 8-18세 아이들의 71%가 방에 텔레비전을 두고 있다.[8] 바로 편리함 때문이다. 부모와 자녀가 서로 다른 프로그램을 보고 싶어한다면, 아이들은 자기 방으로 가서 원하는 프로그램을 보면 된다. 순서를 정해서 본다거나 서로를 위해 양보하는 일이 더 이상 필요하지 않게 된 것이다. 과학 기술의 발달로 우리는 원하는 것을 언제든 얻을 수 있게 되었다. 그러면서 부모, 자녀 상관없이 개인의 취향이 무엇보다 가장 중요해졌다.

스크린이 많으면 편리함을 누릴 수 있지만, 예전처럼 가족이 함께 둘러

앉아 같은 프로그램을 보면서 끈끈한 가족애를 느낄 기회는 잃게 된다. 우리가 원하는 것은 다른 시대에 대한 향수가 아니라 가족 간의 단란함이다. 1950년대 흑백텔레비전 시대로 돌아갈 수는 없다. 과학 기술은 자녀들에게 좋은 것이든 나쁜 것이든 온갖 종류의 정보를 접하게 한다. 위험을 줄이면서 자녀를 과학 기술의 긍정적인 부분으로 지도하는 일은 부모에게 달렸다.

컴퓨터나 태블릿 PC는 모두가 볼 수 있는 공간에서만 사용되어야 한다. 밤에는 휴대 전화나 태블릿 PC, 게임기와 같은 모든 전자기기를 거두어 부모 방에 있는 통에 넣어 두라. 범죄가 자주 일어나는 곳에 산다면 자녀의 침대 옆에 휴대 전화를 놓아두는 것이 좋다.

또한, 가정 안에 전자기기가 있는 장소에 표를 붙여 놓고 무엇을 봤는지 기록하게 하면, 인터넷을 안전하게 사용하기 위해 해로운 사이트를 걸러 내는 연습을 할 수 있다. 인터넷 안전 프로그램은 의심스러운 웹사이트나 영상, 음악, 인스턴트 메시지, SNS를 차단하여 해로운 내용에서 가족을 보호한다. 시스템들은 미리 정해진 범주에서 고를 수 있는 것이 있고, 부모가 사이트를 추가하거나 제거할 수 있는 목록을 제공하는 것들도 있다. 블랙리스트가 분명하게 성적인 내용이나 폭력성이 짙은 웹사이트를 걸러 내 준다. 일반적으로 웹 주소를 검색하거나, 사이트의 주요 단어들, 그리고 주요 단어 검색으로 '화이트리스트'를 만들 수 있다. 즉, 자녀가 온라인에서 검색할 수 있는 증명된 웹사이트 목록을 만드는 것이다.

컴퓨터나 휴대 전화에 여과 장치를 설치하라고 추천하고 싶지만, 이렇게 한다고 자녀가 부적절한 것을 보지 않게 된다고는 완전히 보장할 수 없다. 일부 아이들은 지나치게 성적이거나 폭력적인 것들을 우연히 접하게 되지만, 어떤 아이들은 일부러 그런 것들을 찾아다닌다. 보지 말아야 할 것을 보기로 작정한 아이들은 어떻게든 여과 장치와 감시 장치를 벗어나려고 할 것이다.

단순히 최고 성능의 인터넷 안전 시스템을 설치했다고 안전하다고 믿어서는 안 된다. 과학 기술에 아이의 안전을 맡기는 대신, 부모가 직접 자녀를 감독하고 계속해서 디지털 안전에 대해 가르쳐야 한다. 온라인과 스크린을 사용할 때 무엇이 건강한 것이고 무엇이 건강하지 않은 것인지를 가르치다 보면, 결국 아이들 자신의 눈과 귀가 아이들에게 최고의 여과 장치가 될 것이다.

하지만 모두가 휴대 전화를 가졌다

나(알린)의 아이들이 다니는 학교에서는 5, 6학년 학생들 대부분이 휴대 전화를 가지고 있다. 나의 아이들도 그렇다. 그런데 그 또래보다 나이가 어린 아이들이 휴대 전화를 가진 것을 본 적이 있을 것이다. 휴대 전화를 가지기에 너무 어린 나이는 과연 몇 살일까? 모든 아이와 가족마다 상황이 다르겠지만, 그 질문에 대답할 만한 정확한 나이는 없다. 초등학교 학생들은 휴대 전화로 인터넷을 할 필요가 없다. 아이에게 안전하게 인터넷을 검색하라고 책임을 지우는 것은 지나친 기대다. 그것은 마치 아이를 홀로 쇼핑몰에 데려다 놓고는 문제가 생기지 않길 바라며 성인용 서점과 마약 판매상들에게서 원하는 것을 고르라고 하는 것과 같다.

만약 아이에게 휴대 전화를 줄 것이라면, 사진을 보내거나 인터넷 연결을 할 수 없는 가장 기본적인 것을 골라야 한다. 그리고 안전을 위해 휴대 전화를 사용하는 것임을 기억하고, 아이가 휴대 전화를 어떻게 사용하는지 감독해야 한다. 우선은 휴대 전화 사용량을 정하고, 밤에는 정해진 시간 외에는 휴대 전화를 사용하지 못하게 하라. 그리고 매월 전화 요금 청구서를 보여 주어 휴대 전화 사용이 공짜가 아님을 알게 하라. 그러면 아이들은 재정에 대한 책임과 엄마, 아빠가 전자기기를 제공해 준 것에 대해 감사함을 배울 것이다.

휴대 전화를 사용하는 첫 번째 달에는 오직 엄마, 아빠와만 전화하게 하는 것도 좋은 방법이다. 두 번째 달에는 믿을 수 있는 친구 한두 명에게 전화하도록 통화의 범위를 넓혀 준다. 부모가 자유를 조금씩 늘려 주면, 아이들은 자유를 어떻게 다루어야 하는지 배우게 된다. 휴대 전화를 사용하는 순간부터 사용 계약서를 만드는 것도 좋다. 그렇게 하면 휴대 전화 사용에 대한 기대감을 명백히 전달하고, 아이가 갑자기 놀라는 일이 발생하지 않도록 할 수 있다. 계약서에는 다음의 내용을 포함할 수 있다.

- 부모님의 허락 없이는 내 전화번호를 다른 사람에게 알려 주지 않는다.
- 만약 금지된 사항이라면 휴대 전화를 교실에 가져가지 않는다.
- 부모님에게서 오는 전화는 꼭 받는다. 만약 수업 시간이라서 전화를 받지 못했다면, 가능한 한 빨리 전화를 드린다.
- 월 평균 요금보다 훨씬 많이 나오면 그 차액을 내가 지불한다.

열두 살인 잭슨과 코너는 유치원 때부터 친구였다. 그들은 서로의 집에서 놀면서 함께 자랐다. 최근에 코너는 인터넷 접속이 가능한 휴대 전화를 갖게 되었다. 코너와 잭슨은 코너의 집에서 돌아가면서 휴대 전화로 게임을 한다. 잭슨의 엄마는 아들이 너무 쉽게 인터넷에 접속하는 것이 염려되었다. 하지만 아이들을 항상 감시하기란 불가능해 보였다.

당신이라면 자녀가 다른 사람과 함께 놀기로 한 날에 아이를 안전하게 지키기 위해 무엇을 하겠는가? 다른 가족에게 당신이 정한 스크린과 휴대전화 규칙을 지키라고 강요할 수는 없다. 스크린 타임과 아이의 친구들에 대한 결정에 도움이 되는 몇 가지 지침이 있다.

작은 것들에서 큰 것을 구별해 낸다. 스스로 이렇게 질문해 보라. '이것이 일주일 후에도 문제가 될 것인가?' 만약 자녀가 다른 사람의 집에서 포르노를 보는 것이라면, 대답은 '그렇다' 일 것이다. 하지만 30분 동안 폭력적이지 않은 비디오 게임을 한다면, 대답은 아마도 '아니다' 일 것이다. 이는 마치 다른 사람의 집에서 인스턴트식품을 먹는 것과 같다. 집에서는 건강한 음식을 먹는다면, 친구 집에서 초코바 한 개를 먹는 것은 그렇게 해롭지 않다.

그 가족을 알아 간다. 시간을 내어 자녀의 친구 부모와 친하게 지낸다. 그리고 이런 질문을 해본다. "집에서 어떤 종류의 텔레비전 쇼와 비디오 게임을 허락하고 계세요? 아이들이 보는 것을 감시하세요?" 이 질문을 하는 것이 예의 없는 행동이라고 생각하지 말라. 아이가 당신과 떨어져 있더라도 자녀를 위해 안전한 경계선을 만들어 주는 것은 당신의 책임이다.

당신이 희생하라. 질문을 너무 많이 하면 비판적이거나 잘난 척하는 것처럼 보일까 봐 걱정될 수도 있다. 그럴 때는 그냥 당신 자신을 과잉보호하는 사람이라고 말하라. 당신을 관대한 사람으로 보이게 하는 것보다 비판하는 것이 더 나을 수 있다("제가 너무 까다로운 것 같아서 죄송하네요").

당신의 가족이 스크린 타임에 대해 가지고 있는 가치관이 친구 가족의 가치관과 호환되지 않는다면, 방과 후에 그 친구와는 놀지 못하게 하는 것이 좋다. 물론 가족마다 다른 가치관을 가질 수 있다. 여기서 말하고자 하는 바는 당신의 아이가 다른 아이에게는 너무 과한 상대라는 것이 아니다. 요점은 당신이 자녀의 보호자가 되어야 한다는 것이다. 자녀의 눈과 귀를 통해 자녀의 마음과 생각으로 들어가는 것을 거르는 일은 당신의 책임이다. 인터넷 안전망은 자녀에게 관여하는 부모를 결코 대신할 수 없다.

안전한 스크린 사용을 위한 가족 서약서

다음의 서약으로 시작하고, 가족의 필요에 맞게 수정한다.

- 나는 이름이나 주소, 전화번호와 같은 개인정보를 절대 알려 주지 않는다.
- 나는 나이, 학교, 혹은 부모님의 직장이 어딘지 알려 주지 않는다.
- 나는 나의 비밀번호를 누구와도 공유하지 않는다.
- 나는 가족이 정한 시간을 따른다.
- 나는 부모님이 필요하다고 생각하실 때는 언제든지 나의 미디어 사용 기록을 체크하실 수 있도록 한다.
- 나는 아는 사람들과만 온라인에서 연락한다.
- 나는 불편한 장면을 봤거나 누군가가 만나자고 하면 즉시 엄마, 아빠에게 말한다.
- 나는 '19세 미만 금지'로 되어 있는 페이지에는 머물지도 클릭하지도 않는다.

- 나는 부모님이 감독하시지 않는 이상 어떠한 사진이나 파일도 다운받지 않는다.
- 나는 부모님의 허락 없이는 누구에게도 온라인상에서 가족 사진이나 나의 사진을 보내지 않는다.
- 나는 사람에게 직접 말할 수 없는 것은 온라인에서도 말하지 않는다.

"관계를 맺지 않고 만든 규칙은 반항심을 일으킨다."

– 조시 맥도웰

12.

스크린 타임과 부모의 권위

나(알린)의 남편 제임스는 공원에 갔다가 헬멧을 착용하지 않은 채 자전거를 타고 내려오는 두 아이와 그들의 아빠를 보았다. 당시 그 아이들은 우리 아이들 나이와 비슷하게 다섯 살과 일곱 살 정도 되어 보였다. 아이들은 놀이터에서 놀려고 멈춰 섰다. 제임스는 그들의 아빠에게 물었다. "아이들에게 왜 헬멧을 씌우지 않으세요?"

"아이들에게 헬멧을 씌우기가 너무 힘들어요. 헬멧을 써야 한다면 자전거를 타려고 하지 않아요." 그가 한숨을 내쉬며 대답했다.

제임스는 너무 놀라 말을 할 수가 없었다. 우리는 개인적인 이유로 자전거 안전 문제에 큰 관심을 두고 있다. 우리 아들 이선이 초등학교 2학년 때 자전거를 타고 학교에서 집으로 돌아오는 길이었다. 이선은 집 근처 멈춤 표지판 앞에서 서지 않고 크게 우회전을 했는데, 그때 다가오는 차와 부딪혔다. 제임스에게는 그때가 아마도 인생에서 가장 무서운 순간이었을 것이다. 제임스도 자전거를 타고 같은 코너를 막 돌다가 이선이 길에 쓰러진 것을 보았기 때문이다. 이선은 구급차에 실려 어린이 병원으로 이송되었다. 자전거가 부서지고 헬멧이 움푹 들어갔지만, 이선은 다행히 몇 군데만 멍이 든 채 그날 저녁에 퇴원할 수 있었다.

만약 이선이 헬멧을 쓰지 않았다면 그 사고의 결과는 비극적이었을 것이다. 제임스는 이 이야기를 공원에서 만난 그 아빠에게 들려주었다. 이 야기를 듣고 그가 앞으로는 아이들에게 헬멧을 씌우게 되길 바라면서 말이다. 그러나 몇 주 후, 공원에서 다시 그 아이들과 아빠를 봤는데, 아이들은 여전히 헬멧을 쓰지 않은 채 자전거를 타고 있었다.

자녀의 안전에 필수인 것, 부모가 아이에게 하라고 시키는 것을 못하게 하는 것이 무엇인가? 불행하게도 우리는 부모가 아닌, 아이들이 지휘하는 자녀 양육 문화 속에 살고 있다. 부모는 양 갈래 머리를 한 어린 딸에게 항복하고 화가 난 어린 아들은 부모의 말을 전혀 듣지 않는다. 하지만 아이가 부모를 키우는 것이 아니라, 부모에게 자녀 양육의 책임이 있다. 어른은 아이보다 나이가 더 많고, 더 지혜롭다. 우리는 아이가 성인이 될 때까지 무엇을 배워야 하는지 알고 있다. 자녀들이 잘 자라는 데 필요한 모든 것을 가지고 어린아이에서 성인으로 성장하게 하는 것이 우리의 일이다.

육아는 남에게 책임을 전가하는 것이 아니다. 자녀를 기르는 책임은 학교나 정부, 종교 기관, 혹은 보육 교사에게 전가하는 것이 아니다. 비록 공동체와 함께하는 것이 중요할지라도, 당신은 자녀에게 그의 인생에서 매 순간 주된 선생님이 되어야 한다.

전설의 코미디언이자 배우인 빌 코스비가 그의 텔레비전 프로그램이었던 '코스비 쇼'에 대해 인터뷰를 했다. 자신의 인생 경험을 끌어낸 그 유명한 시트콤은 사실상 오늘날의 텔레비전에서는 볼 수 없게 된 강한 양육과 그 모범이 되는 사람을 묘사했다. "저는 그것을 만들면서 두 가지 중요한 것을 기초로 삼았어요. 첫째로 저는 아이들이 부모보다 똑똑하게 나오고 부모는 멍청한 역할을 하는 시리즈들이 싫었어요. 두 번째는 가정을 되찾고 싶었어요."[1]

당신도 '가정을 되찾고' 싶은가? 오늘날 자녀 양육은 아이들의 기분을 맞춰 주는 인기 경쟁 속의 무언가가 되어 가고 있다. 우리는 자녀가 좋아해 주길 바라고 그들과 관계적으로 문제를 일으키고 싶지 않다. 또 그들이 성질을 부리고, 울어 대고, 고집 피우는 것을 이겨 낼 재정적 여유도 없다. 그러나 당신은 자녀의 친구가 아니라 부모라는 것을 스스로 상기해야 한다. 물론 자녀에게 다정하게 대하고 사랑의 언어로 말하고 싶겠지만, 다른 한편으로는 막강한 권위자가 되어야 한다. 당신의 자녀는 자라면서 많은 친구를 사귀겠지만, 엄마와 아빠는 단 한 명씩만 갖게 된다.

일곱 살, 아홉 살짜리 두 딸을 둔 아버지, 로드는 거실로 걸어 들어갔다. 딸들은 소파에 웅크리고 앉아 하나는 휴대 전화로 문자를 하고 있고, 다른 하나는 비디오 게임을 하고 있었다. TV에는 십대 초반의 아이들을 위한 시트콤이 나오고 있었다. 둘 다 보는 것 같지 않아서 로드는 채널을 ESPN(미국 스포츠 전문 방송-역자 주)으로 바꿨다. 그러자 딸들이 동시에 쳐다보며 항의했다. "아빠, 우리 보고 있단 말이에요!"

나중에 로드는 이 일에 관해 페이스북에 글을 올렸다. '내 딸들은 TV 앞에 앉아서 그것을 보지 않을 때도 TV에 대한 권리가 자신들한테 있다고 생각하는 것 같다. 아이들은 정말 TV를 보지 않는다. 컴퓨터와 휴대 전화를 하고 있었다. 내가 잘못된 것인가?'

로드가 비공식적으로 부모 양육 투표를 했다 해도 가장 많은 의견에 상관없이 부모는 무엇을 봐야 하고 누가 볼 수 있는지를 결정할 권위를 가져야 한다. 하지만 분명한 리더십이 없는 상태로 오늘날의 아이들은 자기를 즐겁게 해주는 것은 무엇이든 고를 수 있다고 느낀다.

다른 세상

 디지털 세계가 친근하지 않은 영역같이 보일지라도, 스크린 타임에 대해 아이들에게 가르침과 교정, 그리고 긍정적인 모범이 되어 주는 부모들이 그 어느 때보다 필요하다. 우리는 지금 아이들이 디지털 원주민이고, 많은 부모가 디지털 이민자인 완전히 새로운 시대에 살고 있다. 요즘은 많은 아이가 부모보다 과학 기술에 대해 더 많이 안다. 수백 년 전에 세상이 돌아가던 방식과는 매우 다르다.

 인쇄물 시대에는 부모들이 읽어 줄 수 있었고, 아이들은 접할 수 없는 정보를 부모들이 가질 수 있었다. 그것이 어른들을 높은 위치에 올려 놓았고 어린 시절의 선명한 기억이었다. 그때의 방송 미디어는 아이들이 책에서 읽을 수 없는 어른들의 세계를 텔레비전을 통해 엿볼 수 있도록 했다.

 지금은 상황이 거의 뒤집어졌다. 부모들은 아이들에게 비밀번호에서부터 문자를 보내는 것까지 모든 것에 조언을 구하면서 아이들과 십대들의 생활을 알아 가기 위해 애쓰고 있다. 앱이 자녀에게 곱하기나 외국어를 가르칠 수 있다. 부모가 한 걸음 물러나 휴대 전화가 아이의 선생님이 되게 하는 것이 더 쉽다. 그러나 아이들이 부모보다 디지털 감각을 더 가지고 있어도 여전히 그들을 지도할 상식을 가진 강력한 권위자가 필요하다.

만약 태블릿 PC를 가지고 있다면 아마도 이런 생각이 들 때가 있을 것이다. '이게 내 태블릿 PC인가, 아니면 내 아이의 것인가? 아이가 나보다 더 많이 사용하네.' 아이들은 부모들이 가진 값비싼 전자기기의 수혜자가 되어 가고 있다. 아이와 어른의 경계선이 점점 희미해지고 있는 것이다. 우리는 인터넷의 혜택과 위험에 접속할 수 있는 기계를 사용한다. 문자를 하며 아이들은 그들의 부모가 가진 것 같은 사회생활을 온라인에서 한다. 때때로 아이들은 부모들보다 과학 기술에 더 몰두한다.

가족의 디지털 생활을 평가하라

우리는 다중 문화일 뿐 아니라 다중 도덕적인 시대에 살고 있다. 사람들은 무엇이 옳고 그른가에 대해 온갖 종류의 다른 의견을 가지고 있다. 오랫동안 받아들여져 온 많은 도덕적 기준들이 질문을 받고 있다. 스크린상의 오락물들은 종종 우리가 자녀들에게 심어 주려고 애쓰는 덕목에 위배된다. 하지만 다른 사람들이 하거나 만든 것에 대해 우리는 책임이 없다. 우리는 가족에 대해서만 책임이 있다. 즉, 부모는 자녀들이 무엇을 볼 것인지를 결정하는 자유와 권리가 있다.

자녀와 함께 슈퍼볼(Super Bowl, 미국 프로미식축구 NFC 우승팀과 AFC 우승팀이 겨루는 챔피언 결정전-역자 주)을 본 적이 있다면, 중간 휴식 시간에 나오는 광고나 음악 속의 성적 표현에 간담이 서늘해졌을 것이다. 그런데 이런 종류의 MTV(뮤직비디오 전문 채널로 시작하여 리얼리티쇼, 패션, 뷰티, 디자인, 영화, 애니메이션 등의 전문 채널로 확대된 방송 네트워크와 멀티미디어 브랜드-역자 주) 형식의 프로그램을 오늘날의 십대들이 많이 본다. 우리가 주의하지 않으면, 자녀들은 성인 콘텐츠와 음란에 너무 빨리 노출될 것이다. 아이들이 집으로 가져오는 모든 것을 평가하는 것을 부모인 당신이 해야 할 일로 만들라. 아이들이 무슨 음악을 듣는가? 텔레비전이나 DVD에서 무엇을 보는가?

아이가 현명한 미디어 선택을 할 수 있도록 돕는 것이 자녀의 도덕적 타락을 막을 것이다. 아이가 선택한 것을 본 후, 프로그램과 그것이 말하려는 가치에 대해 이야기하라. 자녀가 좋아하는 노래의 가사를 배우고 깨끗한 내용인지 확인하라. 궁극적으로 당신의 자녀가 십대로 접어들었을 때, 당신은 아이의 의견을 듣고 미디어 선택에 대해 함께 의논하는 데 더 많은 시간을 보내야 한다. 자녀가 초등학생이거나 그보다 어릴 때, 무엇이 받아들여질 수 있고 무엇이 받아들여질 수 없는지에 대한 기준을 정하고 아이가 그것을 따르도록 만들라.

가족을 보호하기 위해 당신은 때때로 당신의 기질과 맞지 않는 것도 해야 한다. 다른 아이들이 보는 영화를 당신의 아이들에게는 허락하지 않는다고 해서 당신이 그 영화를 보는 가족을 나쁘게 생각한다는 의미가 되는 것은 아니다. 당신은 그저 그 영화가 당신의 아이에게는 좋지 않다고 판단한 것이다. 같은 이유로, 당신은 그 가족에게 그들의 자녀에게 무엇이 최선인지를 결정할 자유를 주는 것이다. 그 자유를 아무 죄책감을 느끼지 말고 자신에게 적용하라. 주위의 압력에 끌려 들어가 아무도 기분 나쁘게 하면 안 된다는 생각만으로 결정하지 말라. 그 대신 자녀의 스크린 타임을 다음의 ABC로 평가해 보라.

Attitude(태도) : 스크린 타임 후 자녀의 태도가 어떠한가?

Behavior(행동) : 그 내용이 자녀가 어떻게 행동하도록 부추기는가?

Character(성품) : 어떤 성품의 특성이 본보기가 되고 있는가?

지금 잠시 시간을 갖고 자녀의 현재의 디지털 습관을 평가해 보라. 스크린 타임은 자녀의 태도와 행동, 성품에 어떠한 영향을 끼치는가? 당신은 스크린 타임의 내용과 아이가 매일 사용하는 양에 만족하는가?

브룩은 열한 살과 열세 살의 딸을 둔 엄마다. 그녀와 남편은 스크린 타임 규칙을 만들지 않았지만, 딸들이 나이에 맞는 프로그램을 보게 하려고 노력한다. 딸들은 주중에는 약 3시간, 주말에는 6시간까지 텔레비전을 본다.

"저는 아이들이 스크린 앞에 있는 시간이 좀 걱정돼요. 제 생각에는 그것 때문에 점점 자기 주장이 강해지고, 가족 나들이를 가는 것도 주저하는 듯해요. 가족 규칙을 바꾸려고도 해봤지만 잘 안 되었어요. 이제 저희도 규칙을 지키게 하는 데 시들해지고 있어요."

브룩과 그녀의 남편은 딸들의 태도와 행동에 영향을 준 미디어가 그리 달갑지 않지만, 인기 없는 변화를 만들고 싶지는 않다. 자녀 양육은 인기와는 상관이 없다는 것을 자기 자신에게 상기시키라. 오히려 스크린 타임에 변화를 주어야 할 때면 언제든지 당신은 철면피가 되어야 한다.

디지털 금지 구역 만들기

토요일이다. 오늘이 자녀와 함께 자전거를 타거나 그동안 아이들이 말해 왔던 박물관을 방문하기에 딱 좋은 날이라는 것을 안다. 아침 식사 후 아이들은 텔레비전 채널을 돌리고 있고, 당신은 결국 영화를 보고 있다.

3시간가량 텔레비전을 본 후, 당신은 무기력해지고, 모두가 밖으로 나가는 일은 좀 무리인 것 같아 보인다.

당신의 토요일은 어떤가? 집 밖으로 나가서 하는 멋진 계획은 집 안에 있는 편리함이 장악해 버린다. 리모컨은 몇 초면 닿을 곳에 있지만 박물관은 20마일이나 떨어져 있다. 휴대 전화, 컴퓨터, 태블릿 PC, 혹은 텔레비전과 같은 스크린은 많은 가족에게 기본적인 활동이 되어 간다. 별도의 노력도 필요하지 않고 아침마다 이를 닦는 것만큼이나 일상이 되어 간다. 의지력 하나만으로는 가족의 스크린 타임이 바뀌지 않는다. 새로운 습관을 만들고 자녀가 스크린 없이 하는 활동을 즐길 수 있도록 바꾸어야 한다.

환경이 의지력보다 강하다는 말을 들어 봤을 것이다. 먹는 일에 있어서 그것은 맞는 말이다(맛있는 냄새가 나는 빵집에서 의지력을 불태운다는 것은 쉽지 않은 일이다). 스크린 타임에도 마찬가지다. 아이에게 하루 2시간의 스크린 타임을 주는데, 아이 방에 텔레비전과 좋아하는 게임이 가득 찬 태블릿 PC가 있다면, 의지로 그것을 이겨 내기는 너무나 힘들 것이다. 그것은 마치 커다란 접시에 이제 막 구워 낸 과자들을 가득 채워 놓고, 그 앞에 앉아 있는 당신에게 간식을 먹지 말라고 하는 것과 같다. 유혹거리가 있는 환경은 의지력과 관계없이 개인의 절제력을 쉽게 잃게 한다.

집 안에 디지털이 없는 공간을 만들어 자녀가 스크린을 절제하는 연습을 할 수 있도록 도와주라. 만일 아무 때나 즉시, 쉽게 스크린에 손이 닿을 수 있다면, 아이는 지속적으로 그것에 끌려가게 된다. 많은 부모가 아이들에게 개인 휴대 전화를 너무 일찍 쥐어 준다. 휴대 전화가 당신 주머니 안에 있는데, 스크린 타임을 자중하는 것도 너무나 어려운 일이다. 자녀에게 휴대 전화와 태블릿 PC를 주게 된다면, 사용 시간을 분명하게 정해

주고 정기적으로 아이가 그것을 지키고 있는지 확인하라. 아이에게 사용 시간제한, 사용 범위, 가르침, 기대치 없이 휴대 전화와 아이패드를 주는 것은 아이의 나이에 관계없이 매우 해롭다.

가정에서 자녀들을 위한 디지털 금지 구역을 만들 몇 가지 아이디어가 있다.

자녀의 방을 디지털 금지 구역으로 만든다. 자녀의 방에 텔레비전을 두지 않는다. 휴대 전화와 태블릿 PC 같은 기기들을 모두 밤 시간 동안에 안전한 곳에 모아 둔다. 저녁 7시 30분 같은 시간을 정해 그 시간에는 모든 휴대용 전자기기를 수거한다. 한 달 동안은 결단력을 가지고 시행한다. 한 달이 지나면, 모든 가족에게 저절로 습관이 될 것이다.

식사 시간에 휴대 전화나 다른 전자기기를 사용하지 않는다. 가족 식사 시간은 자녀와 정서적으로 이어지는 강력한 시간이다. 문자를 받고 텔레비전 쇼를 보는 것 같은 디지털의 방해가 가족의 귀한 시간을 빼앗아 가도록 내버려 두지 말라. 자녀가 학교를 다니고 있다면, 아이들은 당신과 함께 있는 시간보다 떨어져 있는 시간이 더 많을 것이다. 매일 정해진 시간에 가족과 함께하는 식사 시간은 훨씬 더 중요한 시간이 되어 갈 것이다.

차 타는 시간을 이어폰을 꽂고 있거나 영화를 보는 시간, 비디오 게임을 하는 시간이 아닌 대화 시간으로 정해 놓는다. 앞에서 부모는 운전을 하고 있고, 뒤에 앉아 있는 아이는 귀에 이어폰을 꽂고 있거나, 비디오 게임을 하고 있는 광경을 본 적이 있는가? 그 시간은 이 바쁜 세상에서 우리에게 주어진, 자녀와 단둘이 있을 수 있는 선물이다. 그러므로 자녀가 전자기기를 가지고 딴 것을 하도록 해서 그 시간을 허비하지 말라. 하루의 일과를 이야기하는 시간으로 만들라. 아니면 당신의 차 안을 움직이는 대학으로 만들어 오디오북이나 팟캐스트(podcast, 인터넷망을 통해 다양한 콘텐츠를 제공하는 서비스-역자 주)를 함께 들음으로써 더 많은 대화를 위한 긍정적인 영향과 바탕이 되게 하라.

아이가 자유 시간에 스크린 없이 하는 활동을 할 수 있도록 계획을 세운다. 아이들은 매일 놀고, 책 읽고, 숙제하고, 대화하고, 그리고 체육 활동과 같은 건강한 활동을 해야 한다. 자녀가 스포츠팀에 속해 있지 않다면 밖에서 놀 수 있도록 시간을 만든다. 지역상 그것이 어렵다면 실내에 줄넘기, 팔 굽혀 펴기, 윗몸 일으키기 등을 할 수 있는 공간을 만든다. 매일 책을 읽게 하고, 아이가 여러 군데 도서관에서 흥미로운 책들을 찾을 수 있도록 도와준다. 자녀의 손이 닿을 수 있는 선반에 보드게임이나 장난감을 놓아 놀이 시간을 갖도록 격려한다. 아이들은 매일 일정이 어떻게 되고, 무엇을 해야 하는지를 알면 더 잘 발전한다. 아이들이 매일 책 읽기, 숙제하기, 놀기, 운동하기 같은 정해진 일을 하고 나면, 스크린 타임이 주된 부분이 아닌 일과 중의 한 부분이 되게 할 수 있다.

건강하지 못한 양식 바꾸기

애나와 타일러는 세 살과 다섯 살 된 아들들에게 비디오 게임기를 사주는 것을 미뤄 왔다. 하지만 비디오 게임기를 갖고 있는 친구들과 사촌들이 있어서 아이들은 끊임없이 그것을 사달라고 조르고 있다. 애나와 타일러는 아이들의 첫 번째 비디오 게임기를 크리스마스 때 깜짝 선물로 사주는 것이 가장 적절한 시기라고 생각했다. 물론 아이들은 어쩔 줄 모르며 좋아했다. 그들은 아이들이 차례로 아침 식사 후 30분, 그리고 저녁 식사 전 30분만 게임을 하기로 규칙을 세웠다. 몇 개월 후, 아이들은 나이에 맞지 않는 어두운 게임을 하고 싶어했다. 애나와 타일러는 그것이 적절하지 않다고 말해 주었지만, 아이들은 지치지 않고 졸라 댔다.

큰 아이들을 위해 만들어진 게임을 하게 해달라고 조르는 것뿐 아니라, 밖에 있을 때는 애나의 휴대 전화로 게임을 하게 해달라고 조르기 시작했다. 정해진 스크린 타임이 훨씬 넘었음에도, 애나는 상점에서 아이들을 조용히 시키기 위해 자신의 휴대 전화를 아이들에게 주었다. 그다음 유도 연습을 기다릴 때도 같은 상황이 반복되었고, 식당에서도 마찬가지였다. 일을 하는 동안 종일 애나의 휴대 전화를 사용하는 것은 이제 아이들에게 정상적인 일이 되었다. 애나는 비디오 게임 시간이 점점 늘어나고 있어서 너무 속상했다. 하지만 이미 아이들에게 주어진 특권을 어떻게 없애야 할지 몰랐다.

나(게리)는 아이들을 속상하게 할까 봐 두려워하는 부모들을 많이 상담한다. 자녀가 짜증을 낼 수도 있지만, 그것을 아이가 세 살 때 바로잡지 않으면 열세 살이 되어도 여전히 짜증을 낼 것이다. 절대로 자녀의 짜증이 통하게 하지 말라. 만약 짜증으로 자기가 원하는 것을 얻게 되면, 당신은 그것이 효과적이므로 더 자주 짜증을 내라고 가르치는 것과 같다. 그 대신 자녀에게 말하라. "그렇게 발로 차고, 소리 지르고 싶다면 네 방에 가서 그렇게 하렴. 하지만 그렇게 한다고 달라질 건 없단다. 우리 집에서는 이런 방법으로 네가 원하는 것을 얻을 수 없어. 네가 진정되었을 때 내게 와서 네가 원하는 것을 말해. 그때 그것이 너에게 도움이 되는 것인지를 결정할 거야. 분명한 것은 네가 울기 때문에 규칙을 바꾸는 일은 절대 없을 거야."

아이들은 당신이 무언가를 바꾸려 하거나 특히 스크린 타임의 패턴을 제한하려고 할 때 저항할 것이다. 하지만 그들이 다른 활동을 하게 되면서, 결과적으로 당신이 한 일에 대해 감사하게 될 것이다. 예를 들면, 만약 애나가 아들의 스크린 타임을 30분 책 읽기 시간으로 대체하면, 처음에는 좋아하지 않을 수 있다. 하지만 아이가 상상의 세계 속으로 인도할 책 전체를 읽는 것에 익숙해지면, 그는 엄마에게 돌아와 자신에게 책 읽기를 삶의 한 부분으로 만들어 준 것에 대해 감사할 것이다.

아마도 자녀에게 스크린 타임에 대해 너무 많은 특권을 주었거나, 자녀를 제대로 감독하지 못했던 부분에 대해 실수를 깨닫게 되었을 수 있다. 이제 자녀와 대화할 시간이다. 어쩌면 사과로 시작해야 할 수 있다. 아이가 비디오 게임을 너무 많이 했다고 혼내기보다는 그것이 당신의 책임임을 인정하라. "이 일에 대해서 많이 생각해 봤는데, 엄마, 아빠가 너에게 이 기기를 줄 때 잘못했다는 것을 깨달았단다. 너는 아직 이 기기를 가질 나이가 아니었어. 그래서 우리는 네가 3개월간 이것을 갖지 못하게 할 거야. 우리는 네가 어떻게 살아야 하고 순종해야 하는지를 배우고, 이 기기 없이 다른 사람들과 함께 있는 것을 즐기길 바란단다. 3개월 후에 우리가 이 기기를 너에게 다시 주어도 좋을지 판단할 수 있을 거야."

3개월이라는 시간을 정해서 당신이 그 기기를 기한 없이 빼앗아 가는 것이 아니라, 이 처분이 영원한 벌이 되지 않는다는 것을 알게 하라. 자녀에게 나쁜 습관을 버리고 더 건강한 것을 만들 수 있는 충분한 시간과 새로운 것을 시도해 볼 수 있는 기회를 주는 것이다. 어쩌면 당신은 한동안 여러 가지 것을 흘려보냈을 수 있다. 지키지 않은 분명한 지침이 있었을 것이고, 훨씬 더 일찍 행동에 옮겼어야 했다. 과거를 바꿀 수는 없지만 지금 다시 시작할 수 있다.

아이들을 위한 최선을 위해 인기 없는 결정을 내리는 것을 두려워하지 말라. 부모로서 당신의 목표는 자녀를 기분 좋게 하는 것이 아니라, 좋은 사람이 되게 하는 것이다. 지금부터 선명한 경계선을 만들라. 새로운 스크린 타임 규칙과 그것을 지키지 않았을 때 무슨 일이 일어나는지에 대해 말해 주라. 지키지 않았을 때는 그 대가를 일관성 있게 적용하라. 일관성 있게 하면 바뀐 규칙 때문에 커져 갈 분노를 막을 수 있다.

항상 너를 위하여

나탈리와 브렌트는 네 명의 자녀가 있다. 각각 열 살, 열세 살, 열다섯 살, 열여덟 살이다. 고등학생이 되면 아이들은 기본적인 기능을 가진 휴대 전화를 갖게 된다. 그들의 휴대 전화에 사진을 보내거나 인터넷에 접속할 기능은 없지만 페이스북이나 트위터와 같은 SNS를 집에서 하는 것은 허락된다.

휴대 전화와 태블릿 PC는 매일 밤 거두어지고, 매주 일요일은 '휴대 전화 사용 금지'다. 아직 고등학생이 아닌 두 자녀는 휴대 전화도 없고 이메일 계정도 없다. 고등학교에 갈 때까지는 사용할 수 없다.

다른 친구들보다 더 엄격한 규칙을 만들었지만 나탈리와 브렌트의 아이들은 커다란 문제없이 이것을 받아들이고 있다. 아이들이 어렸을 때 이 가족 규칙이 분명하게 전달되었다. 아이들이 "고등학생이 될 때까지 휴대 전화를 가질 수 없다는 게 무슨 말이세요?"라고 묻는 놀라운 일은 없었다.

뿐만 아니라 나탈리와 브렌트는 자녀들과 건강한 관계를 맺고 있다. 그들은 5가지 사랑의 언어를 말하며 자녀들의 사랑 탱크를 늘 가득 채워 놓고 있다. 규칙은 금욕적인 부모에게서 내려진 명령이 아니라, 자신들을 극진히 사랑하는 엄마와 아빠가 사랑을 가지고 말하는 것들이다.

자녀들은 당신이 항상 그들을 위해 대기하고 있다는 것을 알 필요가 있다. 이 세상 어떤 컴퓨터 프로그램도 자신의 모든 일에 관여하고 사랑으로 지도하는 부모와 비교할 수 없다. 당신이 가정에서 권위자로서의 위치를 갖는다면, 당신의 자녀는 스크린 세상이 아닌 실제 세상에서 더욱더 안정감을 갖게 될 것이다.

스크린 안전을 위한 가족 서약서
– 할머니, 할아버지를 위한 메모 –

노라는 손주들의 방문을 늘 고대했다. 하지만 최근 들어 상황이 바뀌었다. 아이들은 할머니를 안아 드린 후 바로 그녀의 아이패드를 사용해도 되느냐고 물었다. 아이패드를 갖게 되면 아이들은 더 이상 그녀와 모노폴리 보드게임을 하거나 소파에 앉아 이야기 하지 않는다. 노라는 스크린이 주는 재미와 경쟁할 수 없어서 아이들이 게임을 하는 동안 그저 그 옆에 앉아 있다. 노라는 아이패드를 갖기 전에 손주들과 함께한 시절이 그립기만 하다.

노라와 같은 기분이 든 적 있는가? 다음번에는 손주들이 방문하면 다음의 해야 할 일과 하지 말아야 할 일을 시도해 보라.

해야 할 일
- 손주들을 위해 집을 미디어 금지 장소로 만들기.
- 함께하는 시간 동안 밖에서 산책을 하거나, 게임을 하거나, 쿠키 만들기.
- 함께 그림을 그리거나 공예품 만들기.
- 천천히 하기. 손주들의 생활이 아마도 바쁠 것이다. 그래서 당신과 함께하는 시간은 돈 주고도 살 수 없다.

- 손주들에게 그들의 학교, 친구들, 그리고 생활에 대해 질문하기.
- 당신의 어린 시절, 배웠던 것들, 이루어 낸 일들에 대해 이야기해 주기.

하지 말아야 할 일
- 손주들이 스크린 타임 규칙을 좋아하지 않는다고 그들을 실망하게 한 것에 대해 죄책감을 갖는 것.
- 하루에 2시간 이상 함께 텔레비전을 보는 것.
- 스크린 타임을 더 갖게 해달라고 조를 때 항복하는 것.
- 손주들의 집에서 허락되지 않는 것을 보거나 게임을 하도록 허락하는 것.
- 손주들의 엄마, 아빠와 먼저 얘기되지 않은 스마트폰이나 태블릿 PC 같은 전자기기를 손주들에게 사주는 것.

"가장 끔찍한 가난은 외로움과 사랑받지 못하고 있다는 느낌이다."

– 마더 테레사

13.

스크린 타임과 한부모 가정

    열 살 샤나는 책가방을 옆에 놓고 콘크리트 바닥에 앉아 있다. 방과 후 교실은 끝났고 엄마를 보자 차 안으로 뛰어 들어간다. 저녁 식사 후에는 숙제를 마치고 텔레비전을 켠다. 몇 시간 동안 행복하다거나 슬프다거나 하는 별다른 감흥 없이 늘 보던 텔레비전 쇼를 본다. 이것은 잠자리에 들기 전까지 샤나가 하는 의례적인 일들이다. 하지만 전에도 이랬던 것은 아니다.

    샤나는 엄마와 소파에 웅크리고 앉아 책을 읽거나 아빠와 함께 자전거를 타고 동네를 돌곤 했다. 하지만 작년에 부모가 이혼을 한 뒤로는 엄마와 살면서 주말에만 아빠를 본다. 엄마는 일을 마치고 오면 많이 피곤해해서, 엄마에게 더 이상 놀아 달라거나 책을 읽어 달라고 부탁할 수 없다는 것을 알았다. 샤나는 가족이 그립다.

    이혼보다 우리 사회에 더 깊이 영향을 끼쳐 온 또 다른 변화를 찾을 수 있을까? 미국 인구 조사 통계에 따르면, 한부모 가정이 1970-2012년에

10% 증가해, 17%에서 27%가 되었다고 한다.[1]

많은 아이가 한부모 가정에서 살고 있기 때문에, 특별히 스크린 타임에 대한 자녀 양육을 위해 이 가정들에게 필요한 몇 가지를 이야기하려고 한다.

자녀들의 필요를 채워 주려고 애쓰면서 동시에 사회생활과 개인적인 필요도 어느 정도 비슷하게 유지하려는 한부모는 집에서 생기는 긴장감에 대해 알고 있다. 이것이 당신의 상황이라면, 당신은 시간적인 압박, 경제적인 요구들, 그리고 당신과 자녀들이 느끼는 외로움을 너무 잘 알 것이다. 당신이 자녀 양육을 잘 감당할 수 있을지 의심도 든다. 그리고 이 모든 것을 감당해야 하는 자신을 생각하며 격한 감정에 휩싸인다.

자녀가 30분 더 텔레비전을 보거나 비디오 게임을 해도 되느냐고 묻는 것은, 당신에게 이메일에 답장을 하고, 부엌을 치우고, 필요했던 약간의 조용하고 평화로운 시간이 될 수 있다. 스크린이 자녀를 봐주고 곤경에서 벗어나게 해주는 편리한 동료가 되어 간다. 많은 한부모가 과외로 활동을 할 여유도 없거니와, 아이들을 차에 태우고 시내를 돌아다닐 시간도, 에너지도 없다. 텔레비전, 비디오 게임, 그리고 인터넷 검색이 기다리는 시간을 보내기에 가장 쉬운 방법이다.

스크린 사용의 부작용

이혼한 부모를 둔 아이들의 마음속에는 화가 깊이, 그리고 오래도록 간다. 죽음으로 부모를 잃은 아이들은 슬퍼할 시간이 필요하다. 슬픔, 분노, 혹은 불안정 같은 감정을 통과하는 데 엄청난 에너지가 소모되면, 아이들은 학교에서 성적이 떨어지거나, 더 공격적이고 부정적인 사회적 행동을 보이며, 모든 어른에 대해 존경심이 줄어들고, 극도의 외로움을 느낄 수 있다.

아이는 정서적으로 불안정한 상태와 공허감을 비디오 게임이나 영화, 가상 세계, 혹은 온라인 동호회로 채우곤 한다. 하지만 너무 많은 스크린 타임은 아이의 정서적 문제를 줄이지 못하고, 오히려 더 심화시킨다. 메이요 클리닉에 따르면,[2] 스크린 타임을 너무 많이 가지면 다음의 결과가 나타난다고 한다.

비만. 자녀가 텔레비전을 많이 보면 과체중이 될 위험성이 있다. 아이들은 텔레비전을 보면서 그저 앉아만 있는 것이 아니라, 인스턴트식품 광고에 휩싸이게 된다. 게다가 아이들은 텔레비전을 보는 동안 별생각 없이 계속해서 과자를 먹는다.

불규칙한 수면 시간. 텔레비전을 많이 보는 아이들은 보통 잠들기 어려워하고 수면 시간이 불규칙하다. 수면 부족은 학교에서 집중력 장애나 피로감, 과식을 유발할 수 있다.

행동 장애. 하루에 2시간 이상 텔레비전을 보거나 컴퓨터를 사용하는 초등학교 학생들은 대개 사회적, 정서적 장애와 집중력 장애를 가지고 있다.

성적 저하. 방에 스크린이 없는 초등학교 학생이 방에 스크린이 있는 또래의 학생들보다 성적이 더 좋은 경향이 있다.

폭력. 아이가 폭력적인 비디오 게임이나 텔레비전에 노출되면 폭력에 둔감해진다. 그 결과, 아이들은 문제를 해결하기 위해 적당한 방법으로 폭력적인 행동을 하게 된다.

적은 놀이 시간. 아이들이 컴퓨터나 텔레비전 앞에서 자유 시간을 보내면 활동적이거나 창의적인 놀이를 할 시간이 적어진다.

이와 같은 부작용들은 한부모 가정이든 양쪽 부모가 다 있는 가정이든 어떤 아이들이라도 겪을 수 있다. 그리고 이 부작용들은 이미 행동이나 정서에 문제를 가지고 있는 아이들에게 더욱 해롭다.

한부모 가정에서 자라는 아이를 위한 해답은 부가적인 스크린 타임이 아니다. 부정적인 감정에 휩싸인 아이들은 이미 선명한 생각을 하기가 어렵다. 함께 책을 읽는 것은 아이들이 자신의 아픔과 상실에 대해 분명하게 생각하도록 돕는 긍정적인 해결 방법이다. 당신은 자녀가 십대 초반에 이를 때까지는 나이에 맞는 책을 골라 주고 싶을 것이다. 이것은 당신과 자녀를 따뜻하고 끈끈하게 이어 주는 시간이 된다. 책을 읽어 주면서 아이의 반응에 주의를 기울이라. 그리고 아이의 눈높이에 맞는 토론을 하고 싶다면 아이가 무슨 생각을 하는지 물어보라. 함께 이야기를 하다 보면 아이의 내면에서 일어나고 있는 일들을 엿볼 수 있다. 물론 아이의 상태에 따라 토론에서 분명하게 자신의 뜻을 말하는 것이 불가능할 수 있다.

스크린 타임 줄이기, 내 시간 보호하기

대부분의 한부모는 가족을 보살피기 위해 정규직 일을 하고 하루가 끝날 때쯤이면 몸이 완전히 지치게 된다. 한부모가 직장과 가정에서의 모든 책임을 감당할 충분한 에너지를 갖는 것이 얼마나 힘든지는 물어볼 필요도 없다. 하지만 부모가 단지 너무 피곤해서 아이들과 함께할 시간이 없다고, 멈추지 않는 텔레비전과 비디오 게임, 그리고 스크린 타임에 굴복하게 하면 안 된다.

한부모가 자신에게 절실히 필요한 '나의 시간'을 보호하면서 자녀를 위해 스크린 타임을 줄이는 방법은 무엇일까? 최선의 방법 중 하나는 아이들을, 특히 나이가 어린 아이들은 일찍 잠자리에 들도록 하는 것이다. 자녀를 일찍 잠자리에 들게 하면, 아이는 그 일과에 적응하게 된다. 자녀가 일찍 잠들 준비가 되지 않으면 이렇게 말하라. "지금 바로 잠들지 않아도 돼. 하지만 네 방으로 가서 조용히 해야 한다. 잠이 들 때까지 몇 분간 책을 읽어도 좋아." 이렇게 하면 한부모가 하루를 마치며 혼자 있는 시간을 가지면서 깊게 숨을 들이쉬고, 집 안을 다니며 마쳐야 할 일들을 방해 없이 할 수 있다.

일찍 잠자리에 드는 것은 한부모나 양부모 가정의 아이들 모두에게 좋다. 나(게리)의 손주들은 열 살과 열네 살인데, 일상적으로 저녁 8시면 잠자리에 든다. 잠이 들기 전에 그들의 방에서 책을 읽을 수 있지만, 8시가 되면 잠자리에 들어야 하는 것을 알고 있다. 아이들은 훈련된 대로 한다. 한부모가 자녀로 하여금 잠자리에 일찍 들도록 훈련하면, 아이들에게는 건강한 수면을 갖게 하면서, 부모는 자신을 돌아보아야 하는 절실한 시간을 가질 수 있다.

한부모 또한 매일 스크린 타임을 얼마나 보냈는지에 대해 평가해야 한다. 연구에 의하면, 한부모 가정에서 자라는 아이들이 매일 스크린 앞에 앉아 있는 시간이 더 많다고 한다.[3] 자녀가 2시간 이상 텔레비전을 보거나 비디오 게임을 한다면, 스크린 타임을 줄이는 계획을 세우라. 다음의 간단한 행동 단계로 시작할 수 있다.

아이들이 볼 것을 미리 정하기. 쇼가 시작할 때까지 텔레비전을 켜지 않는다.

프로그램이 끝나면 텔레비전 끄기. 텔레비전을 배경 음악 소리로 사용하지 않는다.

한 주의 스크린 타임을 표로 만들기. 자녀가 매일 얼마만큼 스크린 타임을 가질 수 있는지 표시해 놓고, 자녀 스스로 시간을 체크하게 한다. 만약 스크린 타임을 갖지 않으면, 다음번에 그만큼의 스크린 타임을 가질 수 있는지 결정한다.

특정한 요일 정하기. 비디오 게임을 하거나 텔레비전을 볼 수 있는 요일을 정하고, 그 외의 요일에는 미디어 사용을 금지한다.

TV나 컴퓨터 앞에서 음식 먹는 것 금지. 결과적으로 아이는 배가 고파지고, 스위치를 끌 것이다.

아이와 이야기하기. 아이와 함께 스크린 타임을 왜 수정했는지에 대해 이야기한다. 아이가 처음에는 싫어하겠지만, 결국 스크린 타임이 통제된 것에 대해 당신에게 감사하게 될 것이다.

부모마다 다른 규칙

잭은 비디오 게임을 좋아하고 늘 흥분되어 있는 여섯 살 아이다. 그는 아빠 집에 있는 주말에는 비디오 게임을 원하는 만큼 할 수 있다. 잭과 그의 아빠는 몇 시간이고 함께 비디오 게임을 한다. 하지만 주중에 엄마와 있을 때는 하루에 한 시간만 게임을 할 수 있다.

"엄마, 왜 아빠 집에 있을 때처럼 게임을 더 할 수 없나요? 아빠 집에 빨리 가고 싶어요." 잭이 불평하자 잭의 엄마는 엄마의 집과 아빠의 집에 서로 다른 규칙이 있다는 것을 설명했다. 엄마는 전남편이 해로운 스크린 타임을 더 많이 갖게 하는 것이 속상하고, 잭은 자기가 원하는 것을 할 수 없어서 속상하다.

이혼으로 인해 생긴 한부모 가정에서 잭과 같은 일부의 아이들은 이혼 후 자녀들을 잘 돌보지 않는 부모와 계속해서 접촉하게 된다. 부정적인 접촉이나 관계가 전혀 없는 아이들도 있다. 그러나 잭의 부모와 같이 두 어른이 함께 자녀 양육을 하게 되면, 이상적으로는 어떤 스크린 타임을 적용할지를 함께 의논하고, 자녀를 위해서 가능한 한 동일하게 만들어야 한다.

잭의 아빠는 무제한으로 게임 시간을 주는데, 잭의 엄마는 게임 시간을 제한한다면, 잭은 양쪽을 오가면서 채찍질 당하게 된다. 하지만 잭의 엄마가 시간을 제한하고 다음과 같이 말하는 것은 타당하다. "우리 집에서는 하루에 한 시간만 게임을 할 거야. 내가 아빠를 통제할 수는 없단다. 그분은 너의 아빠야. 확실한 것은 아빠는 너에게 최선이라고 생각되는 것을 하실 거야. 그리고 나는 너의 엄마로서 내 생각에 최선이라고 생각되는 것을 해야만 한단다."

때때로 엄마와 아빠는 서로 적대적이다. 그렇다 할지라도 함께 모여 아이를 위해 양쪽 집에서 다 지킬 수 있는 미디어 지침을 만들자고 제안하는 것은 가치 있는 일이다. 상담가나 목사님을 모시고 서로 비슷한 지침을 만들 수 있도록 도움을 요청할 수도 있다. 어떨 때는 이것이 성공적일 수도 있고, 어떨 때는 한쪽 부모가 비협조적으로 나와서 합의에 이르지 못할 수도 있다. 하지만 이것은 자녀를 위해서 언제나 가치 있는 일이다.

이혼 후 자녀를 돌보지 않는 부모는 종종 아이에게 비디오 게임이나 태블릿 PC 같은 선물을 주려는 경향이 있다. 어쩌면 그것은 가족을 버렸다는 죄책감이나 갈라짐의 고통에서 오는 것일 수 있다. 이 선물들이 너무 값비싸거나, 잘못 골랐거나, 자녀를 돌보고 있는 부모가 해줄 수 있는 것과 대비되는 것이면, 그것은 정말 뇌물수수의 형태로 아이의 마음을 사기 위한 시도가 된다. 또한, 자녀를 돌보고 있는 부모에게 보복하려는 잠재적 방법일 수도 있다.

아이가 엄마와는 보수적인 스크린 타임을 갖고 아빠와는 관대한 양의 스크린 타임을 갖게 된다면, 결국 재미있는 쪽으로 가고 싶어할 것이다. 새로운 장난감과 영화들, 그리고 무제한의 비디오 게임이 있었던 주말을 보낸 후에, 그것이 불가능한 집에서 한 주를 보내는 것은 아이에게 정말 힘든 일이다.

더 엄격한 부모에게 아이는 화를 낼 수 있지만, 시간이 되면 더 엄격한 부모가 진심으로 자신을 돌보았다는 것을 깨닫게 될 것이다. 아이들은 커가면서 종종 함께하지 않는 부모가 선물을 이용하고, 그들을 잘 다루고, 호감을 사기 위해 너무 많은 것을 허용했다는 것을 알게 된다.

이혼한 부부가 비슷한 가치와 미디어 지침을 가지고 자녀들을 키우기 위해 함께 노력할 때, 아이들은 잘 응한다. 이혼한 사람들이 아이들을 위해 이런 방법으로 함께 노력하는 것이 일반적인 일은 아니지만, 많은 부모가 그렇게 해보려고 시도하고 있다.

스크린을 현명하게 사용하는 싱글 아빠, 잭의 이야기

잭은 활동량이 많은 두 아들, 일곱 살 랜든과 아홉 살 딜런의 싱글 아빠다. 몇 년 전 잭의 아내는 비극적인 교통사고로 세상을 떠났다. 이 가족은 다른 가족과 친구들의 도움으로 새로운 일상에 적응하고 있었다. 아들들에게 있어 여름은 두 달 동안 할머니 댁에 가 있는 것을 뜻했다.

할머니 댁에서 아이들은 2시간만 텔레비전을 보고, 자유 시간에는 원하는 만큼 비디오 게임을 할 수 있었다. 이는 집에서는 할 수 없는 일들이다. 아이들이 여름 캠프에 가서 많은 시간 동안 야외 활동을 했지만, 결과적으로 하루에 5시간 정도를 스크린 앞에서 보냈다. 할머니 집에서 여름을 보내고 집으로 돌아왔을 때, 랜든과 딜런은 텔레비전 앞에 붙어 있었다. 잭은 생각했다. '이렇게 오랫동안 스크린 앞에 붙어 있다니, 말도 안 돼!'

그는 아들들에게 다음과 같이 발표했다. "한 달 동안 우리는 텔레비전이나 영화를 보지 않고, 비디오 게임도 하지 않는다. 한 달을 잘 마치면 축하 파티를 하기 위해 놀이공원에 갈 거야."

아이들은 놀이공원에 가고 싶은 마음에 불평하지 않았고, 방과 후 텔레비전을 보는 대신에 책을 읽었다. 아이들이 스크린 대신 책에 붙어 있는 것을 본 잭의 마음이 얼마나 기뻤을지 상상해 보라. 어느 날 아침에는 심지어 아이들이 아침 6시에 일어나 책을 읽는 것을 볼 수 있었다.

몇 주 후, 딜런이 말했다. "이렇게 되어서 정말 좋아요. 책이 텔레비전보다 훨씬 나아요." 물론 어려움도 있었다. 잭이 축구 게임을 보고 싶었을 때나 새로운 영화가 나와서 주말에 아이들을 데리고 영화관에 가고 싶었지만 할 수 없었다. 하지만 한 달간의 미디어 금식 기간 대부분은 새로운 공기를 마시고 집에서 책 읽기를 상승시켰다.

그렇게 한 달을 보냈지만 아이들은 빠르게 텔레비전 앞으로 돌아갔다. "돌아가는 게 너무 쉬워요." 잭이 인정했다. 아이들은 매일 학교에 가기 전 1시간, 방과 후 1시간만 미디어를 사용할 수 있다. 또 주중에 텔레비전을 보지 않으면 보너스 점수를 받게 되는데, 보너스 점수는 미디어 사용이 늘어나는 것을 말한다.

"텔레비전은 시끄럽고 집중을 못하게 해요. 누군가 대화를 하려면 텔레비전과 경쟁해야 해요. 텔레비전이 없어야 아이들은 할 수 있는 더 좋은 것들을 찾아요. 그림을 그리고, 책을 읽고, 이야기를 만들고, 서로 얘기를 하지요."

잭은 한부모들에게 이렇게 조언한다. "텔레비전을 의지하지 마세요. 당신의 자녀들에게는 책과 놀이, 장난감이 있고, 그것들에 끌려가게 해야 해요. 아이들이 불평할 수 있지만, 그냥 말씀하세요. '미안하다. 우리는 텔레비전을 켜지 않을 거야.' 한 주간 짜증을 내겠지만, 곧 적응하게 될 거예요. 당신이 그들에게 투자할 의지를 가지고 있어야 해요."

당신의 탱크가 비어 있을지라도 자녀의 탱크는 채우라

때때로 아들과 딸의 사랑의 탱크를 채우는 것이 불가능해 보일 수 있다. 당신은 너무 지쳤는데 아이가 하도 떼를 써서 당신이야말로 사랑이 필요한 사람이라고 느낄 수 있다. 하지만 상황이 아무리 어려워도 당신은 매일 조금씩 자녀들에게 사랑을 보여 줄 수 있다. 특히 자녀의 주된 사랑의 언어로 말할 수 있다. 한부모 가정의 아이들의 필요는 양쪽 부모가 다 있는 가정의 아이들과 다르지 않다. 이 필요가 채워지는 방법이 다를 뿐이다. 한부모는 돌보는 사람이 두 명 대신에 하나인 것이다. 그리고 돌보는 사람이 한 사람이 된 이유가 이혼이든 사별이든, 혹은 미혼이든 간에 상처를 가지고 있다.

아이들도 상처를 받는다. 가장 일반적인 감정이 두려움, 분노, 불안감이다. 영화나 텔레비전, 그리고 비디오 게임과 가상 세계로 이 부분을 낫게 하는 일은 매우 드물다. 오히려 과다하거나 부적절한 스크린 타임으로 부정적인 감정만 더 키울 수 있다. 부정적인 감정은 자녀의 정서 탱크에서 사랑이 쉽게 빠져나가게 만들 수 있다.

부인, 분노, 협상, 그리고 더 커진 분노는 큰 슬픔에서 오는 일반적인 반응이며 부모의 이혼과 죽음을 경험한 아이들이 느끼는 감정들이다. 그들의 슬픔에 대해 마음을 열고 대화하려는 특정한 어른이 주변에 있는 아이들은 슬픔의 단계를 더 빨리 극복할 수 있다. 그들에게는 함께 얘기하고 울어 줄 누군가가 필요하다.

불행하게도 스크린 타임은 이런 깊은 대화가 이루어지는 것을 방해하고, 아이들이 슬퍼할 수 있는 시간을 가질 수 없게 해 치유 과정을 늦춘다. 이러한 디지털의 방해는 아픔을 뒤로하게 하여 몇 년이 지난 후에 두려움이나 분노, 그리고 불안감과 같은 감정들이 표면으로 올라오게 한다. 많이 듣고, 적게 말하면서 자녀가 현실을 받아들이고 상처를 인정할 수 있도록 도와주고, 아픔을 공감해 주는 것 모두가 치유 과정의 한 부분이다.

만약 자녀의 주된 사랑의 언어가 무엇인지 안다면, 그의 정서적 필요를 채우려는 당신의 노력이 가장 효과적일 것이다.

예를 들면, 로비의 사랑의 언어는 스킨십이다. 로비의 아빠는 그가 아홉 살이었을 때 세상을 떠났다. 그 당시를 돌아보며 로비가 말한다.

"만약 저에게 할아버지가 안 계셨다면, 제가 그 시간을 이겨 낼 수 있었을지 모르겠어요. 아빠가 돌아가시고 할아버지를 처음 만났을 때, 할아버지는 저를 품에 안으시고 한참을 계셨어요. 아무 말씀도 하지 않으셨지만, 할아버지가 저를 사랑하신다는 것과 저를 위해 늘 함께하실 것을 알았어요. 할아버지는 저를 보러 오실 때마다 저를 안아 주셨고, 헤어질 때도 똑같이 하셨어요. 할아버지가 저를 안아 주시는 게 저에게 얼마나 큰 의미였는지 아시는지 모르겠지만, 그것은 제게 사막에 내리는 빗물 같았어요.

엄마는 질문들을 하시면서 제가 말을 하게 하시고, 저의 아픔을 엄마와 함께 나누자고 격려하시며 저를 아주 많이 도와주셨어요. 엄마가 저를 사랑하시는 것은 알았지만, 초반에는 그 사랑을 받을 생각이 없었어요. 그래서 저를 안아 주시려고 하면 제가 밀쳐 냈어요. 아빠가 돌아가신 게 엄마 탓이라고 생각했던 것 같아요. 제가 아빠가 다른 여인 때문에 떠나신 걸 알 때까지 그랬어요. 제가 엄마를 잘못 판단한 거죠. 그때부터는 엄마가 안아 주시는 것을 받아들이고, 우리는 다시 가까워졌어요."

당신의 사랑 탱크가 비어 가는데 자녀의 것을 채우는 법을 배우는 일은 어려워 보일 수 있다. 하지만 로비의 엄마와 같이 지혜로운 부모는 자기 아이에게 무엇이 필요한지 이해하게 된다. 그리고 그것이 무엇인지 알려고 노력할 것이다.

비행기를 타 본 적이 있다면, 승무원이 비상시 탈출 요령을 알려 주면서 아이에게 산소마스크를 씌워 주기 전에 당신이 먼저 써야 한다고 가르쳐 주는 것을 들어 보았을 것이다. 사랑에 대한 당신의 정서적 필요를 무시하지 말라. 당신의 필요도 자녀의 필요만큼이나 실제적인 것이다. 그것이 더 이상 전 배우자나 아이에게서 채워질 수 없으므로 한부모는 반드시 친구들이나 가족에게 도움을 요청해야 한다.

공동체 찾기

어떤 부모도 사랑을 받고 싶어하는 자녀의 필요를 혼자서 채워 줄 수 없다. 이때가 조부모와 친척들, 교회와 공동체가 함께해야 할 때다. 친척들은 항상 중요하지만 아이들이 사랑하는 사람을 잃고 고통스러워할 때와 삶이 안정적이지 않을 때는 더욱 그렇다. 가까이에 사는 조부모는 주중에 아이들이 학교에 다닐 때 도와줄 수 있다. 그들이 함께하는 것은 손주들에게 힘을 북돋아 줄 수 있다. 또 한부모가 된 아들이나 딸의 정서적 부담을 조금 덜어 줄 수 있다.

물론 이것이 늘 가능한 것은 아니다. 가까운 가족이 먼 곳에 있을 수 있다. 만약 당신이 한부모라면 사람들이 도울 것이 있느냐고 물을 때까지 기다리지 말라. 어떤 사람들은 뒤로 물러서서 당신의 가족을 방해하고 싶지 않을 것이다. 또 어떤 사람들은 당신의 상황을 잘 모를 수 있다. 당신이나 자녀가 도움이 필요하다면, 공동체 안에서 도움을 받을 수 있는 것들이 무엇이 있는지 알아보고 싶을 것이다. 자녀의 학교나 교회에 당신이 찾는 것을 도와줄 수 있는 사람이 있을 것이다. 긍정적인 예를 자녀가 더 많이 볼 수 있으면 좋다.

한부모가 되는 것은 이 세상에서 가장 힘든 임무 중 하나다. 이혼한 지

몇 년이 된 앨리스는 아들에게 사랑과 인정받는 것에서 힘을 얻는다. 자신의 인생을 아들에게 쏟아부었고, 아들이 못마땅해 할 것이 무서워서 한 번도 그를 화나게 한 적이 없다. 아들이 십대가 되면서 비디오 게임을 하기 시작했고, 학교 공부에 소홀해질 때도 절대로 바로잡지 않았다. 아들이 그녀에게 절실히 필요한 사랑을 주고 자신을 받아 주기 때문에 앨리스는 아들이 자신을 좋아해 주기만을 바랐다.

한부모는 반드시 집 밖에서 강한 친구 관계를 맺고 있어야만 자신들의 정서적 필요를 채우기 위해 자녀들에게 의존하지 않는다. SNS를 통해 온라인에서 친구와 연락을 할 수 있다 해도, 관계는 얼굴과 얼굴을 마주하거나 전화기를 통해 목소리를 들으며 채워 가야 한다. 많은 사람이 다른 사람들과 관계를 이어 가기 위해 문자나 트위터를 의존하지만, 그것으로는 충분하지 않다. 핀터레스트(Pinterest)나 페이스북과 같은 데서 몇 시간씩 시간을 보내도 실제로 의미 있게 연락하는 경우는 거의 없다.

새로운 친구를 만들 때 주의해야 할 점이 있다. 한부모는 약해져 있을 때의 약점을 이용하는 다른 이성에 대해 극도로 취약한 상태다. 한부모는 절실히 사랑이 필요하기 때문에, 성적으로나 재정적으로, 혹은 정서적으로 약점을 이용하려는 사람의 사랑을 받아들일 수 있는 위험에 처해 있다. 따라서 친구를 만들 때 아무나 만나서는 안 된다. 가장 안전한 사랑과 공동체의 자원은 당신의 가족이나 친척을 오랫동안 알아 온 친구다. 무책임한 방식으로 사랑과 공동체에 대한 필요를 채우려고 하는 한부모는 상처 위에 상처를 더하는 결과를 가져올 수 있다.

당신은 부모로서 자녀의 인생에 가장 큰 영향을 준다. 품위와 지혜로 독신 생활을 보내는 것이 자녀에게 엄청난 힘의 근원이 될 수 있다. 스크린이 아닌 당신이 함께하는 시간과 다른 사람들과의 우정을 통해 자녀의 안정감을 회복시킬 수 있다. 당신과 자녀를 진정으로 생각하는 사람들과 공동체를 이룰 때, 당신의 자녀는 스크린 세계로 숨는 대신 현실 세계의 생활에 잘 적응하게 될 것이다. 자녀가 최신 비디오 게임의 다음 단계로 올라가지 못할 수 있겠지만, 당신이 이끌어 주는 본보기가 아이를 성공적인 정서적 단계에 이르게 할 것이다.

"디지털 세상이 미친 가장 파괴적인 영향은
부모가 디지털 미디어에 의존하게 되었다는 것이다.
이는 곧 아이들도 디지털 미디어에 의존하게 될 것이라는 뜻이다."

– 대학생들을 위해 사역하는 익명의 목사 [1]

14.

스크린 타임과 당신

세 자녀의 아빠인 러셀은 프리랜서로 일하기 때문에 늘 전화 통화를 한다. 확인해야 할 일들과 앞으로 이루어질 일들도 연결해 놓아야 한다. 러셀은 교회에서도 봉사를 하고, 남전도회도 이끌고 있다. 주말의 바비큐와 봉사 프로젝트 일정과 조찬 모임도 계획한다. 남전도회 회원들이 다가오는 행사에 대해 잘 인지할 수 있도록 전화를 하고 문자를 보내는 일도 놓치지 않는다. 하지만 자녀의 눈에는 전화기에 늘 매달린 사람처럼 보인다.

러셀의 부인 낸시도 별로 다르지 않다. 자녀들과 러셀의 친구들은 그녀를 '트위터 여왕'이라고 부르는데, 이것은 칭찬이 아니다. 낸시는 쉴 새 없이 자신의 트위터를 보고 하루에도 몇 차례씩 글을 올린다. 저녁 데이트가 있던 날, 그녀는 식사 테이블에서 휴대 전화로 트위터에 답을 하고 선택한 메뉴를 트위터에 올렸다. 지칠 줄 모르고 소셜 미디어에 접속하는 모습이 러셀을 미치게 할 정도였지만, 그는 잔소리하지 않았다.

낸시도 여전도회에 속해 있다. 소셜 미디어 중독은 사실 순수하게 시작되었다. 누군가 도움이 필요한 것을 눈치채면 주중에 트위터에 격려의 글을 올렸다. 그러면 그 글을 본 사람이 감동을 받았고 그래서 낸시는 격려가 필요한 더 많은 여성에게 메시지를 보내기 시작했다. 그녀가 깨닫기도 전에, 낸시는 이미 소셜 미디어를 통해 친구들과 지속적으로 의사소통을 하고 있었다. 디지털로 연락하는 것이 그녀 삶의 일부가 되었고, 어떻게 멈추어야 할지 몰랐다.

러셀과 낸시만 스크린 타임과 가족 시간을 균형 있게 갖는 것이 어려운 것이 아니다. 많은 부모가 자녀를 주차장에서 학교까지 데려다주는 동안 휴대 전화에서 눈을 떼지 못한다. 가정에서는 엄마와 아빠가 컴퓨터나 태블릿 PC, 혹은 텔레비전이나 휴대 전화의 스크린을 계속해서 마주하고 있다. 우리는 이메일과 소셜 미디어, 주식 가격, 매일의 뉴스, 그리고 문자를 확인하느라 바쁘다. 기사 제목들이 아이들이 눈에 들어오지 않을 만큼 그들의 시선을 잡아 버린다.

부모의 주의를 끌기 위해 스크린과 경쟁할 수 있는 자녀는 아무도 없을 뿐더러, 그렇게 해서도 안 된다. 그럼에도 어른들의 기기에 대한 의존도는 자녀들과의 의사소통을 없애 가며 점점 증가하는 추세다. 아이에게 부모의 지속적인 주목이 필요한 것은 아니지만, 자신들이 스크린 세계에서 나오는 소리보다는 높은 위치에 있다는 확신이 필요하다.

당신만큼만 성장한다

아이들은 태어날 때부터 부모를 흉내 내며 많은 것을 배운다. 워싱턴대

학의 앤드루 멜조프 교수와 파트리샤 퀼 교수가 공개한 영상에서도 태어난 지 42분 된 아기가 어른들을 흉내 내고 있었다. 어른이 혀를 내밀면 아기도 따라서 혀를 내밀었다. 태어난 지 한 시간 된 아이조차 그렇듯이, 아기들은 어른의 행동을 그대로 따라 한다.[2] 부모가 되면 당신은 아기가 보호받고 가야 할 방향을 찾기 위해 당신에게 기대하고 있다는 것을 깨닫게 될 것이다. 이제 아기가 아이로 자랐다. 당신의 자녀는 디지털적으로 현명한 당신이 필요하다. 당신을 본보기로 따라 하며 성장할 것이기 때문이다.

어린 자녀들은 부모의 시선이 집중되고 있는 것을 볼 것이고 엄마의 눈길을 따라갈 것이다. 부모들이 휴대 전화나 태블릿 PC, 컴퓨터에 매료되어 있는 모습을 보이면, 자녀들은 자연스럽게 그런 것들에 호기심이 생길 것이다. 만약 휴대 전화가 부모의 시선의 중심이 되면, 아장아장 걷는 아기는 생각하게 될 것이다. '나 저거 갖고 놀아야 해!' 아기가 마음에 든 것은 휴대 전화 자체가 아니다. 엄마의 마음을 빼앗은 것이 곧 아이의 마음을 빼앗는다.

우리가 디지털적으로 본보기를 보여 주는 것은 스크린 타임에 대해 말로 하는 것보다 훨씬 중요하다. 만약 우리가 깨어 있는 시간을 전자 미디어를 사용하는 데 보낸다면, 우리는 이렇게 얘기하고 있는 것이다. "이것이 인생이란다. 이것이 정상적인 것이야." 부모들은 너무나 자주, 옳은 메시지를 나쁜 방식으로 전하고 있다. 자녀들에게는 스크린 타임을 제한하라고 말하면서 우리는 일을 마치고 돌아와 몇 시간이고 온라인을 하며 보낸다. 소셜 미디어가 건강하지 않다고 말하면서, 우리 주변에는 늘 페이스북이 있다. 비디오 게임이 시간을 낭비하는 것이라고 말하면서, 일을 마치고 돌아오면 머리를 식힌다고 2시간씩 게임을 한다. 한 아이가 말한다. "부모님은 제가 아이패드를 하며 시간을 낭비한다고 하시는데, 사실 부모님도 똑같이 그렇게 하세요."

부모가 할 수 없는 것을 자녀에게 하라는 것은 정당하지 않다. 최근에 하워드 헨드릭스가 멋진 말을 했다. "당신이 갖고 있지 않은 것을 줄 수 없다."[3] 부모가 과학 기술에 대한 자신의 긍정적 경험 속에서 어떻게 디지털 세계를 현명하게 관리하는지를 아이에게 보여 주는 것은 매우 효과적인 가르침이 된다. 당신이 자녀들이 보고 배울 디지털 본보기로서 준비가 되지 않았다면, 지금 멈추어서 먼저 배워야 한다. 너무 많이 컴퓨터에 접속된 세상에서, 잠시 연결이 안 되어도 괜찮다.

휴대 전화에서 떨어지기

당신이 전업주부이든 회사의 사장님이든 상관없다. 계속해서 스크린을 사용하도록 유혹하지 않는 곳은 없다. 스마트폰과 태블릿 PC는 휴대가 가능하고 종일 당신 옆에 있다. 스크린 세계는 유혹적이고, 매번 사용할 때마다 뭔가 새로운 것을 약속한다. "딩동, 문자왔습니다." 물론 그 문자가 급한 것인지, 혹은 중요한 것인지를 알고 싶어서 휴대 전화를 확인한다. 그런 것이 아니면 당신은 소리가 나는 순간에 반응하도록 훈련된 것이다.

스크린 타임은 종종 좋은 소식이나 재미있는 사진들이 포함된 이메일 같은 것으로 이끈다. 도파민이 분출된다. 간간이 주어지는 이 보상이 당신으로 하여금 기대감을 가지고 다시 찾게 하는 것이다. 그것이 감사의 문자건 구두 세일에 관한 것이건 상관없이 클릭하도록 잡아끄는 힘은 실제다. 조심하지 않고 반짝거리는 불빛과 윙윙거리는 도구에 서둘러 답하는 것은 중독이 될 수 있다.

과학 기술 중독 치료사, 데이비드 그린필드의 말에 따르면, 10% 혹은 그보다 매우 낮은 비율의 미국인이 과학 기술 중독으로 진단을 받았지만, 실제로 65%의 사람이 그것을 남용하고 있다고 한다.[4] 그가 말한다. "휴대 전화가 항상 켜져 있어서 우리도 항상 대기 중이다. 휴대 전화를 베게 옆에 두고 잔다. 우리는 잠자지 않고 살 수 있도록 만들어지지 않았다."[5]

컴퓨터에 접속된 세상은 일터를 가족의 거실로 옮겨 놨다. 우리는 더 이상 사무실 책상에 일을 두고 퇴근하지 않는다. 우리 기기에 끊이지 않는 이메일과 문제들을 담아 집으로 가져가는 것이다. 고용인들은 이 연결성을 부각해 업무 시간이 아닌데도 이메일과 문자에 즉시 답하기를 기대한다. 아니, 어쩌면 우리가 업무 시간에 트위터를 하거나 인터넷을 검색하고 개인적인 이메일을 확인하기 때문에, 집에서 잔무를 해야 하는지도 모른다.

당신의 일에 종일 접속되어 있는 것이 정말 중요한 것인가? 일부 전문직 종사자에게는 그럴 수 있다. 하지만 대부분의 사람들에게는 그렇지 않다. 당신은 전화나 이메일이 가능하지 않은 시간을 정해 놓을 수 있다. 나쁜 스크린 관리를 상사에게로 돌릴 수 있다. 모든 사람은 하루에 스크린을 얼마나 사용하는지와 과학 기술에 얼마만큼의 시간을 바치고 있는지에 대해 책임을 져야 한다.

많은 부모가 종일 전화기에 매달려 있는 것이 일 때문만은 아니다. 단순히 휴대 전화를 지속적으로 확인하고, 이메일을 훑어보고, 채널들을 클릭하는 것이 습관이 되어 버린 것이다. 친구들은 문자와 소셜 미디어에 올린 글에 즉각적인 반응을 기대한다. 짧은 시간에 이리저리 다니면서 모두에게 답하는 동안, 우리의 자녀들은 기다리는 사람이 된다. 그들은 우리가 디지털에 의존하는 모습을 보고 배우는 것이다.

스마트폰은 당신의 삶이 더 편리해지도록 만들기 위해 생겨난 것이다. 당신이 전화를 받지 않으면, 전화를 건 사람은 음성 메시지를 남기거나 문자를 보낼 것이다. 바로 응답할 필요가 없는 것이다. 전화 건 사람이 남긴 디지털 정보가 어디로 가지 않는다. 자녀들과 이야기하는 중에 전화를 받거나 문자에 답을 하면, 당신은 아이들에게 본보기가 된다. 즉, 서로 이야기하는 것보다 전화를 더 중요한 위치에 놓는 것이다.

물론 예외도 있다. 중요한 전화를 기다리고 있으면 가족에게 그 전화가 걸려 오면 꼭 받아야 한다고 미리 말하는 것이다. 문자를 보내는 중에 자녀가 말을 걸어오면 이렇게 말해도 된다. "이 문자만 보낼게." 문자가 끝나면 자녀가 할 말이 무엇인지 확인하기 전에 다른 일을 하지 않는다. 아이가 질문을 하거나 자신의 의견을 말하는 동안 만큼은 얼굴과 얼굴을 마주하고 아이에게만 집중한다. 그 짧지만 집중되고 긍정적인 교류는 아이에게 이렇게 전달된다. '너는 내게 중요하단다.' 특별히 아이의 주된 사랑의 언어가 함께하는 시간일 경우에는 더하다.

계속되는 디지털 접속에 환멸을 느낀 일부 젊은이들은 새로운 게임을 한다. 식당에서 식사를 할 때, 그들은 테이블 중앙에 휴대 전화를 모아 놓는다. 식사를 하는 동안 전화기에 먼저 손을 대는 사람이 식사비를 계산하는 것이다. 인기를 얻고 있는 또 다른 게임은 가정에서 가족이 함께하기 위해 식사 시간 동안 휴대 기기들을 모두 특별한 상자에 넣어 놓는다.

마치 우산을 현관에다 두고 오듯이, 휴대 전화를 그 통에 던져 두는 것이다. 이처럼 어떤 방법으로 하는지에 상관없이, 당신의 가족을 위해 휴대 전화에서 떨어지는 것은 건강한 생각이다.

> **숫자가 말해 주는 휴대 전화**
>
> 퓨 인터넷 프로젝트 연구소에 따르면,[6]
>
> 91%의 미국의 성인이 휴대 전화를 가지고 있다.
> 56%의 미국의 성인이 스마트폰을 가지고 있다.
> 67%의 휴대 전화 소지자는 전화가 울리거나 진동하는 것을 듣지 않았을 때도 문자와 경고, 전화가 왔는지 확인한다.
> 44%의 휴대 전화 소지자가 전화나 문자 메시지, 혹은 밤 동안에 일어나는 업데이트를 놓칠까 봐 전화기를 베게 옆에 놓고 잔다.
> 29%의 휴대 전화 소지자가 자신의 휴대 전화를 이렇게 묘사한다. "이것 없이 사는 것을 상상할 수 없어."
> 63%의 휴대 전화 소지자는 온라인에 접속하기 위해 휴대 전화를 사용한다.

디지털 안식과 여유

약 15년 전, 남편과 내(알린)가 결혼할 때, 남편은 내게 이상한 요청을 하나 했다. "신혼 첫 달에 집에 텔레비전이 없어도 될까?" 그는 텔레비전을 켜는 대신 일을 마친 저녁 시간을 의미 있게 보내고 싶었던 것이다. 그것이 쉽지 않은 일이었지만(나는 그 당시 텔레비전 PD였다), 우리는 그렇게 했다. 우리가 다시 텔레비전을 들여놓았을 때, 그것은 우리의 평화로운 오아시스를 방해하는 시끄러운 불청객 같아 보였다. 그때부터 우리는 케이블에 가입하거나 텔레비전을 보지 않았다.

그 결과, 우리 아이들(네 살, 일곱 살, 아홉 살)은 텔레비전 없는 가정에서 자라고 있다. 우리는 텔레비전 소리가 뒤에 깔려 있던 적이 한 번도 없다. 가족 시간으로 영화를 보거나 온라인에서 재미있는 영상을 볼 때면 아이들은 한걸음에 달려온다. 하지만 나는 정직하게 말할 수 있다. 미디어 결핍의 삶이 가족의 풍요로운 삶을 가져다주었다. 이선과 노엘, 루시는 책과 음악, 운동을 좋아했고, 많은 시간 상상 놀이를 하며 자랐다. 나는 케이블을 취소하는 것이 모든 가정을 위하는 일이라고 말하는 것이 아니다. 하지만 미디어로 채워진 오늘날의 세상에서도 당신의 자녀를 다르게 키우는 것이 가능하다고 용기를 주고 싶다.

나의 장남 이선(4학년)의 친구들은 집에 텔레비전이나 비디오 게임이 없다는 것을 믿을 수 없어 한다. "너무 불쌍하다. 그럼 종일 뭐하니?" 친구들이 이렇게 물으면 이선은 미소를 지으며 자기는 책 읽기와 피아노 치기, 그리고 레고를 가지고 만드는 것을 좋아한다고 말한다. 처음에는 텔레비전을 없애는 것이 어려울 수 있다. 하지만 곧 텔레비전이 없는 자리에 더 건강한 대안들이 생겨날 것이다.

이쯤에서 내가 스크린 타임에 영향을 받지 않을 거라고 당신이 생각하기 전에 고백할 것이 있다. 내가 텔레비전을 보지 않을 수는 있지만, 집에 있는 나의 컴퓨터는 이중 모니터이고, 그것들은 항상 윙윙거리고 있다. 나는 계속해서 컴퓨터 앞에 앉아 책과 블로그를 쓰고, 이메일과 소셜 미디어를 확인하고, 내 일정과 연락처들을 최근 것으로 바꾼다. 집에서 일하는 작가라고 설명해 줌으로써 나의 스크린 타임은 아이들에게 정당한 것이 되었다. 하지만 나는 아마존 사이트에서 쇼핑을 하고, 친구들의 블로그를 읽는 데 많은 시간을 보내고, 휴식 시간을 갖는 대신 필요하지 않은 시간까지 사용하고 있다.

부부에게는 상대 배우자의 발선한 부분을 알아채는 특별한 은사가 있기에, 나의 스크린 타임에 대해서 제임스에게 물었다. 그가 큰 소리로 말했다. "당신은 항상 컴퓨터 앞에 있어요!" 그래서 나는 저녁 식사 후에 컴퓨터를 꺼보는 시도를 하고 있다. 이렇게 하는 것이 낮 동안에 더 생산적으로 일을 하게 되고 저녁에 생각 없이 온라인에서 나의 시간을 허비하지 않게 한다.

대부분의 어른들은 한 시간에 몇 번씩 자신들의 기기를 확인한다. 스크린을 쳐다보는 것은 결코 휴식이 될 수 없다. 때문에 당신의 모든 도구에 통행금지 시간을 정해 놓고 매일 밤 같은 시간에 전원을 끌 때야말로 더 나은 쉼을 가질 준비가 될 것이다. 일정에 당신의 자녀가 아닌 당신을 넣을 수도 있다. 당신은 하루에 얼마나 텔레비전을 보는가? 하루에 얼마 동안 온라인에 있으려고 하는가?

『속도에서 깊이로』의 저자 윌리엄 파워스는 상쾌한 주말에 대한 개념을 다시 가져오기 위해 간단한 실험을 하기로 했다. 그의 가족은 금요일 잠자리에 드는 시간부터 월요일 아침까지 집의 모뎀을 빼고 자신들의 디지털 안식을 만들었다. 처음에는 파워스 자신과 아내, 아들 모두에게 너무나 힘든 일이었다. 그들은 디지털 접속이 얼마나 많이 필요한지를 보며 그들이 그것에 얼마나 중독되어 있는지 깨달았다. 하지만 스크린 없는 두 달의 시간이 지나면서 그 시간을 보내기가 점점 쉬워졌다. 네다섯 달이 지난 후에는 실제로 그 유익을 즐기기 시작했다.

그리고 이렇게 말했다. "우리는 스크린에 딱 붙어 있던 우리의 생각들을 벗겨 냈다. 아무도 없이 우리끼리만 함께 있을 수 있었고, 그것을 느낄 수 있었다. 우리의 정신에 변화가 있었고, 변화에서 안주로, 분주함이 적어지고 더 느긋하게 생각할 수 있게 되었다. 한 장소에 가만히 있을 수 있게 되었고, 한 가지만 할 수 있었고, 그것을 즐길 수 있었다. …… 디지털 미디어들은 다음에 사용할 것을 위해 모든 것을 저장하게 한다. 그때도 그랬다. 그저 조금 멀어졌을 뿐이다. 사람들이 만든 개념과 우리 삶의 분주한 부분을 미묘하지만 중요한 방식으로 멀리 떨어뜨려 놓을 수 있다. 그것이 멀리 떨어지게 놓을 수 있는, 우리의 것이라는 것을 상기시켰다."[7]

나(게리)는 나의 페이스북에 우리 자신과 디지털 기기 사이에 어떻게 하면 거리를 더 만들 수 있을지에 대한 질문을 올려놓았다. 다음은 그에 대한 몇 가지 반응이다.

- 우리는 현관에 통을 놓고 그 위에 다음과 같은 글을 붙여 놓았어요. '하나님이나 교황, 혹은 대통령에게서 전화가 오기로 한 것이 아니면, 이곳에 전화기를 맡겨서 우리의 시간을 최대한 함께 지내 보자.'
- 우리는 집에 들어오는 순간부터 다음 날 일어나는 시간까지 플러그를 빼 놓는다.
- 당신의 가정에서 일주일에 이틀만 기기 없이 지내는 것을 시도해 보라. 그러면 당신이 얼마나 느긋해지고 상쾌해지는지 알게 될 것이다. 다른 날들은 밖에서 즐긴다. 진정한 행복이다!
- 무선 접속망을 타이머에 맞춰 놓아서 밤이 되면 꺼지게 한다.

당신과 가족에게 잘 맞는 디지털 안식을 찾을 여러 방법이 있다. 스크린의 소음에서 벗어나면 당신은 자녀의 마음을 더 쉽게 맞출 수 있을 것이다.

부모들을 위한 규칙

「월스트리트저널」의 어드바이스 칼럼에 한 부모가 질문을 했다.

단 선생님께.
저는 제 아이폰으로 멍청한 게임을 하느라 하루에 2시간씩 허비했고 마음이 편안했어요. 하지만 그것은 일에 집중할 수 없게 만들고 저의 아내와 아이들과 보내야 하는 시간을 차지했지요. 제가 이 나쁜 습관을 버릴 방법이 있을까요?

칼럼니스트인 단 애리얼리는 이렇게 답했다.

나쁜 습관을 바꾸기 위한 한 가지 방법은 규칙을 만드는 거예요. 만약 체중을 조절하기 위해 다이어트를 시작한다면, 다음과 같은 규칙을 만들 수 있어요. '나는 설탕이 들어간 음료는 마시지 않겠다.' 하지만 효과적이어야 해요. 규칙은 분명하고 잘 정의해야 해요. …… 당신의 경우에는 당신이 결정할 수 있어요. 지금부터 저녁 6-9시에는 아이폰으로 게임을 하지 않는 거예요. 그리고 이 규칙을 지키도록 사랑하는 사람들에게 알려 도움을 받는 거예요. 아니면 주중이나 일하는 시간에는 게임을 하지 않기로 정할 수도 있겠지요. 행운을 빌어요.[8]

디지털 규칙은 아이들에게만 좋은 것이 아니라 부모에게도 좋다. 시간 제한이나 내용 선정, 그리고 제외하는 이유에 대한 규칙을 만들 때는 구체적이어야 한다. 우리는 새로운 규칙을 이행하는 것이 쉽지 않다는 것을 안다. 사실, 많은 어른이 자신들의 온라인 사용을 혼자서 억제할 수 없기 때문에 실제로 추적을 하거나, 디지털 활동 보고하기, 혹은 방해가 되는 웹사이트를 차단하고, 정해진 시간보다 사용 시간이 넘어가면 알람이 울리도록 맞춰 놓는 프로그램들이 있는 것이다. 배우자나 친구와 연대 책임을 갖는 것은 서로가 무엇을 질문하고 보고해야 하는지와 보상과 대가를 받게 되는 때를 알 때 효과적이다.

자신을 위한 집 안에서의 새로운 디지털 규칙을 만들 땐 긍정적인 언어를 사용해야 한다. 마치 당신이 손해를 보는 것같이, '연결 끊기'에 너무 강조를 두지 않는 것이다. 그 대신 '연결하기'에 초점을 맞추고 과학 기술에서 손을 떼고 가족과 더 자주 함께함으로써 얻는 것들에 대해 생각하라. 가족 중 누군가가 당신에게 말을 할 때 컴퓨터에서 눈을 돌리거나 휴대 전화를 내려놓는 것을 습관화하라. 눈 맞춤은 가족 간의 공감을 가질 수 있는 기본 행동이다. 스크린이 주도하는 세상에서는 정서적 연대감이 살아 있고 건강할 수 있도록 싸워야만 한다.

나(알린)의 친구 조디는 네 아이의 엄마다. 그녀는 집에서 자녀들뿐 아니라 자신을 위해서도 스크린 타임 규칙을 바꿔야 한다고 느끼게 되었다. 그래서 '디지털 해독 요법'을 며칠간 실행하기로 하고 다음과 같은 관찰 노트를 만들었다.

겨우 하루만 지났는데도 아이들이 더 진정되고 더 적절하게, 서로 더 배려하는 대화를 하게 되었다. 하지만 마인크래프트(Minecraft), 나의 작은 조랑말(My Little Pony), 유튜브, 구글 등을 하고 싶어하는 마음은 서로에 대한 이해력을 빼앗아 버렸다. 정직하게 말하면 나 자신도 싸우고 있었다. 이메일을 확인할 것 같아서 나는 내 휴대 전화를 창문 밖으로 던져 버리고 싶었다. 하지만 곧 다시는 핀터레스트나 페이스북, 인스타그램에 가지 않겠다는 내 생각에 못을 박고 있는 나를 발견했다. 그렇게 하는 것이 나를 너무 산만하고 비생산적으로 만들었지만, 내가 생각했던 것과는 정반대였다. 디지털 해독 요법을 단순히 실행한 것은 너무 위험했지만, 나는 아이들이 내가 집중하지 못했던 모습을 기억하지 않았으면 좋겠다.

어떤 디지털 지침이 당신의 스크린 타임에서 개인적으로 가장 도움이 될 것 같은가? 스크린 타임에서 휴식을 취하는 안식일? 저녁 시간의 금지 시간? 식사 시간 동안 휴대 전화를 담아 놓을 통? 모든 사람이 다르기 때문에 가족의 일정과 우선순위에 맞는 당신의 계획을 만들어야 한다. 하지만 구체적인 지침을 만들라. 그러지 않으면 배우자나 자녀들과 영구적인 유대감이 형성될 수 있을 때 그 귀한 시간을 온라인에 낭비하게 된다.

결혼을 했다면 자녀들이 당신과 배우자가 과학 기술에 관련하여 어떻게 서로에게 대하는지를 의식하고 있다는 것을 기억하라. 두 사람 모두 스크린에 몰두해 있는가, 아니면 함께 이야기하고 웃고 안아 주는가? 심지어 중요한 대화를 하는 중에도 전화를 받는가? 당신의 시간과 주목을 끄는 면에서 당신의 휴대 전화가 배우자보다 높은 위치에 있다면, 뭔가 잘못된 것이다.

때때로 결혼한 부부는 자신들과 자녀들에 대한 스크린 타임에 대해 동의하지 못할 때가 있다. 이것은 일반적인 문제여서 단지 과학 기술에 대한 것만이 아닌 모든 삶의 영역에서 해당된다. 두 사람이 항상 동의할 수는 없다. 남편과 아내는 왜 배우자가 그런 말을 하는지 서로의 말을 들을 필요가 있다. 서로를 인정해 주고 이렇게 말하라. "당신이 무슨 말을 하는지 알겠어. 절충할 부분을 찾을 수 있을까?"

아마도 두 사람 중 하나는 3시간이 스크린 타임 제한 시간으로 적당하다고 할 것이고, 다른 하나는 2시간도 많다고 할 것이다. 그렇다면 2시간 반의 스크린 타임에 동의하라. 두 사람 다 마음 편한 규칙을 찾아서 일관성 있게 하는 것이 스크린 타임을 결정하기 위해 전쟁을 하는 것보다 낫다. 당신이 결혼 생활에서 갈등을 해결하는 방법을 배우지 못하면, 자녀도 미래의 갈등을 해결하는 데 어려움을 겪을 것이다. 자녀들에게는 스크린 타임 및 다른 문제들에 대해 부모가 함께하는 것을 보는 것이 굉장히 중요하다.

전자 돌봄이에게 안녕을 고하기

마침내 당신은 개인적인 스크린 타임의 변화를 만들 준비가 되었을 것이다. 하지만 자녀들을 위한 전자 돌봄이를 포기할 준비는 되지 않았다. 두 살과 네 살 난 아들을 둔 아빠 닐은 일을 마치고 돌아오면 아이들을 즐겁게 하기 위해 텔레비전에 의존한다. 그의 아내가 저녁에 일을 하고, 그는 바쁜 하루 일과에서 벗어나 긴장을 풀고 또 저녁을 만들 시간이 필요하다. "아이들이 텔레비전 앞에 있을 때는 조용하고 진정되어 있어요. 제가 자백합니다. 당신이 필요하다면 텔레비전은 훌륭한 아이 돌봄이가 되어 줄 거예요."

아이들에게 다른 활동을 제공하거나 그들이 무엇을 하는지 지켜보는 것보다 몇 시간 동안 텔레비전을 보게 하는 것이 분명히 더 쉽다. 하지만 쉬운 방법이 항상 최선의 방법은 아니다. 아이를 품고 보호하는 부모에 비해 전자 돌봄이가 어떤 결과를 만들어 낼 수 있겠는가? 당신이 자녀에게 하는 것이 그가 성인으로 발달하는 데 엄청난 영향을 끼친다. 당신이 부모로서 하는 투자는 자녀의 인생에 커다란 배당금을 지불할 것이다.

우리는 절실함 가운데 하루하루를 걸어가고 최소한의 저항의 길을 택한 부모들에게 공감한다. 하지만 너무 많은 가정이 디지털 의존이라는 쉬운 경로를 택하면, 사회에 생길 결과물은 부정적이다. 너무 많은 십대가 우울감을 느끼고, 성행위와 약물 중독에 빠져들고, 권위에 반항적인 모습을 보인다. 당신은 부모로서 분명한 목적을 가지고 스크린 타임과 전자 돌봄이가 주는 부정적인 영향과 싸워야 한다.

당신 자신의 인생과 자녀와 함께하는 시간 동안의 스크린 타임을 어떻게 사용하고 있는지 정직하게 점검하는 것으로 시작하라. 자녀와 함께 있을 때 계속해서 휴대 전화와 태블릿 PC를 확인하고 사용하는 것은 아이들에게 스크린을 과다하게 사용하도록 하는 원인이 된다. 당신은 스스로 스크린 타임의 주인이 됨으로써 자녀가 어떻게 그들의 스크린 타임의 주인이 되는지를 가르칠 수 있는 황금 기회를 손에 쥐고 있다.

"젊은이들은 미래에 대해 충분히 생각하지 않는다.
하지만 그들에게는 우리가 격려해야 할 엄청난 미래가 있다."

– 헨리에타 미어즈

맺는 글

두 가정 이야기

질과 엘레나는 동네 친구로 함께 자랐다. 둘은 생일도 단지 몇 개월밖에 차이가 나지 않는다. 그들은 밖에서 많은 시간을 함께 놀고, 자전거와 스쿠터를 타고, 줄넘기를 하고, 놀이도 만들어 가며 지냈다. 하지만 질이 일곱 살 생일 선물로 태블릿 PC를 받은 후에는 비디오 게임을 더 많이 하기 시작했고 나와서 노는 일이 적어졌다. 몇 개월이 지나지 않아 질은 완전히 달라졌다.

엘레나가 질의 집에 찾아가 계속 문을 두드렸지만 대답은 항상 같았다. "미안해. 질이 지금 게임하느라 바쁘단다. 아마 조금 후에 놀러 나갈 거야." 하지만 질은 한 번도 밖에 나오지 않았다.

질의 엄마는 딸을 비디오 게임에 빼앗긴 것 같다며 농담을 하곤 하지만, 사실 속으로는 걱정이 되었다. 그녀는 어린 시절에는 자신의 딸처럼 매일 네다섯 시간씩 태블릿 PC에 붙어 있는 것이 좋지 않다는 것을 깨달았다. 그래서 질을 그만하게 하려고 했지만, 그럴 때면 질은 소리를 지르고 주

먹으로 테이블을 쾅쾅 치며 태블릿 PC를 돌려달라고 떼를 썼다. 질의 엄마는 무엇을 해야 할지 몰랐다. 아이와 항상 싸울 체력도 없었다.

건너편 집에 사는 엘레나는 축구 연습이 없을 때는 주말과 평일 저녁에 이틀만 30분간 교육용 웹사이트를 보도록 스크린 타임이 제한되어 있다. 엘레나는 함께 놀 다른 아이들을 동네에서 찾았다. 질과 놀던 때가 그리웠지만, 엘레나는 마음이 느긋해서 새 친구를 쉽게 만들었다. 엘레나에게 스크린은 삶에서 작은 부분만을 차지하기에, 엘레나는 왜 질이 주말에 집안에만 틀어박혀 있는지 이해할 수 없었다.

두 가정의 이야기는 지금 막 지어낸 것이다. 과학 기술이 질과 엘레나를 어떻게 성장하게 하고 있는가? 같은 동네에서 자란 이 두 여자아이는 매우 다른 곳을 향해 가고 있다.

누가 성(城)의 주인인가?

나(알린)의 남편 제임스는 누구에게든지 말하고 싶어하는 특별한 기사 내용이 있다. 「월스트리트저널」에 있는 '아빠의 움직이는 생각 탱크 탑승기'라는 제목의 기사다. 이 기사에서 저자는 차를 타고 가는 것에 대해 과거와 현재를 비교하고 있다.

나의 아버지 세대에서 자동차는 남자의 성(城)이었다. 그리고 그의 자녀들은 잡혀 온 청중이었다. 우리는 아버지의 음악을 들었고, 아버지의 질문에 대답했다. 지금 나는 자녀가 있지만 생각 탱크를 운전하지 않는다. 단지 탱크를 운전하고 있는 것이다. 그것은 바로 미니밴이다. 나는 미니밴을 대형밴이라고 부르는데, 아이들은 그것을 자기들의 대형밴이라고 부른다. 그들은 그것을 내 차가 아닌 자기들의 차라고 여긴다. 그런데 그들이 틀린 것은 아니다.[1]

제임스는 오래전에 아이를 위한 만화와 끝없는 음률의 노래로 채워진 미니밴 속에 붙잡혀 있고 싶지 않다고 생각했다. 그는 자기 차를 되찾으려고 했다. 그리하여 어린이용 음악을 트는 대신 위인전으로 되어 있는 오디오북을 틀기 시작했고, 가족과 대화하는 시간을 가졌다. 가족밴은 곧 바퀴 달린 대학으로 변신했고, 아빠는 한 번 더 그 성의 왕으로 통치했다. 교육적인 자료를 듣고 안 듣는 것이 요점이 아니다. 요점은 당신이 듣고 싶은 것을 들을 수 있다는 것이다. 차는 아이들의 차가 아닌 바로 당신의 차이기 때문이다. 이는 당신이 원하지 않는 과학 기술에서 당신의 가정을 되찾는 것과 연관된다.

당신은 부모로서 가족이 가야 할 방향을 결정하는 운전대를 쥐고 있다. 사람들이 많이 가지 않는 길을 택하면, 당신은 스크린이 주도하는 세상에서 정상적이지 않은 길을 가는 것처럼 보일 수 있다. 당신의 자녀는 다른 친구들이 다 가지고 있는 스마트폰을 가지지 않을 수 있다. 아들은 다른 아이들이 모두 말하는 비디오 게임을 어떻게 하는지 모를 수 있고, 딸은 대중문화에 대한 이야기들을 잘 모를 수 있다.

자녀의 인생에서 스크린의 영향을 줄일 때 아이가 얻을 수 있는 것은 무엇이겠는가? 아마도 중독에서의 자유, 끈끈한 가족 관계, 공감 능력, 중요한 추론 능력, 그리고 생각이 떠오르기를 기다리는 인내 등일 것이다. 초고속 스크린 오락은 더 인기 있고 더 편리할 수 있지만, 스크린 타임은 대부분의 부모들이 자녀에게 기대하는 좋은 품성과 양질의 관계를 만들어 내지 못한다.

나(게리)는 자녀들이 자랄 때, 하루에 30분만 텔레비전 시청을 허락하는 지침을 만들었다. 아주 오래전, 스크린은 가정에서 그리 일반적인 것은 아니었다. 하지만 텔레비전 시청 시간을 제한한 것은 중요했다. 만약 나와 내 아내가 스크린 타임에 대한 지침을 가지고 있지 않았다면, 우리 아이들은 매일 몇 시간이고 텔레비전을 보았을 것이다.

수십 년 전 우리 가정을 안내했던 원칙은 오늘날에도 유효하다. 지난날 긴밀했던 가족의 모습이 디지털 시대를 사는 당신의 가족의 모습이 될 수 있다. 목적과 계획을 세우면, 스크린 타임은 당신의 가족을 가깝게 만들어 줄 멋진 방법이 될 수 있다. 하지만 목적과 계획대로 실행하지 않으면, 과학 기술은 가족의 소중한 시간과 매 순간 나누었던 추억을 잃게 할 것이다.

당신은 어떤 가정을 만들 것인가? 스크린이 중심이 된 가정인가, 사람이 중심이 된 가정인가? 후자를 택했다면 당신은 스크린에 끌려가는 가정과는 완전히 다른 가정을 이루게 될 것이다. 그러면 당신의 가정은 자녀뿐 아니라 당신에게도 밝은 빛을 비추는 언덕 위의 성이 될 것이다.

부록

연령별 사회성 발달

스크린 타임 점검 질문

그룹 토의 질문

[연령별 사회성 발달]

유아기
- 3-5가지의 단어로 이루어진 완전한 문장으로 말한다.
- 단순한 방향으로 따라갈 줄 안다.
- 집안일 돕는 것을 즐긴다.
- 함께하거나 나누는 것을 잘하지 못한다.
- 다른 사람의 기분을 눈치채기 시작한다.

미취학 아동
- 1,500개가량의 어휘를 사용한다.
- 비교적 복잡한 문장으로 말한다.
- 차례를 지키고, 나눌 줄 알고, 함께할 줄 안다.
- 몸 대신 말로 화가 난 것을 표현할 수 있다.
- 가장하는 것과 치장하는 것을 재미있어한다.
- 어른들을 흉내 내고, 칭찬받고 싶어한다.
- 친구가 중요해진다.

초등학교 : 유치원-3학년
- 개개인의 감정을 자각하게 되고, 다른 사람들과 공감할 수 있다.
- 다른 사람들의 기분을 이해하기 위해 얼굴을 맞대고 상호작용할 수 있다.

- 무언의 신호를 읽을 수 있다.
- 함께하는 것을 더욱 잘하게 되고, 다정하게 된다.
- 다른 사람들에게 호기심이 생기고, 친구를 간절히 만들고 싶어한다.
- 필요한 것과 원하는 것을 구분할 수 있다.
- 가족 중심적이다.
- 부모나 다른 어른의 인정을 받고 싶어한다.

초등학교 : 4-6학년
- 동성 친구와 노는 것을 좋아한다.
- 성격이 더욱 까다로워지는 경향이 있다.
- 또래 친구들에게 영향을 받는다.
- 그룹이나 클럽에 충실하다.
- 코드화된 언어를 즐겨 사용한다.
- 결정하는 기량이 발전한다.
- 자신을 살펴 주는 어른과의 관계가 필요하다.

[스크린 타임 점검 질문]
자녀가 스크린 앞에서 너무 많은 시간을 보내는가?

다음의 간단한 질문들은 스크린 타임이 자녀의 전반적인 건강에 해로운 영향을 끼치는지 알아내는 데 도움이 될 것이다. 다음의 정해진 비율대로 각 질문에 점수를 준다.

0 = 전혀 안 함 혹은 아주 적게 함.
1 = 가끔 함.
2 = 보통 함.
3 = 항상 함.

___ 저녁 식사나 다른 활동을 위해 스크린을 그만 보라고 하면 화를 낸다.
___ 이미 안 된다고 말했는데 아이팟과 같은 디지털 기기를 사달라고 요구한다.
___ 텔레비전을 보거나 비디오 게임을 하느라 바빠서 숙제를 마치는 데 어려움을 겪는다.
___ 스크린을 가지고 놀고 싶어서 집 안 심부름을 하는 것을 거절한다.
___ 당신이 이미 안 된다고 했는데도 비디오 게임이나 스크린으로 하는 다른 활동을 하자고 조른다.
___ 매일 한 시간의 체육 활동도 하지 못한다.
___ 집에서 다른 가족과 눈 맞춤을 자주 하지 않는다.
___ 친구들과 밖에 나가서 노는 대신 비디오 게임을 한다.
___ 스크린으로 하는 것이 아니면 별로 재미없어한다.

___ 하루 동안 모든 스크린 사용을 금지한다면 짜증 내고 불평할 것이다.

점수에 따른 결과는 다음과 같다.

10점 이하 : 스크린 타임을 많이 갖고 있지 않은 것으로 나타난다. 적절히 조절할 수 있고, 경계선을 지킬 수 있는 것으로 보인다.
11-20점 : 스크린 타임에 너무 많이 의존한다. 더욱 분별력 있게 스크린 타임을 관찰하고 스크린에 대한 의존도가 더 커지는지 지켜봐야 한다.
21-30점 : 스크린에 중독되었을 가능성이 크다. 상담가나 목사님, 혹은 조언을 해줄 다른 부모를 만나 보는 것도 좋다.

www.5lovelanguages.com에서 도움이 되는 자료들을 더 찾아볼 수 있다.

사회성을 키우기 위한 훈련(Drills for Grown-Up Social Success) : 6가지 연관 있는 시나리오를 통해 정중함과 사회적 상호작용에 대해 자녀에게 자신감을 심어 주도록 돕는다.
아이들을 위한 25가지 일반적인 예의범절(25 Common Courtesies for Kids) : 자녀의 행동을 위해 목표를 세우고 기대감을 갖도록 돕는 목록이다.
사랑의 언어 찾기 게임(The Love Languages Mystery Game) : 자녀의 주된 사랑의 언어를 알아내도록 돕는다.
가족을 위한 50가지 식사 시간 질문(50 Table Talk Questions for Your Family) : 가족이 식사 시간 때 할 수 있는 신선하고 생동적인 대화에 대한 지침서다.

[그룹 토의 질문]

시작하는 글_ 가족을 되찾아야 한다
1. 과학 기술이 당신의 가족을 더 가깝게 만드는가, 아니면 멀어지게 하는가?
2. 이 책을 읽으면서 무엇을 배우길 바라는가?
3. 스크린 타임과 관련하여 자녀에게 갖고 있는 걱정은 무엇인가?
4. 좋은 의도와 좋은 행동의 차이점에 대해 이야기해 보라.

01. 스크린 타임 : 너무 많고, 너무 이르지 않은가?
1. 당신은 어렸을 때 자유 시간을 어떻게 보냈는가?
2. 당신의 자녀는 몇 살이고, 평상시 하루에 스크린 타임을 얼마나 갖는가? 스크린에서 무엇을 보고 무엇을 하는가?
3. 자녀의 방에 텔레비전을 두는 것에 대해 어떻게 생각하는가?
4. 스크린 타임을 성공적으로 대신했던 활동에는 어떤 것들이 있는가?
5. 다음의 통계에 대해 어떻게 답할 수 있는가? "일반적인 미국의 8-18세 아이들은 비디오 게임을 하거나 컴퓨터, 휴대 전화, 텔레비전을 보는 데 하루에 7시간 이상을 보낸다."
6. 현재 당신의 가정에는 미디어 사용에 관한 지침이 있는가? 있다면 어떤 것들인가? 없다면 이 책을 읽어 나가면서 지침을 세우겠는가?
7. 졸업 파티를 하는 동안 혼자 비디오 게임을 하던 고3 학생 마이클과 비슷한 사람을 만나 본 적이 있는가?

8. 적절한 내용과 부적절한 내용의 차이점에 대해 자녀에게 어떻게 가르치는가? 최근에 이런 시간을 가진 적이 있다면 예를 들어 보라.

02. 사회성 있는 아이로 키우기

1. 당신은 이전 세대의 아이들이 부모와 다른 어른들에게 더 공손했다는 데 동의하는가? 과학 기술이 이와 같은 변화에 어떤 역할을 했다고 생각하는가?

2. 39쪽에 나오는 말이다. "과학 기술은 아이들이 원하는 것을 빛의 속도로 찾도록 훈련한다. 그 가운데 인내라는 미덕은 사라졌다." 이것이 사실임을 당신의 자녀에게서 본 적이 있는가? 있다면 자녀가 잘 참지 못했을 때를 예로 들어 보라.

3. 5가지 사회성 기술(사랑, 감사, 분노 조절, 사과, 주의 집중) 중에 당신의 자녀가 가장 익혀야 하는 것은 무엇인가?

4. 가족 식사 시간에 대해 이야기해 보라. 평상시 주 중에 몇 번이나 가족이 함께 식사하는가? 대화가 많이 오고 가는가? 누가 가장 이야기를 많이 하는가? 당신은 식사 시간 중에 전화를 받는가? 텔레비전이 켜져 있는가? 식사를 서둘러 하는가, 아니면 여유 있게 하는가?

5. 자녀가 이메일 계정을 가지고 있는가? 있다면 이메일 사용 지침이 있는가? 어린 자녀를 둔 부모로서 이메일 주소를 갖는 데 유익한 나이가 언제라고 생각하는가?

03. 사회성 기술 #1 사랑

1. 자녀는 당신에게 어떻게 사랑을 표현하는가? 당신은 자녀에게 어떻게 사랑을 표현하는가?
2. 당신의 사랑을 차지하기 위해 자녀가 당신의 휴대 전화나 컴퓨터와 경쟁하는가? 어떤 식으로 경쟁하는가?
3. 자녀가 태블릿 PC나 휴대 전화, 혹은 비디오 게임기와 같은 디지털 기기를 받고 나서는 당신이나 다른 가족에게 애정 표현을 덜 하지는 않는가?
4. 당신이 전자기기를 옆으로 치우고 자녀만을 위해 '모든 것'에 집중했을 때 어땠는지 이야기를 나눈다. (혹은 전자기기를 사용하느라 자녀에게 소홀했던 적은 없는지 이야기를 나눈다.)
5. 친구들과 함께 놀기로 한 날에 스크린 타임을 갖는 것이 당신은 어떻다고 생각하는가?
6. 자녀가 소셜 미디어에 어떤 식으로 노출되어 있는가? 자녀가 다른 사람들이 자신을 좋아해 주길 바라는 데 있어 소셜 미디어가 도움이 된다고 생각하는가, 아니면 해롭다고 생각하는가?
7. 자녀가 폭력적인 비디오 게임을 하는가? 만약 그렇다면 다른 사람을 공감하는 면에서 그가 어떤 영향을 받았는가?
8. 자녀가 눈 맞춤을 얼마나 하는가? 당신과 쉽게 눈 맞춤을 하는가? 다른 어른이나 친구들의 눈을 들여다보는가?
9. 눈 맞춤이 다른 사람들에 대한 사랑을 어떻게 보여 주는가?

10. 당신이 자녀에게 사랑을 표현하는 데 더 잘할 수 있는 한 가지는 무엇인가?

04. 사회성 기술 #2 감사

1. 당신은 부모로서 자녀에게 해주는 것들에 대해 자녀가 감사하고 있다고 느끼는가?
2. 자녀에게 감사하다는 말을 하도록 시켜야 하는가, 아니면 자녀가 스스로 알아서 감사함을 표현하는가?
3. 감사에 대해 가르쳤을 때를 예로 들어 보라.
4. 자녀가 선물을 받았는데도 감사하는 것 같아 보이지 않을 때는 어떤 마음이 드는가?
5. 자녀가 "하지만 다른 아이들은 다 그것을 가졌어요!"라고 말하면, 당신은 어떻게 반응하는가?
6. 자녀가 원하는 것을 즉시 얻는 대신 기다리도록 만드는 것은 어떤 가치를 지닐까?
7. 자녀가 감사하다고 말해서 감동한 적이 있는가? 그때의 기억을 그룹과 나눈다.
8. '스크린 없이 아이에게 감사의 마음을 심어 주는 10가지 방법'을 보라. 가족과 함께 시도해 보고 싶은 방법이 있다면 무엇인가?
9. 감사함을 표현하는 것이 성인으로서 다른 사람들과 어울리는 데 어떤 도움을 주었는가?

05. 사회성 기술 #3 분노 조절

1. 자녀가 분노를 다스리는 데 어려움을 겪는가?
2. 자녀가 화를 낼 때, 당신은 다른 것으로 아이의 주의를 돌리려고 하는가?
3. 당신과 같은 방법으로 자녀가 화를 해결한다면 당신은 기쁘겠는가? 기쁘지 않다면, 어떻게 하면 자녀와 함께 분노를 다스리는 방법을 향상시킬 수 있겠는가?
4. 자녀가 분노를 다스리는 연습을 할 수 있도록 역할극의 시나리오를 생각해 본다. 가능한 시나리오들에는 다음과 같은 것들이 있다. '네 장난감을 다른 아이가 빼앗으면 어떻게 하겠니?', '만약 다른 아이가 너의 이름을 부르며 모욕을 주면 어떻게 하겠니?'
5. 당신이 마지막으로 아이에게 화를 냈던 때를 생각해 보라. 무슨 일이 있었는가? 당신은 무엇을 옳게 했는가? 다음번에는 무엇을 다르게 하겠는가?
6. 자녀에게 화가 자주 폭발하는 문제가 있는가? 무엇이 '왜' 자녀를 화나게 한다고 생각하는가?
7. 자녀가 하는 비디오 게임을 평가하라. 아이의 행동을 공격적으로 만드는 것들이 있는가?
8. 자녀가 사이버 불링에 연루된 적이 있는가?
9. 자녀에게 사과해야 하는 것이 있는가? (104-105쪽에 있는 '당신과 화가 난 자녀에게 도움을 주는 대화'를 시점으로 삼는다.)

06. 사회성 기술 #4 사과

1. 자녀에게 어떻게 사과해야 하는지 본보기를 보여 준 적이 있는가(아이에게 사과를 한 적이 있거나, 당신이 다른 사람에게 사과할 때 아이가 함께 있었던 적이 있는가)? 무슨 일이었나?
2. 자녀가 잘못한 것에 대해 책임을 순순히 받아들이는가, 아니면 다른 사람이나 다른 물건들을 탓하는가?
3. 당신의 가정에서 규칙을 어길 때 치러야 할 대가가 있다면, 그 규칙이 무엇인지 예를 말해 보라.
4. 누군가가 사과하지 않아서 자녀의 친구 관계가 약해지거나 깨어진 적이 있는가?
5. 5가지 사과의 언어를 자녀에게 가르치고, 서로 역할을 맡아 연습해 본다.
    "미안해."
    "내가 잘못했어."
    "어떻게 하면 좋을까?"
    "다시는 안 그럴게."
    "날 용서해 줄래?"
6. "내가 아이들에게 사과한다면 그들이 나를 더 이상 존경하지 않을 거야." 이 말에 동의하는가, 아니면 동의하지 않는가? 당신의 의견을 말해 보라.
7. 122쪽에 나오는 '자녀에게 사과할 때 해서는 안 되는 말들'을 읽어

보라. 자녀를 양육하면서 그중 어떤 문구를 사용했는가?

07. 사회성 기술 #5 주의 집중

1. 자녀가 주의 집중을 하는 데 스크린 타임이 어떤 영향을 끼쳤는가?
2. 자녀가 학교, 교회, 또는 경청을 요구하는 곳에서 주의를 집중하는 데 어려움을 겪은 적이 있는가?
3. 자녀가 잠잠히 앉아 있을 수 있는가?
4. 자녀가 지금 하고 있는 일을 끝마치지 못하고 이 일 저 일 왔다 갔다 하는 것을 본 적이 있는가? 예를 들어 보라.
5. 자녀의 책 읽기 습관은 어떤가? 자녀의 책 읽기 시간과 어휘력, 그리고 이해력을 높이는 데 당신이 할 수 있는 일은 무엇인가?
6. 자녀가 책을 더 많이 읽도록 어떻게 격려했는가?
7. 만약 자녀가 ADHD로 어려움을 겪고 있다면, 아이의 부정적인 스크린 타임을 건설적으로 도울 방법에는 어떤 것들이 있겠는가?
8. 왜 다중 작업이 자녀에게 위험할 수 있는가?
9. 숙제를 도울 함께 공유할 만한 좋은 방법이 있는가? (아이디어가 필요하다면 139쪽을 참조하라.)
10. 스크린이 관련되지 않은 놀이를 자녀가 하루에 얼마나 하는가?

08. 스크린 타임과 수줍음

1. 아이가 조용하다고 해서 수줍은 것은 아니다. 자녀에 관해 다음의

말을 생각해 보라. "아이에게 계속해서 수줍은 아이라고 말하면, 그것은 아이에게 사회적 기능을 발전시키지 않아도 된다는 변명거리를 주는 것이다. '어, 저는 수줍어서요.' 이것은 아이들에게 공손하지 않아도 되고 대화를 하지 않아도 된다는 일종의 '통과표'를 주는 것이다. 그로 인해 어떤 아이들에게는 수줍음이 매우 편리한 수단이 된다."

2. 자녀가 비디오 게임을 하고 있다가 당신이 일을 마치고 집에 오면 인사를 하기 위해 게임을 멈추는가?

3. 자녀가 새로운 사람과의 만남을 두려워하지 않도록 어떻게 도와주었는가?

4. 149-151쪽의 연습 시나리오를 살펴보라. 자녀와 함께 연습해 보고 싶은 것은 무엇인가?

5. 수줍음 때문에 어려움을 겪는 자녀에게 어떤 격려의 말을 해줄 수 있겠는가?

6. 자녀가 거절감이나 따돌림을 경험한 적이 있는가? 그 일을 겪은 후 그 일에 대해서 이야기했는가?

7. 자녀가 건강한 체중인가? 알맞은 영양 섭취와 운동을 위해 당신이 할 수 있는 일은 무엇인가?

09. 스크린 타임과 두뇌 발달

1. 자녀의 눈이 스크린에 고정되어 있는 것을 보면 당신은 무슨 생각이

드는가?

2. 만약 자녀가 취학 전부터 초등학교를 마칠 때까지 스크린과 함께 성장한다면, 스크린이 아이의 두뇌에 어떤 영향을 끼치겠는가?
3. 스크린 타임이 많아지면 책 읽기와 글쓰기 능력, 지속적인 집중력을 발달시키는 데 어떤 위협을 받게 되는가?
4. 스크린 타임이 두뇌에 주는 유익은 무엇인가? 그런 유익이 어떻게 불리한 면으로 다다르게 되는가?
5. 자녀가 보통의 아이들 같다면, 십대일 경우 한 달에 3,400개의 문자를 보낸다. 문자를 보내는 것이 자녀의 두뇌에 어떤 영향을 끼칠 것이라고 생각하는가?
6. 자녀의 스크린 타임이 즐거움을 남용하게 만든다고 생각하는가?
7. 자녀가 미래에 스크린에 중독될 수도 있다는 점을 염려하는가? 그렇다면 자녀의 안전을 확보하기 위해 어떤 단계를 택할 것인가?
8. 자녀의 두뇌가 플라스틱이고 매일 조금씩 만들어져 가고 있다면, 아이의 스크린 타임은 두뇌 발달에 유익이 되는가, 아니면 해로운가?
9. 신경외과 의사 벤 카슨이 말했다. "그 누구도 당신을 노예로 만들게 하지 말라. 만약 미디어에서 당신의 두뇌를 발달시키는 것보다 스포츠와 오락이 더 중요하다고 말하도록 내버려 둔다면, 당신은 노예가 될 것이다." 자녀의 두뇌를 발달시키기 위해 당신이 할 수 있는 긍정적인 일은 무엇인가?

10. 스크린 타임과 사랑의 언어

1. 스킨십 : 자녀를 안아 주거나 하이파이브를 하고, 서로 옆에 앉거나 씨름을 하는 것 같은 스킨십을 매일 하는가?
2. 인정하는 말 : 마지막으로 뭔가 특정한 일로 자녀를 칭찬해 준 적이 언제인가? 무엇이라고 말했는가?
3. 함께하는 시간 : 하루를 보내면서, 당신이 해야 할 일을 다 끝내면서도, 자녀를 위해 함께하는 시간을 어떻게 만들 수 있는가?
4. 선물 : 자녀가 물질적인 것에 사로잡혀 있는가? 자녀가 태블릿 PC나 비디오 게임기 같은 전자기기를 가지려고 당신에게 떼를 쓰는가?
5. 봉사 : 자녀를 위해 정기적으로 하는 봉사에는 어떤 것들이 있는가?
6. 자녀의 주된 사랑의 언어와 두 번째 사랑의 언어가 무엇이라고 생각하는가?
7. 그 사랑의 언어를 자녀에게 어떻게 말할 수 있는가?

11. 스크린 타임과 안전

1. 온라인에서 사이버 왕따를 경험해 본 적이 있는가? 혹은 그 일을 경험한 사람을 아는가?
2. 자녀가 적당한 나이가 되면 포르노그래피에 대한 당신의 생각을 이야기하라. 무엇을 말하는 것이 중요하다고 생각하는가? 자녀의 전자기기 사용을 어떻게 관찰하는 것이 가장 최선이겠는가?
3. 자녀에게 사생활의 가치와 온라인에 개인적인 내용을 공개하는 것에

대해 가르친 적이 있는가? 자녀가 이해할 수 있는 방법으로 이것에 대한 중요성을 어떻게 전달할 수 있겠는가?
4. 자녀의 스크린 타임이 학습적이고 긍정적인 가치를 촉진하는가?
5. 당신은 인터넷 여과 장치를 사용하고 있는가, 아니면 미래에 사용할 것인가?
6. 자녀가 휴대 전화를 가져도 되는 적절한 나이는 언제라고 생각하는가? 왜 그렇게 생각하는가?
7. 이해하기에 충분한 나이인 자녀와 '안전한 스크린 사용을 위한 가족 서약서'(206-207쪽)를 검토해 보았는가?

12. 스크린 타임과 부모의 권위

1. 당신에게 명령하며 당신의 한계를 시험하는 아이들에게서 '당신의 가정을 되찾아야' 할 필요를 느끼는가?
2. 자녀가 사용하는 프로그램을 알 수 없어서 자녀의 컴퓨터 사용을 따라가는 데 어려움을 겪는가?
3. 자녀가 스크린 타임을 줄이길 원한다면, 당신은 그런 변화를 만드는 것이 편안한가, 아니면 자녀가 저항할까 봐 불안한가?
4. 자녀가 당신을 좋아하는 것과 존경하는 것 중에 당신은 어떤 것이 더 중요하다고 생각하는가?
5. 당신의 가정에는 디지털 금지 구역(예, 스크린 사용이 금지된 방)이 있는가? 아니면 당신의 일정에 디지털 금지 시간(예, 일정 시간 동안 기기 끄

기)이 있는가? 있다면 그것들이 당신이 가족에게 어떤 유익을 주었는가?
6. 만약 당신이 자녀에게 스크린 타임에 대해 너무 많은 특권을 주었거나 너무 적은 감독을 했다면, 이제 그것에 대해 무엇을 할 것인가?
7. 조부모를 위한 질문 : 스크린 타임과 관련하여 당신의 손주들이 당신을 좌절하게 하는 부분은 무엇인가? 손주들이 당신의 집을 방문했을 때, 어떤 기준들을 지키길 원하는가?

13. 스크린 타임과 한부모 가정
1. 한부모로서 가진 특별한 어려움에는 어떤 것들이 있는가?
2. 자녀들이 비만, 불규칙한 수면 시간, 행동 장애, 성적 저하, 폭력 등의 문제로 어려움을 겪는가? 만약 그렇다면 스크린 타임이 요인이 된다고 생각하는가?
3. 자녀가 몇 시에 잠자리에 드는가? 그 시간은 하루를 마치며 당신이 잠깐 조용한 시간을 가질 수 있을 만큼 이른 시간인가?
4. 전 배우자와 자녀 양육을 함께하는가? 자녀가 당신과 있을 때와 전 배우자와 있을 때, 스크린 타임 규칙이 다른가? 만약 그렇다면 더욱 일관성 있는 규칙을 세우기 위해 함께 어떤 노력을 기울일 수 있겠는가?
5. 233쪽에 나오는 아빠가 만든 미디어 금식을 시도해 보고 싶은가? 어떤 것이 당신과 자녀에게 잘 맞을 것 같은가?

6. 매일 자녀의 사랑의 탱크를 채우려고 애쓰는데, 그것을 막는 것이 있다면 무엇인가?
7. 당신에게 도움을 주는 부모 공동체가 있는가?
8. 만약 당장 당신을 도와줄 다른 사람들을 찾을 수 없다면, 그런 사람들을 찾을 건설적인 방법에는 무엇이 있겠는가?

14. 스크린 타임과 당신

1. 당신은 다음 말에 동의하는가? "디지털 세상이 미친 파괴적인 영향은 부모가 디지털 미디어에 의존하게 되었다는 것이다. 이는 곧 아이들도 디지털 미디어에 의존하게 될 것이라는 뜻이다."
2. 당신에게는 소셜 미디어를 따라가고 이메일에 답하는 것보다 자녀와 함께 시간을 보내는 것이 더 중요하다는 사실을 자녀가 아는가?
3. 보통 디지털을 어떻게 사용하는지 설명해 보라. 스크린 사용에 있어 자녀가 자라서 당신과 똑같이 한다면 당신은 기쁘겠는가?
4. 직장에서의 시간 이외에 시간을 정해 휴대 전화나 이메일을 사용하지 않아도 불편하지 않겠는가?
5. 만약 일주일 동안 디지털 기기에 접속하지 않는다면, 당신은 편안함을 느끼고 디지털 기기에 무관심해질 것 같은가, 아니면 완전히 스트레스에 빠질 것 같은가?
6. 당신은 언제 휴대 전화를 꺼 놓는가?
7. 당신의 개인적인 스크린 타임을 제한하여 가족과 더 많은 시간을 보

내기 위해 했던 긍정적인 방법에는 어떤 것들이 있는가?
8. 가족을 위해 어떤 '디지털 안식'을 실천해 보고 싶은가?
9. 당신은 디지털 돌봄이에게 작별을 고할 준비가 되었는가? 부모로서 아이를 이끌어 주기 위해 어떻게 더 앞장설 것인가? 이제 비디오 게임이나 텔레비전 쇼에 적게 의존할 것인가?

맺는 글_ 두 가정 이야기

1. 가족이 함께 차를 타고 가는 시간에 대해 말해 보라. 이어폰을 꽂고 있는 사람이 있는가? 영화를 볼 수 있는가? 대화가 오고 가는가?
2. 이 책을 읽으면서 스크린 타임에 대한 생각에 어떤 변화가 있었는가?
3. 당신의 가족에게는 무엇이 중요하고 적절한가?
4. 스크린 타임에 어떤 변화를 시행했는가? 아니면 시행할 계획인가?
5. 변화에 대해 자녀가 저항했는가? 했다면 어떻게 자녀를 대했는가?
6. 당신이 지혜롭게 미디어 계획을 세우고 그것을 계속해서 지켜 나간다면, 당신의 가족은 어떠한 긍정적인 결과를 얻을 것 같은가?

주

시작하는 글_ 가족을 되찾아야 한다

1. Douglas Gentile and David Walsh, *A Normative Study of Family Media Habits* (Minneapolis: National Institute on Media and the Family, 2002), quoted in ParentFurther, "E-Parenting: Media and Advertising," www.parentfurther.com.
2. Andy Andrews, *The Noticer* (Nashville: Thomas Nelson, 2011, *111*).

01. 스크린 타임 : 너무 많고, 너무 이르지 않은가?

1. American Academy of Pediatrics, "Policy Statement: Media Use by Children Younger than 2 Years," *American Academy of Pediatrics* (2011) http://pediatrics.aappublications.org.
2. K. Nelson, "Structure and Strategy in Learning to Talk," *Monographs of the Society for Research in Child Development*, 38, no. 1-2 (1973): 1-35; and D. L. Linebarger and D. Walker, "Infants' and Toddlers' Television Viewing and Language Outcomes," *American Behavioral Scientist*, 48, no. 5 (2005): 624-645.
3. F. J. Zimmerman, D. A. Christakis, and A. N. Meltzoff, "Television and DV/Video Viewing in Children Younger than 2 Years," *Archives of Pediatric and Adolescent Medicine*, 161, no. 5 (2007): 473-479.
4. E. A. Vandewater et al., "When the Television Is Always On," *American Behavioral Scientist*, 48, no. 5 (2005): 562-577.
5. M. E. Schmidt et al., "The Effects of Background Television on the Toy Play Behavior of Very Young Children," *Child Development*, 79, no. 4 (2008): 1137-1151.
6. V. J. Rideout and E. Hamel, *The Media Family: Electronic Media in the Lives of Infants, Toddlers, Preschoolers, and Their Parents* (Menlo Park, CA: Kaiser Family Foundation, 2006).
7. V. J. Rideout, U. G. Foehr, and D. F. Roberts, "Generation M2: Media in the Lives of 8-to 18-Year-Olds," Henry J. Kaiser Family Foundation, January 20, 2010, http://kff.org.
8. "Too Much 'Screen Time' for Kids Could Cause Long-Term Brain Damage, Warn Experts," *Huffington Post UK*, May 22, 2012, www.huffingtonpost.co.uk.
9. American Heart Association, "Many Teens Spend 30 Hours a Week on 'Screen Time' during

High School," *Science Daily*, March 14, 2008, www.sciencedaily.com.
10. Dr. Kathy Koch, "Parenting Tech-Savvy Children: Negative Effects of Digital Technology," Hearts at Home conference, 2013.
11. American Academy of Pediatrics, "Media and Children," policy statement, www.aap.org.
12. A. O. Scott and Manohla Dargis, "Big Bang Theories: Violence on Screen," *New York Times*, February 28, 2013, www.nytimes.com.

02. 사회성 있는 아이로 키우기
1. National Center for Biotechnology Information, U.S. National Library of Medicine, research date January 1, 2014, quoted in "Attention Span Statistics," Statistic Brain.com.

03. 사회성 기술 #1 사랑
1. Mary Bellis, "The Invention of Television," About.com Inventors, www.inventors.about.com.
2. V. J. Rideout and E. Hamel, *The Media Family: Electronic Media in the Lives of Infants, Toddlers, Preschoolers, and Their Parents* (Menlo Park, CA: Kaiser Family Foundation, 2006).
3. Shane Hipps, *Flickering Pixels* (Grand Rapids: Zondervan, 2009), 183.
4. Gwenn Schurgin O' Keefe and Kathleen Clarke-Pearson for the American Academy of Pediatrics, "The Impact of Social Media on Children, Adolescents, and Families," *Pediatrics Digest*, March 28, 2011, www.pediatricsdigest.mobi/content.
5. Diane Swanbrow, "Empathy: College Students Don' t Have as Much as They Used To," *MichiganNews*, University of Michigan, May 27, 2010, http://ns.umich.edu.
6. The American Academy of Pediatrics, "Media Education," *Pediatrics*, September 27, 2010, http://pediatrics.aapublications.org.
7. Anita Chandra et al., for the American Academy of Pediatrics, "Does Watching Sex on Television Predict Teen Pregnancy?" *Pediatrics Digest*, November 1, 2008, http://pediatrics.aapublications.org.

8. The National Campaign to Prevent Teen and Unplanned Pregnancy, *Sex and Tech: What's Really Going On* (Washington, DC: National Campaign to Prevent Teen and Unplanned Pregnancy, 2013), www.thenationalcampaign.org.
9. Jocelyn Green, email interview, September 4, 2013.

04. 사회성 기술 #2 감사

1. Shawn Achor, *The Happiness Advantage* (New York: Crown Business, 2010), 7. 『행복의 특권』 (청림출판)
2. Melinda Beck, "Thank You. No, Thank You: Grateful People Are Happier, Healthier Long after the Leftovers Are Gobbled Up," *Wall Street Journal*, November 23, 2010, http://online.wsj.com.
3. C. Nathan DeWall et al., "A Grateful Heart Is a Nonviolent Heart: Cross-Sectional, Experience Sampling, Longitudinal, and Experimental Evidence," *Social Psychological & Personality Science* vol. 3, no. 2, March 2012, 232-240, http://spp.sagepub.com.
4. Eun Kyung Kim, "Teen Uses Tweets to Compliment His Classmates," *Today News*, January 8, 2013, www.today.com.

05. 사회성 기술 #3 분노 조절

1. American Academy of Pediatrics Council on Communications and Media, "Policy Statement: Media Education," *Pediatrics*, November 1, 2010, http://pediatrics.apublications.org.
2. M. E. Hamburger et al., *Measuring Bullying Victimization, Perpetration, and Bystander Experiences: A Compendium of Assessment Tools* (Atlanta: Centers for Disease Control and Prevention, National Center for Injury Prevention and Control, 2011), www.cdc.gov.

06. 사회성 기술 #4 사과

1. 이 장은 *When Sorry Isn't Enough* by Gary Chapman and Jennifer Thomas (Chicago: Moody, 2013)의 내용에 기초한다. *When Sorry Isn't Enough*는 *The Five Languages of Apology*(『5가지 사과의 언어』)의 개정판이다.

07. 사회성 기술 #5 주의 집중

1. Statistic Brain, "Attention Span Statistics," January 1, 2014, www.statisticsbrain.com.
2. Nicholas Carr, *The Shallows: What the Internet Is Doing to Our Brains* (New York: W. W.

Norton, 2011), 87. 『생각하지 않는 사람들』(청림출판)

3. Kendra Cherry, "What's the Best Predictor of School Success?" About.com Psychology, March 2, 2009, http://psychology.about.com.

4. Kathryn Zickuhr, "In a Digital Age, Parents Value Printed Books for Their Kids," *Pew Internet & American Life Project*, May 28, 2013, http://libraries.pewinternet.org.

5. Carr, *The Shallows*, 116.

6. Rutherford Elementary School, "Reading at Home," February 11, 2014, http://rutherford.jefferson.kyschools.us.

7. American Academy of Pediatrics, "Video Games Linked to Attention Problems in Children," press release, July 5, 2010, www.aap.org.

8. Bob Sullivan and Hugh Thompson, "Brain Interrupted," *New York Times*, May 3, 2013, www.nytimes.com.

9. Christine Rosen, "The Myth of Multitasking," *New Atlantis, spring 2008*, www.thenewatlantis.com.

10. Ibid.

11. Ibid.

12. Statistic Brain. "Attention Span Statistics," January 1, 2014, www.statisticsbrain.com.

13. Bob Sullivan and Hugh Thompson, "Brain Interrupted," *New York Times*, May 3, 2013, www.nytimes.com.

14. Kenneth R. Ginsburg et al., for the American Academy of Pediatrics, "The Importance of Play in Promoting Healthy Child Development and Maintaining Strong Parent-Child Bonds," *Pediatrics*, January 1, 2007, http://pediatrics.aappublications.org.

15. Carr, *The Shallows*, 219.

08. 스크린 타임과 수줍음

1. M. Burstein et al., "Shyness versus Social Phobia in U.S. Youth," *Pediatrics*, November 2011, www.ncbi.nlm.nih.gov.

2. Mayo Clinic, "Children and TV: Limiting Your Child's Screen Time," Mayo Clinic E-Newsletter, August 16, 2013, www.mayoclinic.org.

3. Marla E. Eisenberg et al. "Correlations between Family Meals and Psychosocial Well-being among Adolescents, *JAMA Pediatrics*, August 2004, http://archpedi.jamanetwork.com.

4. Centers for Disease Control and Prevention, "Childhood Obesity Facts," July 10, 2013, www.cdc.gov.
5. Sue Hubbard, MD, "Kids, Media, and Obesity: Too Much 'Screen Time' Can Harm Your Child's Health," *Chicago Tribune*, September 30, 2013, www.chicagotribune.com.

09. 스크린 타임과 두뇌 발달

1. Kurt W. Fischer, William T. Greenough, Daniel Siegel, and Paul Thompson, "Inside the Teenage Brain," *Frontline*, WTTW: Chicago, 2002, www.pbs.org.
2. John Bruer, Mary Carskadon, and Ellen Galinsky, "Inside the Teenage Brain," *Frontline*, WTTW: Chicago, 2002, www.pbs.org.
3. Nicholas Carr, *The Shallows: What the Internet Is Doing to Our Brains* (New York: W. W. Norton), 121.
4. Matt Richtel, "Silicon Valley School Sticks to Basics, Shuns High-Tech Tools," *New York Times*, October 23, 2011, www.boston.com.
5. Eun Kyung Kim, "Bill Gates: My Kids Get Cell Phone at Age 13," *Today News*, January 30, 2013.
6. Dr. Archibald D. Hart and Dr. Sylvia Hart Frejd, *The Digital Invasion: How Technology Is Shaping You and Your Relationships* (Grand Rapids: Baker, 2013), 60.
7. Carr, *The Shallows*, 51.
8. Ibid., 77.
9. Chelsea Clinton and James P. Steyer, "Is the Internet Hurting Children?" *CNN Opinion*, May 21, 2012, www.cnn.com.
10. Hart and Frejd, *The Digital Invasion*, 63.
11. Jenn Savedge, "Is Your Child Addicted to Screens?" Mother Nature Network, August 12, 2013, www.thestar.com.
12. BBC News, "S. Korean Dies after Games Session" August 10, 2005, http://news.bbc.co.uk.
13. Hart and Frejd, *The Digital Invasion*, 124.
14. Kayt Sukel, "Playing Video Games May Make Specific Changes to the Brain," Dana Foundation News, January 9, 2012, www.dana.org.
15. Carr, *The Shallows*, 32.
16. Hart and Frejd, *The Digital Invasion*, 65.

17. R. Morgan Griffin, "Your Kid's Brain on Exercise," WebMD, May 8, 2013, www.webmd.com.
18. Benjamin Carson, Brainyquote.com.

11. 스크린 타임과 안전

1. Nanci Hellmich, "Death of a Florida Girl Is a Wake-up Call for Parents," *USA Today*, October 16, 2013, www.usatoday.com.
2. i-SAFE, "Cyber Bullying: Statistics and Tips," 2004 data, www.isafe.org.
3. Peter Brust et al., "Growing Up Online," *Frontline*, January 22, 2008, www.pbs.org.
4. Ibid.
5. Ibid.
6. Britney Fitzgerald, "Facebook Age Requirement," *Huffington Post*, November 30, 2012.
7. Daily Infographic, "The Stats on Internet Pornography," January 4, 2013, http://dailyinfographic.com.
8. V. J. Rideout, U. G. Foehr, and D. F. Roberts, "Generation M2: Media in the Lives of 8-to 18-Year-Olds," Henry J. Kaiser Family Foundation, January 20, 2010, http://kff.org.

12. 스크린 타임과 부모의 권위

1. Dan Kloeffler and Nick Poppy, "Bill Cosby: 'I Wanted to Take the House Back' from Kids," *Newsmakers*, June 15, 2013, http://news.yahoo.com.

13. 스크린 타임과 한부모 가정

1. Jonathan Vespa et al. "America's Families and Living Arrangements: 2012," August 2013, www.census.gov.
2. Mayo Clinic, "Children and TV: Limiting Your Child's Screen Time," August 16, 2013, www.mayoclinic.com.
3. V. J. Rideout and E. Hamel, *The Media Family: Electronic Media in the Lives of Infants, Toddlers, Preschoolers, and Their Parents* (Menlo Park, CA: Kaiser Family Foundation, 2006).

14. 스크린 타임과 당신

1. College pastor, quoted by Archibald Hart and Sylvia Hart Freud, *Digital Invasion* (Grand Rapids: Baker, 2013), 30.

2. James Fallows, "Linda Stone on Maintaining Focus in a Maddeningly Distractive World," *Atlantic*, May 23, 2013, www.theatlantic.com.
3. Dallas Theological Seminary, "Howard Hendricks Tribute," February 2013, www.dts.edu.
4. Beth Teitell, "Dad, Can You Put Away the Laptop?" *Boston Globe*, March 8, 2012, www.boston.com.
5. Beth Kassab, "Are You Addicted to Your Smartphone?" *Orlando Sentinel*, November 25, 2013, http://articles.orlandosentinel.com.
6. Pew Research, "Mobile Technology Fact Sheet," Pew Research Internet Project, December 27, 2013.
7. William Powers, *Hamlet's BlackBerry: A Practical Philosophy for Building a Good Life in the Digital Age* (New York: Harper, 2010), 228-229, 230-231. 『속도에서 깊이로』(21세기북스)
8. Dan Ariely, "Ask Ariely: On Pointless Gaming, Topics and Teachers, and Getting Over It," *Wall Street Journal*, November 23, 2013, http://danariely.com.

맺는 글_ 두 가정 이야기
1. Dan Zevin, "A Ride in Dad's Traveling Think Tank," *Wall Street Journal*, July 16, 2012.

사명선언문

너희가 흠이 없고 순전하여……세상에서 그들 가운데 빛들로
나타내며 생명의 말씀을 밝혀 _ 빌 2:15-16

1. 생명을 담겠습니다
만드는 책에 주님 주신 생명을 담겠습니다.
그 책으로 복음을 선포하겠습니다.

2. 말씀을 밝히겠습니다
생명의 근본은 말씀입니다.
말씀을 밝혀 성도와 교회의 성장을 돕겠습니다.

3. 빛이 되겠습니다
시대와 영혼의 어두움을 밝혀 주님 앞으로 이끄는
빛이 되는 책을 만들겠습니다.

4. 순전히 행하겠습니다
책을 만들고 전하는 일과 경영하는 일에 부끄러움이 없는
정직함으로 행하겠습니다.

5. 끝까지 전파하겠습니다
모든 사람에게, 땅 끝까지, 주님 오시는 그날까지
복음을 전하는 사명을 다하겠습니다.

서점 안내

광화문점 서울시 종로구 새문안로 69 구세군회관 1층
02)737-2288 / 02)737-4623(F)

강남점 서울시 서초구 신반포로 177 반포쇼핑타운 3동 2층
02)595-1211 / 02)595-3549(F)

구로점 서울시 동작구 시흥대로 602, 3층 302호
02)858-8744 / 02)838-0653(F)

노원점 서울시 노원구 동일로 1366 삼봉빌딩 지하 1층
02)938-7979 / 02)3391-6169(F)

일산점 경기도 고양시 일산서구 중앙로 1391 레이크타운 지하 1층
031)916-8787 / 031)916-8788(F)

의정부점 경기도 의정부시 청사로47번길 12 성산타워 3층
031)845-0600 / 031)852-6530(F)

인터넷서점 www.lifebook.co.kr